Einfach Python

Dipl.-Inform. Michael Inden ist Oracle-zertifizierter Java-Entwickler. Nach seinem Studium in Oldenburg hat er bei diversen internationalen Firmen in verschiedenen Rollen etwa als Softwareentwickler, -architekt, Consultant, Teamleiter, CTO sowie Leiter Academy gearbeitet. Zurzeit ist er freiberuflich als Autor und Trainer in Zürich tätig.

Michael Inden hat über zwanzig Jahre Berufserfahrung beim Entwurf komplexer Softwaresysteme gesammelt, an diversen Fortbildungen und mehreren Java-One-Konferenzen teilgenommen. Sein besonderes Interesse gilt dem Design qualitativ hochwertiger Applikationen sowie dem Coaching. Sein Wissen gibt er gerne als Trainer in internen und externen Schulungen und auf Konferenzen weiter, etwa bei der JAX/W-JAX, JAX London, Oracle Code One, ch.open sowie bei der Java User Group Switzerland.

Michael Inden

Einfach Python

Gleich richtig programmieren lernen

 dpunkt.verlag

Michael Inden

michael_inden@hotmail.com

Lektorat: Michael Barabas
Projektkoordinierung: Anja Weimer
Fachgutachten: Tobias Overkamp
Copy-Editing: Ursula Zimpfer, Herrenberg
Satz: Michael Inden
Herstellung: Stefanie Weidner
Umschlaggestaltung: Helmut Kraus, *www.exclam.de*
Druck und Bindung: mediaprint solutions GmbH, 33100 Paderborn

Bibliografische Information der Deutschen Nationalbibliothek
Die Deutsche Nationalbibliothek verzeichnet diese Publikation in der Deutschen Nationalbibliografie;
detaillierte bibliografische Daten sind im Internet über *http://dnb.d-nb.de* abrufbar.

ISBN:
Print   978-3-86490-875-0
PDF   978-3-96910-646-4
ePub   978-3-96910-647-1
mobi   978-3-96910-648-8

1. Auflage 2022
Copyright © 2022 dpunkt.verlag GmbH
Wieblinger Weg 17
69123 Heidelberg

Hinweis:
Dieses Buch wurde auf PEFC-zertifiziertem Papier aus nachhaltiger
Waldwirtschaft gedruckt. Der Umwelt zuliebe verzichten wir
zusätzlich auf die Einschweißfolie.

Schreiben Sie uns:
Falls Sie Anregungen, Wünsche und Kommentare haben, lassen Sie es uns wissen: *hallo@dpunkt.de*.

5 4 3 2 1 0

In Erinnerung an meine geliebte Mutter Marianne Inden

Vielen Dank für deine bedingungslose Liebe und Unterstützung

Inhaltsverzeichnis

II Aufstieg   173

III Praxisbeispiele   263

IV Schlussgedanken   287

Vorwort

Zunächst einmal bedanke ich mich bei Ihnen, dass Sie sich für dieses Buch entschieden haben. Hierin finden Sie einen fundierten und interaktiven Einstieg in die Programmierung mit Python. Dabei fangen wir mit den Grundlagen an und bauen Ihr Wissen immer weiter aus, sodass Sie nach der Lektüre in der Lage sind, eigene Experimente zu wagen, und bestenfalls Programmieren als neues Hobby lieben gelernt haben. Insbesondere die ungeheuren Möglichkeiten, kreativ zu werden und dabei immer wieder Neues zu entdecken, werden Sie bestimmt ähnlich faszinieren wie mich seit über 30 Jahren.

Zielgruppe

Dieses Buch ist für Programmierneulinge gedacht. Es wendet sich somit an

- Schüler und Schülerinnen, die ein paar Tipps und Hilfestellungen suchen, die das Nachvollziehen des Informatikunterrichts erleichtern,
- Studierende, die ergänzende Erklärungen zu denen aus den Vorlesungen suchen, um Gelerntes schneller anwenden zu können oder besser für die nächste Prüfung vorbereitet zu sein,
- und alle, die einfach die wunderbare und vielfältige Welt der Programmierung mit Python kennenlernen möchten.

Zum Einstieg sind Programmiererfahrungen keine zwingende Voraussetzung – natürlich schaden diese nicht. Selbst dann nicht, wenn Sie sich vielleicht eher mit Java, C#, TypeScript oder JavaScript beschäftigt haben – aber für die Lektüre des Buchs ist es hilfreich, wenn Sie

- einigermaßen fit im Installieren von Programmen sind und
- wissen, was die Kommandozeile ist und sie grundlegend bedienen können.

Was vermittelt dieses Buch?

Sie als Leser erhalten in diesem Buch einen Einstieg in Python. Allerdings ist die trockene Theorie auf ein Minimum reduziert und wir legen immer mit kleinen Beispielen los. Deshalb ist es auch ein Buch zum Mitmachen. Ich ermutige Sie ganz besonders, parallel zum Lesen auch immer ein paar Dinge auszuprobieren, vielleicht sogar mal das eine oder andere abzuwandeln. Man lernt Programmieren einfach am besten, wenn man es praktiziert. Somit bietet es sich an, die abgebildeten Codeschnipsel abzutippen, also direkt im Python-Kommandozeileninterpreter einzugeben, oder später im Editor Ihrer Entwicklungsumgebung / IDE (Integrated Development Environment).

Damit Sie nicht über einfache Probleme stolpern, führt das Buch behutsam und schrittweise in die jeweilige Thematik ein und gibt Ihnen immer auch ein paar Hinweise, auf was man achten oder was man vielleicht sogar vermeiden sollte. Dazu dienen diverse Praxistipps mit Hintergrundinformationen.

Tipp: Praxistipp

In derart formatierten Kästen finden sich im späteren Verlauf des Buchs immer wieder einige wissenswerte Tipps und ergänzende Hinweise zum eigentlichen Text.

Aufbau dieses Buchs

Dieses Buch besteht aus jeweils in sich abgeschlossenen, aber aufeinander aufbauenden Kapiteln zu elementar wichtigen Bereichen der Programmiersprache Python. Abgerundet werden viele Kapitel mit Aufgaben und Musterlösungen, sodass das zuvor Gelernte direkt anhand neuer Problemstellungen praktiziert und das Wissen vertieft werden kann.

Für Ihren erfolgreichen Weg zur Python-Programmierung gliedert sich das Buch in die vier Teile Einstieg, Aufstieg, Praxisbeispiele und Schlussgedanken.

Im Teil »Einstieg« werden Grundlagen behandelt. Hier empfiehlt es sich wirklich, die Kapitel in der Reihenfolge des Buchs zu lesen, da mit jedem Kapitel neue Grundlagen und Themen hinzukommen, die im Anschluss vorausgesetzt und verwendet werden. Dann folgt der Teil »Aufstieg«. Dort beschäftigen wir uns mit leicht fortgeschrittenen Themen. Hier können Sie zwar nach Lust und Laune eins der Kapitel zur Lektüre auswählen, aber auch hier bauen einige Themen aufeinander auf. Der Teil »Praxisbeispiele« verdeutlicht die bisherigen Lerninhalte anhand von vereinfachten, didaktisch aufbereiteten Beispielen aus der Praxis. Hier haben Sie viel Spielraum zum Experimentieren und Einbringen eigener Ideen. Im Teil »Schlussgedanken« wird ein Ausblick gegeben, etwa auf Programmierstil und Testen. Das Buch endet dann mit einem Rückblick und Hinweisen für nächste Schritte.

Einstieg

Kapitel 1 – Einführung   Dieses Kapitel gibt zunächst einen kurzen Überblick über Pythons mittlerweile fast 30-jährige Geschichte. Bevor wir dann mit dem Lernen von Python als Programmiersprache loslegen können, müssen wir ein paar Installationen vornehmen. Zum einen benötigen wir Python an sich und zum anderen wird eine Entwicklungsumgebung / IDE (Integrated Development Environment) im Verlauf des Buchs mit zunehmender Komplexität der Beispiele immer nützlicher.

Kapitel 2 – Schnelleinstieg   Dieses Kapitel bietet einen Schnelleinstieg und stellt viele wesentliche Elemente von Python vor. Dabei nehmen wir ganz behutsam Fahrt auf: Wir beginnen mit einer einfachen Ausgabe eines Textes, ganz traditionell »Hello World«, und lernen dann, wie wir das mithilfe von Variablen variieren. Zudem schauen wir uns die bedingte Ausführung mit Fallunterscheidungen und Wiederholungen mit Schleifen an.

Kapitel 3 – Strings   Zeichenketten oder Strings sind aus kaum einem Programm wegzudenken. Variablen vom Typ `str` repräsentieren Zeichenketten und dienen zur Verwaltung von textuellen Informationen. In diesem Kapitel behandle ich die Thematik genauer.

Kapitel 4 – Klassen und Objektorientierung   Immer wieder hört man, das Python auch die objektorientierte Programmierung unterstützt. Doch was bedeutet das? Zum Verständnis gibt dieses Kapitel einen Einblick in den objektorientierten Entwurf von Software. Dazu vermittle ich die grundlegenden Ideen von Zustand (Daten) in Kombination mit Verhalten (Funktionen auf diesen Daten) und wie man dies in Python formuliert.

Kapitel 5 – Collections   Collections bzw. Containerklassen bieten Flexibilität und Komfort beim Verwalten von Daten. In Python unterstützen die vordefinierten Listen, Mengen und Schlüssel-Wert-Abbildungen bei der Verwaltung anderer Objekte.

Kapitel 6 – Ergänzendes Wissen   In diesem Kapitel werden verschiedene wichtige Themen angesprochen, die in den vorherigen Kapiteln aus didaktischen Gründen bewusst ausgelassen wurden. Warum? Deren Beschreibung erfordert mehr Wissen rund um Python, was Sie mittlerweile erworben haben – vorher wäre das Ganze aber zu tief in die Details gegangen und hätte zu viel anderes Wissen vorausgesetzt. Hier angelangt lohnt es sich aber, das bisherige Wissen etwa mit Informationen zu Besonderheiten bei Parametern, dem Ternary-Operator, Aufzählungen mit `Enum` usw. zu komplettieren.

Aufstieg

Kapitel 7 – Collections Advanced   Dieses Kapitel beschriebt diverse Funktionalitäten rund um Collections. Dort gehen wir beispielsweise auf sequenzielle Datentypen, Iteratoren und Generatoren ein. Spezielle benannte Datencontainer lassen sich mit Named Tuples erzeugen. Schließlich schauen wir uns noch einführend Lambdas an.

Kapitel 8 – Verarbeitung von Dateien   Dieses Kapitel beschäftigt sich mit der Verarbeitung von Informationen aus Dateien. Dies ist für viele Anwendungen von großer Bedeutung, da diverse Informationen nicht nur während der Programmlaufzeit von Interesse sind, sondern vor allem auch darüber hinaus – denken Sie etwa an die Highscore-Liste Ihres Lieblingsspiels.

Kapitel 9 – Fehlerbehandlung mit Exceptions   Sicher kennen Sie es: Manchmal tritt ein Programmfehler auf und das Programm stürzt ab. Wichtige Daten gehen mitunter verloren. So etwas ist immer ärgerlich. Daher gehört auch die Behandlung von Fehlern zum guten Ton beim Programmieren. Diese Kapitel führt in die Thematik ein.

Kapitel 10 – Datumsverarbeitung   Python bietet diverse praktische Funktionalitäten zur Datumsverarbeitung, die in diesem Kapitel einführend dargestellt werden.

Praxisbeispiele

Kapitel 11 – Praxisbeispiel: Tic Tac Toe   In diesem Kapitel entwickeln wir eine einfache Version des Strategiespiels Tic Tac Toe, das auf einem Spielfeld mit 3×3 Feldern gespielt wird. Dabei wird verdeutlicht, warum wir Programme sinnvoll in kleine Methodenbausteine untergliedern sollten.

Kapitel 12 – Praxisbeispiel: CSV-Highscore-Liste einlesen   In diesem Kapitel verdeutlicht ein weiteres Praxisbeispiel die Verarbeitung von Dateien und kommaseparierten Daten, auch CSV (Comma Separated Values) genannt. Um das Ganze unterhaltsam zu gestalten, werden wir statt trockener Anwendungsdaten eine Liste von Spielständen als Eingabe nutzen.

Kapitel 13 – Praxisbeispiel: Worträtsel   Dieses dritte Praxisbeispiel umfasst eine etwas komplexere Programmieraufgabe, nämlich die Erstellung von Worträtseln, die man aus Zeitschriften kennt. Dabei sollen aus einem scheinbaren »Buchstabensalat« verschiedene dort versteckte Begriffe extrahiert werden. Dieses Kapitel vermittelt, wie man Aufgaben in verschiedene kleine Problemstellungen untergliedert und diese jeweils mit eigenen Klassen realisieren kann. Schließlich ist es dann Aufgabe der eigentlichen Applikation, wie ein Dirigent zu wirken und die Einheiten passend zusammenzufügen. Dabei lernen wir beispielsweise den Import möglicher Wörter aus Dateien, die Modellierung des Rätsels und einen einfachen Export nach HTML kennen.

Schlussgedanken

Kapitel 14 – Gute Angewohnheiten   Dieses Kapitel stellt Ihnen ein paar Dinge zu gutem Programmierstil vor. Das umfasst sogenannte Coding Conventions, also Regeln beim Programmieren. Außerdem zeige ich noch, wie sich einige davon mit Tools prüfen lassen und wie man Programme mit Pytest testen und dadurch Fehler vermeiden kann.

Kapitel 15 – Schlusswort   Hier rekapitulieren wir kurz, was Sie durch die Lektüre gelernt haben sollten und wie Sie möglicherweise weitermachen können.

Anhang

Anhang A – Schlüsselwörter im Überblick   In Python existiert eine Reihe von Schlüsselwörtern, die reserviert sind und nicht als Bezeichner für Variablen, Funktionen, Methoden, Klassen oder anderes verwendet werden dürfen. Hier erhalten Sie einen Überblick.

Anhang B – Schnelleinstieg REPL   In diesem Buch werden diverse Beispiele direkt auf der Konsole ausprobiert. Der Grund ist vor allem, dass Python einen interaktiven Kommandozeileninterpreter als REPL (Read-Eval-Print-Loop) bietet.

Anhang C – Wesentliche Neuerungen aus Python 3.10 im Kurzüberblick
Dieser Anhang stellt einige der für das kommende Python 3.10 umgesetzten Erweiterungen vor, die für Sie möglicherweise von Relevanz sind und die weiteren Gehversuche erleichtern können.

Sourcecode und ausführbare Programme

Ich hatte schon angedeutet, dass es zum Erlernen des Programmierens hilfreich ist, die Beispiele und Codeschnipsel auch auszuprobieren und abzutippen. Um Ihnen ein wenig Tipparbeit und Mühe zu sparen, finden Sie viele der Beispiele als Programme in einem PyCharm-Projekt. Dieses steht unter `www.dpunkt.de/Einfach-Python` zur Verfügung. Weitere Informationen zum genauen Vorgehen finden Sie auf der Download-Seite.

Verwendete Python-Version

Die Beispiele dieses Buchs wurden mit der im Sommer 2021 aktuellen Version 3.9.6 von Python entwickelt. In einem Anhang gehe ich auf einige relevante Features aus dem im Oktober 2021 erscheinenden Python 3.10 ein, damit Sie auch für die Zukunft informiert sind. Wenn Ihre Python-Version noch nicht ganz so aktuell ist, wird dies eher selten ein Problem darstellen. Die allermeisten Programme sollten nämlich ohne Änderungen auch in etwas älteren Python-Versionen wie 3.8 oder 3.7 funktionieren.

Konventionen

Verwendete Zeichensätze

In diesem Buch gelten folgende Konventionen bezüglich der Schriftart: Neben der vorliegenden Schriftart werden wichtige Textpassagen *kursiv* oder ***kursiv und fett*** markiert. Englische Fachbegriffe werden eingedeutscht großgeschrieben, etwa Event Handling. Zusammensetzungen aus englischen und deutschen (oder eingedeutschten) Begriffen werden mit Bindestrich verbunden, z. B. Plugin-Manager. Listings mit Sourcecode sind in der Schrift `Courier` gesetzt, um zu verdeutlichen, dass diese einen Ausschnitt aus einem Python-Programm darstellen. Auch im normalen Text wird für Klassen, Funktionen, Methoden, Variablen und Parameter diese Schriftart genutzt.

Verwendete Abkürzungen

Im Buch verwende ich die in der nachfolgenden Tabelle aufgelisteten Abkürzungen. Weitere Abkürzungen werden im laufenden Text in Klammern nach ihrer ersten Definition aufgeführt und anschließend bei Bedarf genutzt.

Abkürzung	Bedeutung
API	Application Programming Interface
ASCII	American Standard Code for Information Interchange
IDE	Integrated Development Environment

Danksagung

Wie schon bei einigen meiner Bücher hat mich auch diesmal Michael Kulla wieder ganz besonders unterstützt, wie üblich breitgefächert vom Aufdecken von Tippfehlern bis hin zu diversen inhaltlichen Hinweisen. Das gilt insbesondere für die auf Java ausgerichtete Version dieses Buchs.

Selbstverständlich geht ein Dankeschön an das Team des dpunkt.verlags (Dr. Michael Barabas, Anja Weimer und Stefanie Weidner) für die tolle Zusammenarbeit. Außerdem möchte ich mich bei Tobias Overkamp für die fundierte fachliche Durchsicht sowie bei Ursula Zimpfer für ihre Adleraugen beim Copy-Editing bedanken.

Abschließend geht ein lieber Dank an meine Frau Lilija für ihr Verständnis und die Unterstützung. Ihren ganz besonderen Anteil hat unser kleiner Sonnenschein Sophie Jelena dazu beigetragen, indem sie den Papa immer wieder zum Lachen gebracht hat.

Anregungen und Kritik

Trotz großer Sorgfalt und mehrfachen Korrekturlesens lassen sich missverständliche Formulierungen oder sogar Fehler leider nicht vollständig ausschließen. Falls Ihnen etwas Derartiges auffallen sollte, so zögern Sie bitte nicht, mir dies mitzuteilen. Gerne nehme ich auch Anregungen oder Verbesserungsvorschläge entgegen. Kontaktieren Sie mich bitte per Mail unter:

`michael_inden@hotmail.com`

Zürich, im September 2021
Michael Inden

Einstieg

1 Einführung

1.1 Python im Überblick

Python wurde Anfang der 1990er-Jahre von Guido von Rossum als Skriptsprache entwickelt und 1994 in der Version 1.0 veröffentlicht. Mittlerweile hat Python zwar schon mehr als 25 Jahre auf dem Buckel, wird aber nicht altersschwach, sondern kontinuierlich gepflegt und weiterentwickelt. Beispielsweise hat die bereits 2008 erschienene Hauptversion Python 3 diverse Aktualisierungen erfahren und liegt im Sommer 2021 in Version 3.9.6 vor. Für Oktober 2021 ist dann Python 3.10 geplant.

> **Hinweis: Python 2**
>
> Tatsächlich findet man immer noch Projekte und Informationen zur Vorgängerversion Python 2. Das neuere Python 3 ist an einigen Stellen nicht rückwärtskompatibel, bietet aber modernere Konzepte und sollte für Neuentwicklungen bevorzugt werden.

In den letzten Jahren wurde Python immer beliebter und ist nun eine der populärsten Programmiersprachen. Mittlerweile (im August 2021) hat Python laut TIOBE-Popularitätsindex[1] den 2. Platz erobert und damit Java als langjährigen Zweitplatzierten überholt. Python wird vielleicht auch bald den Spitzenreiter C überflügeln, wenn sich der Aufwärtstrend weiter so fortsetzt. Eine wichtige Rolle spielt vermutlich die freie Verfügbarkeit für alle relevanten Betriebssysteme. Zudem ist Python recht einfach zu erlernen (zum Einstieg deutlich einfacher als Java und insbesondere als C oder C++). Auch in der Forschung und Lehre wird Python zunehmend populärer und gewinnt an Bedeutung. Schließlich ermöglicht Python sowohl die objektorientierte als auch die funktionale Programmierung, sodass man je nach Einsatzzweck geeignet wählen kann.

Außerdem ist Programmieren ein wunderbares Hobby sowie ein faszinierender Beruf und es macht zudem noch jede Menge Freude, fördert die Kreativität und den Gestaltungswillen.

Wie Sie sehen, sprechen viele gute Gründe für einen Einstieg in die Programmierung mit Python. Das Wichtigste ist jedoch der Spaß am Programmieren, Tüfteln und Ausprobieren. Lassen Sie uns starten!

---

[1] https://www.tiobe.com/tiobe-index/

Bestandteile von Python-Programmen

Python als Programmiersprache besitzt wie eine natürliche Sprache auch eine Grammatik und feststehende Begriffe / Wörter. Man spricht dabei von Syntax und Schlüsselwörtern (vgl. Anhang A).

Python-Programme werden textuell verfasst. Das wird *Sourcecode* genannt. Schauen wir uns zum Einstieg zwei einfache Python-Programme an. Wir beginnen mit der skriptbasierten (Zeile für Zeile abgearbeiteten) Variante des kürzestmöglichen HelloWorld-Programms, der Ausgabe eines Grußes auf der Konsole:

```python
print("Hello world!")
```

Diese Funktionalität lässt sich auch ein wenig komplizierter folgendermaßen im objektorientierten Stil mithilfe einer Klasse verfassen:

```python
class HelloWorld:
    def greet(self):
        print("Hello world!")


greeter = HelloWorld()
greeter.greet()
```

Keine Sorge, Sie müssen das Ganze noch nicht verstehen, wir werden das alles Stück für Stück erlernen. Hier ist zunächst nur wichtig, dass Sie elementare Bestandteile von Python-Programmen grob einordnen können. Dazu gehören die Schlüsselwörter, also Python-Befehle oder -Anweisungen, hier etwa `class`, `def` und Funktions- bzw. Methodenaufrufe wie `print()` und `greet()`. Ebenso wie die Begriffe in einer Sprache tragen diese reservierten Wörter eine besondere Bedeutung, ganz analog etwa zu Auto, Haus, Tür usw. im Deutschen.

Ebenso wie im Deutschen können (oder besser sollten) die Begriffe nicht einfach wahllos miteinander verknüpft werden, denn dann ergibt dies keinen Sinn. Um einen gültigen Satz zu formulieren, bedarf es der Einhaltung einiger Regeln. Diese werden als Grammatik bezeichnet. Auch in Python existiert eine solche. Damit wird etwa festgelegt, dass es `def greet()`, aber nicht `greet() def` heißen muss.

Zudem sehen wir Einrückungen. Diese kann man sich wie Absätze in einem Text vorstellen. In Python bündeln diese Einrückungen Anweisungen. Man spricht dann auch von Blöcken.

Zunehmende Popularität von Python

Wie schon angedeutet, wird Python immer populärer. Beleuchten wir ein paar Gründe für diesen Trend. Zwei wesentliche sind sicher das breite Einsatzspektrum sowie die recht flache Lernkurve beim Einstieg: Erste Experimente gehen oftmals schnell von der Hand. Dabei hilft die auf das Wesentliche reduzierte Syntax (die wenigen Schlüsselwörter und Anweisungen) in Kombination mit einigen eleganten Sprachfeatures. Zum einfachen Ausprobieren existiert ein interaktiver Modus. Diesen starten Sie von der Kommandozeile mit dem Aufruf `python` (Windows) bzw. `python3` (MacOS). Dann sollte Python gestartet werden und dies in etwa wie folgt protokollieren:

```
Python 3.9.6 (default, Jun 29 2021, 06:20:32)
[Clang 12.0.0 (clang-1200.0.32.29)] on darwin
Type "help", "copyright", "credits" or "license" for more information.
>>>
```

Die drei `>>>` zeigen an, dass Python nun auf Ihre Befehle wartet. In diesem Modus können Sie kleinere Programme Zeile für Zeile eingeben und direkt die Resultate sehen, etwa folgendermaßen:

```
>>> 7 * 6
42
>>> print("Willkommen zum Python-Buch")
Willkommen zum Python-Buch
```

Weitere Vorteile   Die gut verständliche Formatierung und Gestaltung von Blöcken mit Einrückungen statt der in anderen Programmiersprachen üblichen geschweiften Klammern erleichtern den Einstieg. Neben dieser optischen Hilfe und Strukturierung besitzt Python nur eine überschaubare Anzahl an Befehlen (Schlüsselwörter genannt).

Damit eine Programmiersprache eine gewisse Popularität erreichen kann, muss sie fast zwangsläufig für alle gängigen Betriebssysteme wie Windows, MacOS und UNIX verfügbar sein. Das ist für Python gegeben.

Eine weitere Rolle spielt das sogenannte Ökosystem, also die Menge an Tools und Frameworks sowie Bibliotheken, die für eine Programmiersprache existieren. Lange Zeit war hier Java vorbildlich und extrem stark. Python holt diesbezüglich aber stetig auf und es gibt diverse gute Entwicklungstools und weitere Bibliotheken, viele vor allem im Bereich AI (Artificial Intelligence) und ML (Machine Learning).

Zwischenfazit

Genug der vielen Informationen. Nachfolgend werden wir die Dinge gründlich und detailliert besprechen und didaktisch immer ein neues Themengebiet ergründen, bis wir schließlich einen guten Einstieg in die Python-Programmierung vollzogen haben werden. Vorab werden wir aber erst einmal Python selbst und die IDE namens PyCharm installieren und erste Schritte ausführen, um für unsere weitere Entdeckungsreise gewappnet zu sein.

1.2 Los geht's – Installation

Im ersten Teil dieses Buchs wird ein Hands-on-Ansatz verfolgt, bei dem wir Dinge oftmals in Form kleinerer Python-Codeschnipsel direkt ausprobieren. Sie benötigen vorab keine tiefgreifenden Programmiererfahrungen, allerdings schaden diese natürlich nicht, ganz im Gegenteil. Hilfreich wäre allerdings, wenn Sie sich einigermaßen mit dem Installieren von Programmen und grundlegend mit der Kommandozeile auskennen.

Damit Sie die nachfolgend beschriebenen Python-Programme ausführen können, benötigen Sie eine aktuelle Python-Installation. Beginnen wir also damit.

1.2.1 Python-Download

Auf der Webseite `https://www.python.org/` ist die aktuelle Python-Version frei verfügbar.

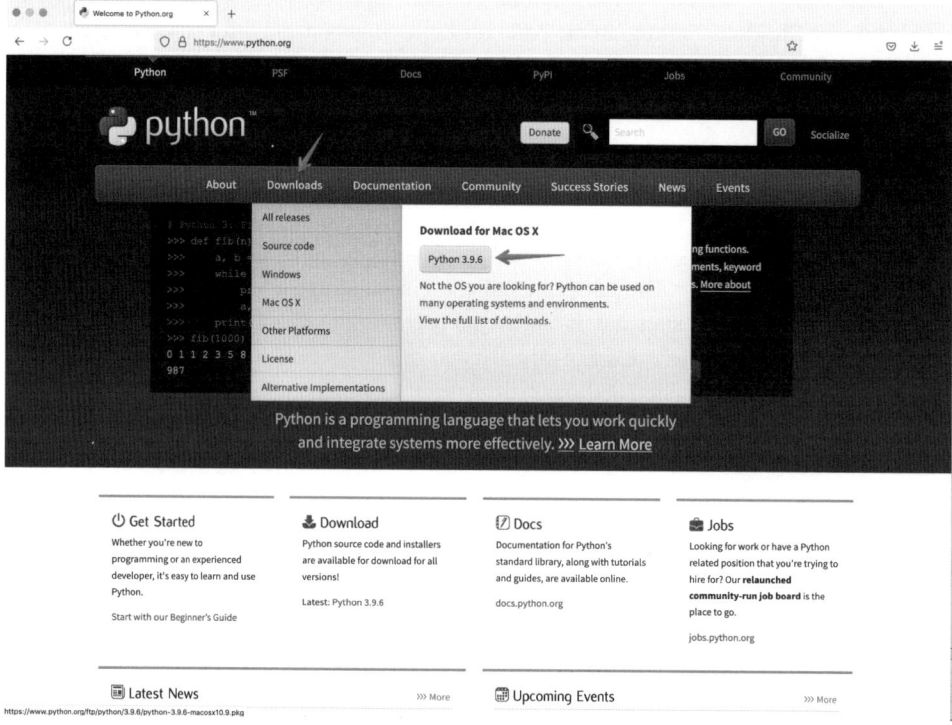

Abbildung 1-1 *Python-Download-Seite*

Nachdem Sie auf den Link zum Python-Download geklickt haben, startet der Download. Wenn dieser abgeschlossen ist, fahren Sie wie im Anschluss beschrieben fort.

1.2.2 Installation von Python

Die Installation von Python wird nachfolgend für die weitverbreiteten Betriebssysteme Windows und MacOS beschrieben. Falls Sie ein Unix-Derivat nutzen, dann finden Sie dort oftmals schon eine aktuelle Version von Python vorinstalliert.

Python-Installation für Windows

Für Windows doppelklicken Sie bitte auf die .exe-Datei, die nach erfolgreicher Installation gelöscht werden kann. Führen Sie also das heruntergeladene Installationsprogramm aus (z. B. `python-3.9.6-amd64.exe`). Damit wird Python installiert. Akzeptieren Sie die Standardeinstellungen und befolgen Sie die Anweisungen während der Installation. In einem Schritt kann auch angeklickt werden, dass der Pfad gesetzt werden soll. Das sollten Sie unbedingt anklicken, um spätere Aktionen und Änderungen an den Systemeinstellungen zu vermeiden.

Abbildung 1-2 *Python-Installation für Windows*

Python-Installation für MacOS

Unter MacOS doppelklicken Sie auf die .pkg-Datei, um die Installation zu starten. Folgen Sie den Aufforderungen. Möglicherweise müssen Sie das Administrator-Passwort eingeben, um fortzufahren. Nachdem die Installation abgeschlossen ist, können Sie die .pkg-Datei löschen, um Speicherplatz zu sparen.

1.2.3   Nacharbeiten nach der Python-Installation

Damit Python bei Ihnen nach der Installation auch in der Konsole korrekt funktioniert, sind mitunter noch ein paar Nacharbeiten nötig. Dazu müssen wir Python zur leichteren Handhabung in den Pfad aufnehmen. Dies wird nachfolgend für die weitverbreiteten Betriebssysteme Windows und MacOS beschrieben. Falls Sie ein Unix-Derivat nutzen, dann finden Sie dort oftmals schon eine aktuelle Version von Python vorinstalliert.

Nacharbeiten für Windows

Sofern nicht bereits während der Installation angeklickt, muss noch das Installationsverzeichnis in die Umgebungsvariable `PATH` aufgenommen werden. Diese können Sie unter »Umgebungsvariablen« ändern. Drücken Sie die Win-Taste und geben Sie dann »umgeb« ein, bis »Umgebungsvariablen für dieses Konto bearbeiten« erscheint. Mit Enter öffnet sich der Dialog »Umgebungsvariablen«. Hier wählen Sie den Eintrag »Path« aus und klicken auf den Button »Bearbeiten«. In die nun erscheinende Liste fügen Sie das Installationsverzeichnis ein. Dazu klicken Sie rechts auf den Button »Neu« und fügen dort zwei Verzeichnisse hinzu: Zuerst das Installationsverzeichnis, das bei einer Standardinstallation ungefähr so aussieht: `C:\Users\MINDEN\AppData\Local\Programs\Python\Python39`. Für das Unterverzeichnis Scripts lautet es ungefähr wie folgt: `C:\Users\MINDEN\AppData\Local\Programs\Python\Python39\Scripts`. Nach dem Schließen des Dialogs mit »OK« sollte das Ganze dann in etwa so aussehen:

Abbildung 1-3 *Umgebungsvariablen bearbeiten*

Beachten Sie bitte Folgendes: Bestätigen Sie die gesamten Dialoge bitte immer mit »OK«, sodass die Variablen gesetzt sind. Eventuell geöffnete Konsolen müssen geschlossen und neu geöffnet werden, um die geänderten Variablen wirksam werden zu lassen.

Weitere Informationen finden Sie unter `https://docs.python.org/3/using/windows.html`.

Nacharbeiten für MacOS

Auch unter MacOS empfiehlt es sich, einen Verweis auf Python im Pfad in der jeweiligen Shell (dem Terminal) passend zu setzen. Normalerweise geschieht dies bei einer Installation automatisch. Ansonsten können Sie dies von Hand ausführen bzw. in das Startskript Ihrer Shell eintragen, etwa `~/.bash_profile` oder neuer `~/.zshrc`:

```
export PYTHON_HOME=/Library/Frameworks/Python.framework/Versions/3.9/
export PATH=$PYTHON_HOME/bin:$PATH
```

1.2.4   Python-Installation prüfen

Nachdem Sie die obigen Schritte ausgeführt haben, sollte Python auf Ihrem Rechner installiert und von der Konsole startbar sein und Sie damit bereit sein für die nächsten Schritte.

Öffnen Sie eine Konsole und geben Sie das unten stehende Kommando ein – im folgenden Text nutze ich immer $ zur Kennzeichnung von Eingaben auf der Konsole, also der Windows-Eingabeaufforderung (`python`) und dem Terminal bei MacOS (`python3`) wie folgt:

```
$ python3
Python 3.9.6 (default, Jun 29 2021, 06:20:32)
[Clang 12.0.0 (clang-1200.0.32.29)] on darwin
Type "help", "copyright", "credits" or "license" for more information.
```

Sofern Sie ähnliche Meldungen erhalten (möglicherweise mit kleinen Abweichungen bei den Versionsangaben), können wir uns auf die Entdeckungsreise zur Python-Programmierung machen. Wir beenden den interaktiven Modus wie folgt, um noch die skriptbasierte Ausführung kurz kennenzulernen.

```
>>> exit()
```

1.2.5   Python-Programm als Skript ausführen

Wie schon erwähnt, kann man Python-Programme auch Zeile für Zeile ausführen lassen. Dazu kann man die Python-Anweisungen zunächst mit einem Texteditor eingeben, beispielsweise folgende Anweisungen:

```
print("Herzlich Willkommen zu 'Einfach Python'")
print("Viel Spaß wünscht Ihnen Michael Inden")
```

Speichern Sie dies als `welcome.py` ab. Danach können Sie die Anweisungen folgendermaßen starten:

```
$ python3 welcome.py
```

Python lädt und analysiert das Programm aus der Datei `welcome.py` und gibt als Folge diese Meldungen aus:

```
Herzlich Willkommen zu 'Einfach Python'
Viel Spaß wünscht Ihnen Michael Inden
```

1.3 Entwicklungsumgebungen

Zum Schreiben von umfangreicheren Python-Programmen (also zum Bearbeiten von viel Sourcecode) empfehle ich den Einsatz einer IDE anstelle von Texteditoren oder anstatt rein auf der Konsole zu arbeiten. Für kleine Experimente ist aber gerade der Python-Kommandozeileninterpreter ein wunderbares Hilfsmittel.

Für Änderungen an größeren Python-Programmen kann man zwar auch mal einen Texteditor nutzen, aber dieser bietet nicht die Annehmlichkeiten einer IDE: In IDEs laufen verschiedene Aktionen und Sourcecode-Analysen automatisch und im Hintergrund ab, wodurch gewisse Softwaredefekte direkt noch während des Editierens erkannt und angezeigt werden können, etwa in einer To-do-/Task-Liste. IDEs bereiten zudem vielfältige Informationen auf. Des Weiteren werden diverse Annehmlichkeiten wie Quick Fixes zur Korrektur kleinerer Probleme sowie automatische Transformationen und Änderungen von Sourcecode, sogenannte *Refactorings*, unterstützt.

Für Python existieren verschiedene IDEs. Momentan besitzt PyCharm ganz klar eine Vorreiterrolle. Es basiert auf dem für Java populären IntelliJ IDEA. Praktischerweise gibt es PyCharm als kostenlose Community Edition sowie als kostenpflichtige Ultimate Edition. Mehr Informationen zu PyCharm sowie zum Download finden Sie im Anschluss und unter `https://www.jetbrains.com/pycharm/`.

Wenn Sie bereits etwas Erfahrung haben, dann sind Sie natürlich frei, sich andere IDEs anzuschauen und diese auszuprobieren. Vieles geht über persönliche Präferenzen.

1.3.1   Installation von PyCharm

Gehen Sie auf die Seite `https://www.jetbrains.com/pycharm/`. Diese präsentiert sich ähnlich zur folgenden Abbildung. Dort finden Sie oben rechts einen Download-Button, den Sie bitte drücken.

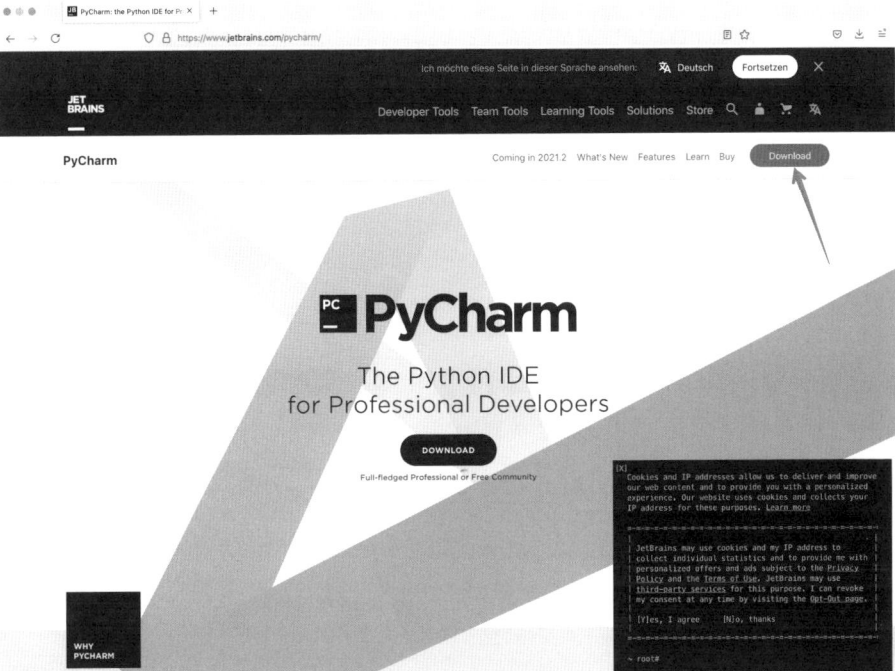

Abbildung 1-4 PyCharm-Hauptseite zum Download

Hinweis: Möglicherweise leicht abweichende Screenshots

Denken Sie bitte daran: Bei Ihnen können die nachfolgend gezeigten Abbildungen leicht abweichen, insbesondere, wenn Sie Windows verwenden. Die Screenshots wurden unter MacOS Big Sur erstellt.

Dadurch wird die Download-Seite mit ein paar Auswahlmöglichkeiten geöffnet. Hier können Sie unter anderem die Version für das gewünschte Betriebssystem sowie die kostenlose Community Edition oder die kostenpflichtige Ultimate Edition auswählen. Ein Klick auf den jeweiligen Download-Button startet dann den Download.

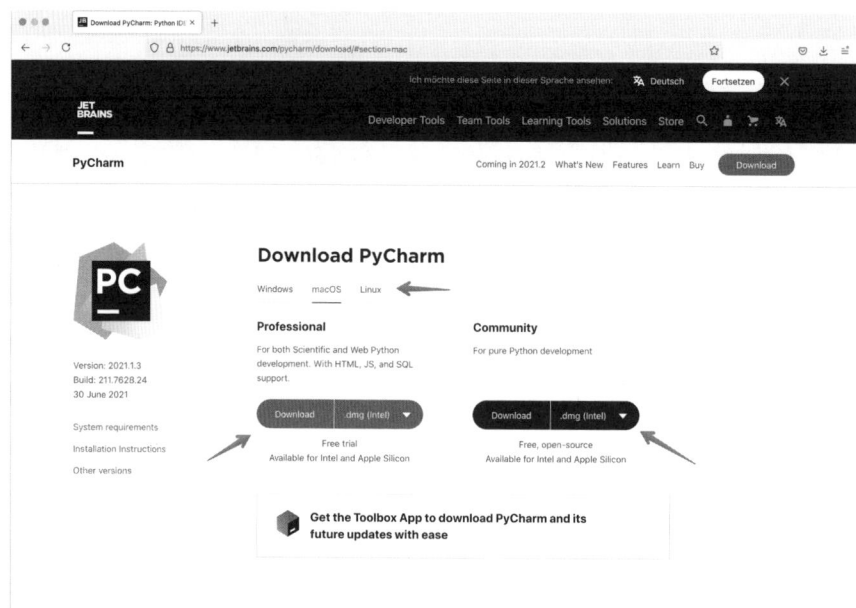

Abbildung 1-5 *PyCharm-Hauptseite zum Download (Fortsetzung)*

Nachdem der Download abgeschlossen ist, entpacken oder starten Sie bitte das jeweilige heruntergeladene ZIP, DMG oder die Datei im jeweiligen Linux-Format. Für MacOS wird ein Fenster geöffnet, wo Sie das Programm per Drag and Drop in den Programme-Ordner verschieben können. Im Falle von Windows installieren Sie PyCharm bitte über die `.exe`-Datei. Der Einfachheit halber klicken Sie alle Optionen unter »Installation Options« an (64-bit launcher, add launchers dir to the PATH etc.). Ansonsten können Sie die vorgeschlagenen Werte übernehmen. Nach der Installation (und einem Reboot) können Sie PyCharm über das Startmenü oder das Desktop-Icon öffnen.

1.3.2   PyCharm starten

Nach den beschriebenen Installationsschritten sollte Ihnen nun PyCharm als Programm im Startmenü bzw. der Programmauswahl zur Verfügung stehen. Starten Sie es bitte, etwa durch einen Doppelklick auf das Programm-Icon.

Bei MacOS erhalten Sie gegebenenfalls noch einen Warnhinweis, dass es sich um ein aus dem Internet heruntergeladenes Programm handelt. Dies können Sie ignorieren und durch einen Klick auf Öffnen fortfahren.

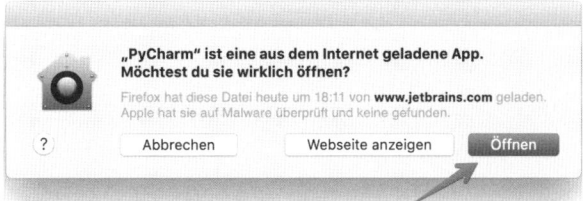

Abbildung 1-6 *Warnmeldung (MacOS)*

Als Nächstes öffnet sich der Startbildschirm von PyCharm, der sich je nach Version leicht unterschiedlich präsentiert. Hier werden verschiedene Optionen angeboten, etwa das Anlegen neuer Projekte oder das Öffnen bestehender:

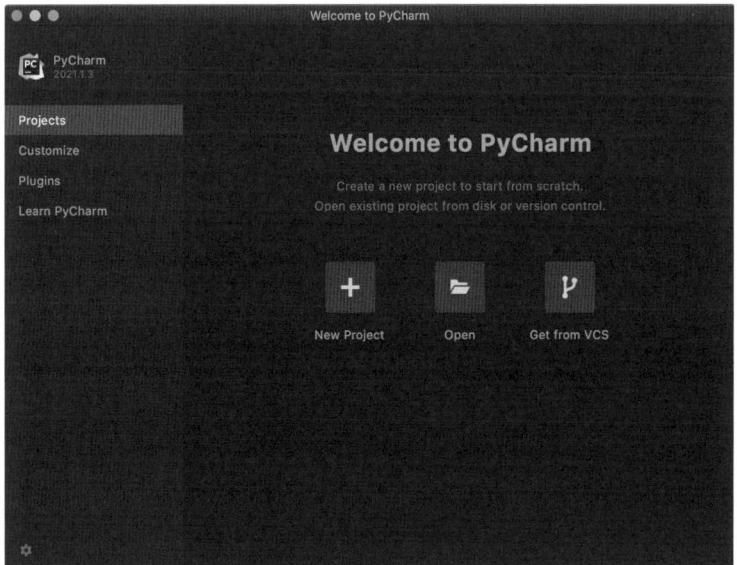

Abbildung 1-7 *Projekt anlegen oder öffnen*

Das Importieren wird separat in der Beschreibung zum Download der Sources zu diesem Buch thematisiert. Wir schauen uns nachfolgend das Anlegen eines Projekts mitsamt einer einfachen Klasse sowie deren Start an.

Wenn Sie bereits Projekte erstellt oder importiert haben, dann sehen Sie in etwa folgende Darstellung:

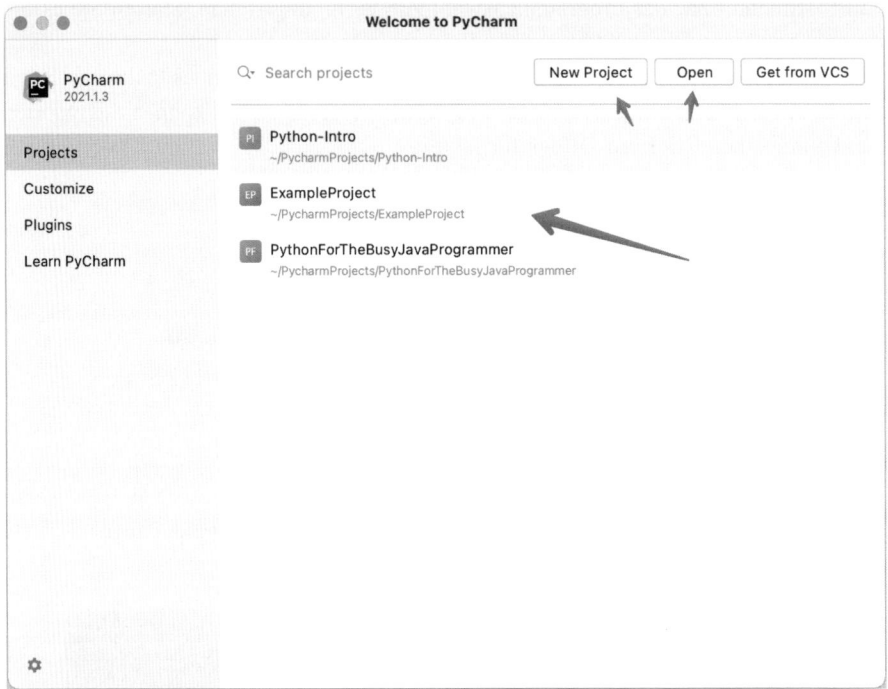

Abbildung 1-8 *Projektliste mit Auswahl zum Projekt anlegen oder öffnen*

Nun wollen wir uns dem Anlegen eines Projekts und eines ersten Python-Moduls sowie einer ersten Klasse widmen, um die Abläufe exemplarisch einmal durchzuspielen, die für spätere Aktionen notwendig sind. Keine Sorge, Sie müssen diese Schritte nicht im Detail verstehen. Es baut sich aber ein erstes Verständnis auf, das sich dann weiter vertieft, wenn Sie dies häufiger machen.

Beginnen wir mit dem Anlegen eines Python-Projekts. Klicken wir zunächst auf den Button `New Project`.

1.3.3   Erstes Projekt in PyCharm

Zum Anlegen eines Projekts öffnet sich folgender Dialog, in dem Sie unter `Location` am Ende den gewünschten Namen des Projekts, hier `MyFirstPythonProject`, eintragen. Zudem müssen Sie noch die zu verwendende Python-Installation angeben und dazu gegebenenfalls das passende Installationsverzeichnis wählen. Zum Schluss empfiehlt es sich, für erste Experimente noch das Erzeugen eines initialen Python-Moduls `main.py` per Checkbox zu aktivieren. All dies ist durch Pfeile in der Abbildung gekennzeichnet.

Abbildung 1-9 *Dialog »New Project«*

1.3.4   Erstes Modul in PyCharm

Unser erstes Python-Projekt ist jetzt angelegt und ist bereit, um mit Leben in Form von Modulen und Klassen gefüllt zu werden. PyCharm sollte sich in etwa wie folgt präsentieren. Praktischerweise findet sich schon ein einfaches Grundgerüst als Datei `main.py`, wo Sie mit ersten Experimenten beginnen können.

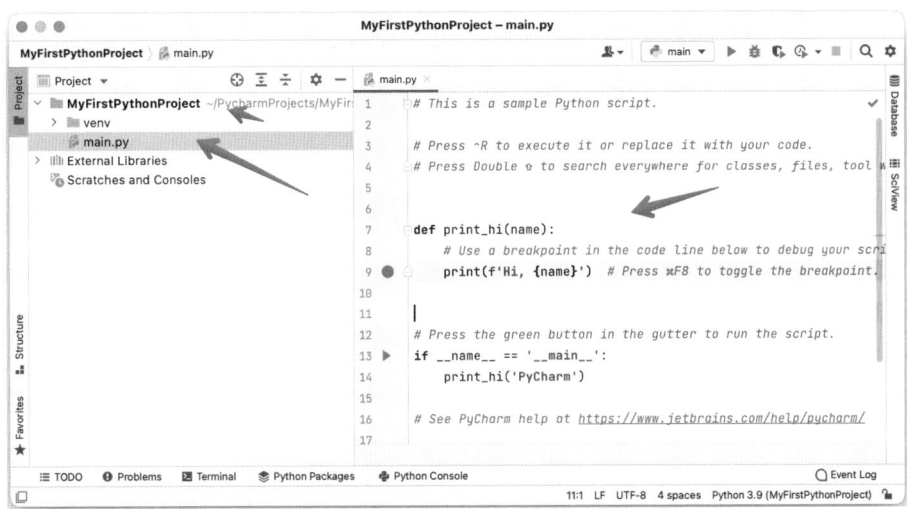

Abbildung 1-10 *Neu angelegtes Projekt*

Neues Modul anlegen

Ausgangspunkt zum Anlegen eines neuen Moduls ist die Baumdarstellung auf der linken Seite im Project Explorer. Dort öffnet man (durch einen Rechtsklick oder Ctrl + Klick) ein Kontextmenü unter anderem mit dem Eintrag New > Python File.

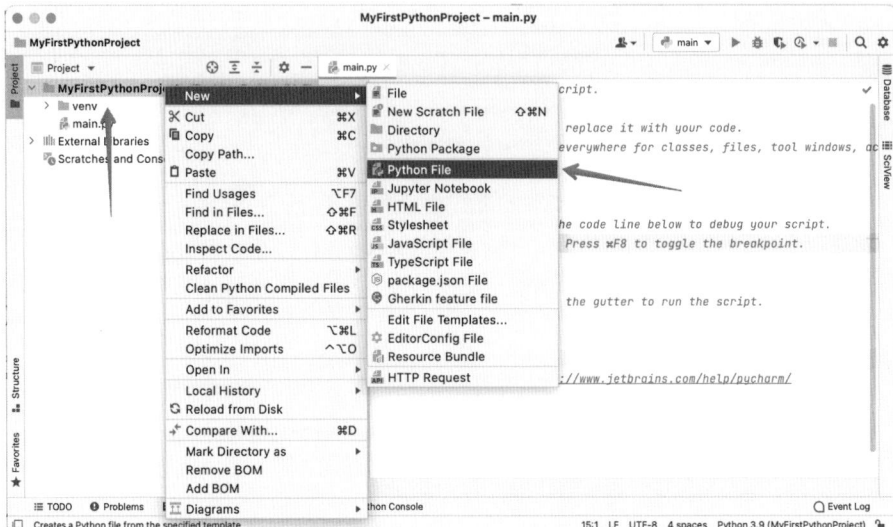

Abbildung 1-11 *Kontextmenü zum Anlegen einer Python-Datei*

Durch Auswahl des Kontextmenüs öffnet sich folgender Dialog zum Erzeugen einer neuen Python-Datei.

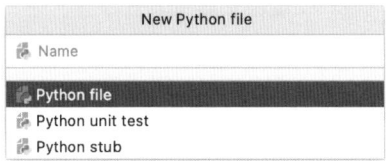

Abbildung 1-12 *Dialog zum Erstellen einer neuen Python-Datei*

Im Dialog muss man den gewünschten Dateiname eingeben, woraufhin diese Datei dann erzeugt wird. Wir nutzen myfirstpythonmodul als Namen.

Sourcecode editieren

Nachdem das Grundgerüst steht, können Sie dann den Sourcecode aus den Beispielen im Editor einfügen bzw. abtippen. Generell können Sie viele der hier gezeigten Aktionen auch zum Nachvollziehen der für den Python-Kommandozeileninterpreter gezeigten Programmschnipsel nutzen, indem Sie die Programmzeilen einfach im Editorfenster eintippen.

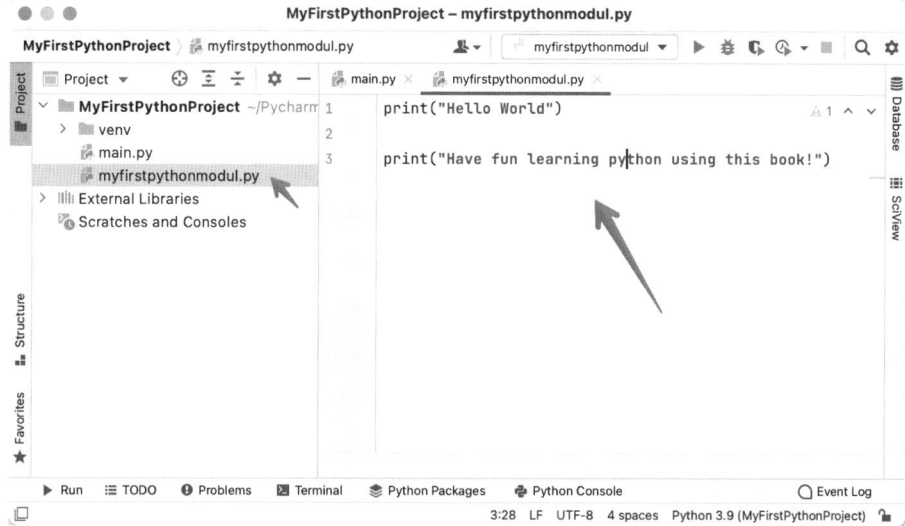

Abbildung 1-13 *Sourcecode editieren*

Klasse ausführen

Schließlich wollen Sie sicherlich das so entstandene Python-Programm auch mal in Aktion erleben. Dazu ist eine `main()`-Funktion hilfreich, wie sie im vorherigen Beispiel zu sehen war. Die `main()`-Funktion ist jedoch optional. Wird diese nicht definiert, so werden die Python-Anweisungen im bereits vorgestellten Skriptmodus Zeile für Zeile ausgeführt.

Mithilfe des Kontextmenüs oder des grünen Play-Pfeils kann man die Ausführung in beiden Varianten starten. Allerdings muss beim ersten Mal immer über das Kontextmenü gestartet werden, weil dann eine Startkonfiguration angelegt wird. Diese erlaubt es, danach auch über den grünen Pfeil zu starten.

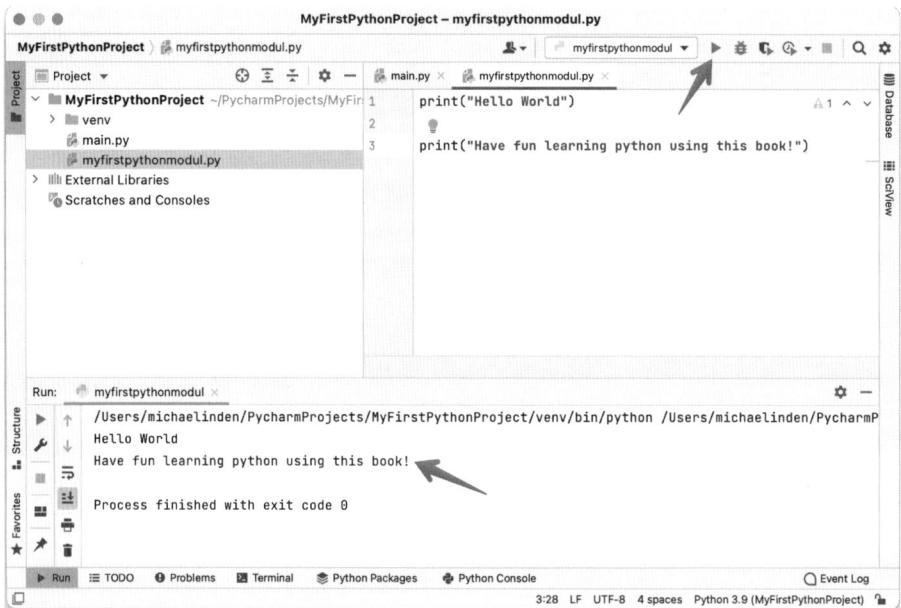

Abbildung 1-14 Programm ausführen

2   Schnelleinstieg

2.1   Hallo Welt (Hello World)

Wir beginnen das Kennenlernen von Python mit einem simplen Programm, nämlich wie traditionell in den allermeisten Büchern mit HelloWorld, der Ausgabe eines Grußes auf der Konsole. Das haben wir schon in etwas komplizierterer Form in der Einleitung gesehen. Wir wollen es aber weiter vereinfachen und damit unsere Entdeckungsreise starten.

Weil Python einen interaktiven Kommandozeileninterpreter, auch Read-Eval-Print-Loop (REPL) genannt, bietet, beginnen wir unsere Experimente dort: Der interaktive Kommandozeileninterpreter erlaubt es uns, kleinere Python-Codeschnipsel auszuprobieren. Das erleichtert das schrittweise Erlernen.

Wir starten den interaktiven Kommandozeileninterpreter mit dem Kommando `python` (Windows) bzw. `python3` (MacOS) wie folgt:

```
$ python3
Python 3.9.6 (default, Jun 29 2021, 06:20:32)
[Clang 12.0.0 (clang-1200.0.32.29)] on darwin
Type "help", "copyright", "credits" or "license" for more information.
>>>
```

Neben dem Hinweis auf die Version zeigt der Prompt >>> an, dass wir nun Python-Befehle eingeben können. Probieren wir es gleich einmal aus:

```
>>> print("Hello World from Python!")
Hello World from Python!
```

Herzlichen Glückwunsch zur ersten Programmausgabe mit Python. Die eingebaute Funktionalität `print()` ermöglicht Ausgaben auf der Konsole. Derartige Aktionen werden durch sogenannte Funktionen bereitgestellt, in diesem Fall durch die Funktion `print()`, der man in runden Klammern einen Text eingerahmt von Anführungszeichen übergibt.

Selbst wenn es im Verlaufe dieses Schnelleinstieg-Kapitels ein klein wenig anspruchsvoller wird, keine Sorge, Sie müssen noch nicht alle Details verstehen – wir werden diese im Verlaufe dieses Buchs noch ausführlich besprechen. Jetzt geht es zunächst um die ersten Schritte und ein initiales Gespür. Tippen Sie die Beispiele einfach ab und wenn Sie sich sicher fühlen, dann variieren Sie diese auch gerne ein wenig.

… haben bereits einen netten Gruß auf der Konsole ausgeben können. Das war schon ein recht guter Anfang. Allerdings wäre es etwas eintönig, nur Texte ohne Variation auszugeben. Um den Gruß anzupassen oder Berechnungen ausführen zu können, lernen wir nun Variablen kennen.

Übrigens hätte man die Ausgabe sogar noch etwas kürzer erhalten können – allerdings ohne die wichtige Funktion `print()` kennenzulernen:

```
>>> "Hello World from Python!"
'Hello World from Python!'
```

2.2 Variablen und Datentypen

Variablen dienen zum Speichern und Verwalten von Werten. Dabei gibt es unterschiedliche Typen (auch Datentypen genannt), etwa für Texte, Zahlen und Wahrheitswerte. Wir schauen uns dies zunächst einmal einführend an und erweitern dann unser Wissen Schritt für Schritt, beispielsweise um ergänzende Infos oder Aktionen mit den Variablen. Zum Einstieg betrachten und nutzen wir folgende Typen:

- `str` – Textuelle Informationen, wie z. B. "Hallo". Stringwerte sind von doppelten oder einfachen Anführungszeichen eingeschlossen.
- `int` – Ganzzahlen, wie 123, oder −4711.
- `float` – Gleitkommazahlen mit Vor- und Nachkommastellen, wie 72,71 oder −1,357. Achtung: Weil Python die amerikanische Notation nutzt, werden als Dezimaltrenner Punkte statt Kommata verwendet. Somit muss es im Python-Programm `72.71` oder `-1.357` heißen.
- `bool` – Wahrheitswerte als wahr oder falsch, in Python: `True` oder `False`.

2.2.1 Definition von Variablen

In Python erzeugen wir eine Variable, indem wir zunächst den Namen und danach eine Wertzuweisung nach folgendem Muster (auch Syntax genannt) nutzen:

```
variablenname = wert
```

Schauen wir uns ein paar Beispiele an:

```
>>> age = 18
>>> the_answer = 41
>>> simple_pi = 3.1415
>>> name = "Michael"
>>> one_million = 1_000_000
>>> the_answer = 42
>>> is_valid = True
```

Für das Beispiel mit einer Million sehen wir die Angabe von Unterstrichen, die sich gut zur Separierung, hier von Tausendersegmenten, eignen. Zwar habe ich es für `the_answer` gerade nur angedeutet, aber einer Variablen kann durchaus mehr Programmverlauf an unterschiedlicher Stelle ein anderer Wert zugewiesen werd

Den aktuellen Wert fragen wir durch Eingabe des Namens in der Konsole ab:

```
>>> age
18
>>> name
'Michael'
>>> one_million
1000000
```

Alternativ können wir die bereits kurz vorgestellte Funktion `print()` nutzen:

```
>>> print("Hello " + name)
Hello Michael
```

Manchmal soll kein automatischer Zeilenumbruch am Ende erfolgen, nämlich etwa dann, wenn man mehrere Ausgaben in einem Programm hintereinander in einer Zeile darstellen möchte. Dazu kann man `print()` mit Angabe eines leeren Endezeichens in Form von `end=""` verwenden – auch auf der Konsole erfolgt kein Zeilenumbruch:

```
>>> print("Hello " + name, end="")
Hello Michael>>>
```

Schließlich wollen wir die meisten der Variablen in eine Konsolenausgabe integrieren:

```
>>> print("Hello", name, "the answer is", the_answer, "and not", age)
Hello Michael the answer is 42 and not 18
```

Aber Moment: Wo sind denn die anfangs erwähnten Typen? Darauf kommen wir zurück, nachdem wir uns die Konsolenausgabe etwas genauer angeschaut haben.

Varianten der formatierten Ausgabe

Zur Ausgabe von Werten mit `print()` müssen diese in eine textuelle Form überführt werden. Das geschieht automatisch, wenn man die zuvor gezeigte kommaseparierte Variante nutzt. Alternativ kann man die Bestandteile durch einen Aufruf von `str()` in einen String wandeln und dann mit + verknüpfen. Dabei muss man aber auf die korrekte Angabe der Leerzeichen zum Abstand achten:

```
>>> print("Hello " + name + " the answer is " + str(the_answer) + " and not" +
    str(age))
Hello Michael the answer is 42 and not 18
```

Darüber hinaus gibt es noch diverse Varianten der Formatierung:

```
>>> print("Hello %s the answer is %d and not %d" % (name, the_answer, age))
>>> print("Hello {} the answer is {} and not {}".format(name, the_answer, age))
>>> print(f"Hello {name} the answer is {the_answer} and not {age}")
```

Zunächst sehen wir die Variante mit %, dann {} in Kombination mit `format()` sowie schließlich die sogenannten f-Strings, wo man benannte Platzhalter in einem String nutzt, dem ein `f` vorangestellt ist – Details zu diesen Möglichkeiten folgen später.

2.2.2 Variablen und Typen

Tatsächlich sind die Typen von Variablen in Python nicht direkt sichtbar, aber sie lassen sich mit der eingebauten Funktion `type()` folgendermaßen abfragen:

```
>>> type(age)
<class 'int'>
>>> type(simple_pi)
<class 'float'>
>>> type(name)
<class 'str'>
>>> type(is_valid)
<class 'bool'>
```

Neben den kurz erwähnten Typnamen sehen wir weitere Informationen wie `class`, die hier nicht relevant sind und erst später in Kapitel 4 besprochen werden.

Zudem ist Python eine sogenannte dynamisch typisierte Sprache. Das bedeutet, dass sich zum einen der Typ ausgehend vom Wert ergibt und sich der Typ zum anderen sogar im Programmverlauf ändern kann, etwa wie folgt von `float` auf `str`:

```
>>> age = 50.25
>>> type(age)
<class 'float'>
```

Allerdings ist eine derartige Wiederverwendung kein guter Stil und kann zu Missverständnissen und Fehlverwendungen führen. Das gilt insbesondere, wenn im zeitlichen Verlauf statt einer Zahl ein Text gespeichert wird und somit der Typ wechselt:

```
>>> age = "Mittelalt"
>>> type(age)
<class 'str'>
```

Typumwandlung (Cast)

Gelegentlich sind Ganzzahlen statt Gleitkommazahlen als Ergebnis gewünscht. Liefert eine Funktion jedoch Gleitkommazahlen, so können wir mit dem sogenannten *Casting* arbeiten: Durch die Angabe `typ(wert)`, wobei `typ` für `str`, `int` usw. steht, lässt sich ein Wert in den angegebenen Typ umwandeln. Nachfolgend nutzen wir `int`, um eine Gleitkommazahl in eine Ganzzahl zu verwandeln, wodurch die Nachkommastellen wie gewünscht abgeschnitten werden. Somit wird aus `3.1415` der Wert 3:

```
>>> int(3.1415)
3
```

Bei diesen Casts ändert sich insbesondere der Typ. In unserem Beispiel war das Abschneiden der Nachkommastellen ein schöner und gewünschter Nebeneffekt.

2.2.3 Bezeichner (Variablennamen)

Ohne es explizit zu erwähnen, haben wir uns bei der Benennung von Variablen an ein paar Regeln gehalten. Zunächst einmal muss jede Variable (und auch die später vorgestellten Funktionen, Methoden und Klassen) durch einen eindeutigen Namen, auch Identifier oder Bezeichner genannt, gekennzeichnet werden.

Bei der Benennung sollte man folgende Regeln und Hinweise beachten:

- Namen sollten mit einem Buchstaben beginnen[1] – Ziffern sind als erstes Zeichen eines Variablennamens nicht erlaubt.
- Namen können danach aus einem beliebigen Mix aus Buchstaben (auch Umlauten), Ziffern und _ bestehen, dürfen aber keine Leerzeichen enthalten.
- Enthalten Namen mehrere Wörter, dann ist es guter Stil, die sogenannte SnakeCase-Schreibweise zu verwenden, bei der jedes neue Wort getrennt durch _ startet, etwa `arrival_time`, `estimated_duration` oder `short_description`.
- Die Groß- und Kleinschreibung von Namen spielt eine Rolle: `arrival_Time` und `arrival_time` bezeichnen unterschiedliche Variablen.
- Namen dürfen nicht mit den in Python vordefinierten und im Anhang aufgelisteten Schlüsselwörtern übereinstimmen, demzufolge sind `class`, `True` oder `int` keine gültigen Namen – `public_transport` oder `winter` hingegen sind erlaubt.

Übrigens spielt es für Python keine Rolle, ob Sie sehr kurze (`i`, `m`, `p`), kryptische (`dpy`, `mtr`) oder aber gut verständliche Namen (`days_per_year`, `max_table_rows`) nutzen. Für Sie und das Verständnis beim Nachvollziehen eines Python-Programms macht das aber einen himmelweiten Unterschied. Natürlich sind kurze Variablennamen wie etwa `x` und `y` zur Bezeichnung von Koordinaten vollkommen verständlich, aber was sagt beispielsweise ein einzelner Buchstabe `m` aus? Schauen wir uns ein Beispiel an, das Ihnen das Gesagte verdeutlichen soll:

```
>>> # Gut verständliche Namen
>>> minutes_per_hour = 60
>>> days_per_year = 365
>>> max_table_rows = 25

>>> # NAJA, nicht wirklich verständlich, was die Abkürzungen bedeuten
>>> m = 60
>>> dpy = 365
>>> mtr = 25

>>> # ACHTUNG: ziemlich schwierig unterscheidbar
>>> arrival_Time = "16:50"
>>> arrival_time = 16.50
```

Die letzten beiden Variablendefinitionen sind ziemlich ungünstig, da man sich beim Unterscheiden schwertut. Dadurch kommt es vermutlich leichter zu Fehlverwendungen.

---

[1]Tatsächlich dürfen Namen auch mit _ beginnen, jedoch ist das eher für fortgeschrittene Themen nützlich.

Im Listing sehen wir sogenannte Kommentare. Damit kann man erklärende Zusatz-
informationen hinterlegen. In diesem Fall werden mit # einzeilige Kommentare eingeleitet. Alles, was nach dem # bis zum Ende der Zeile folgt, wird bei der Ausführung
von Python ignoriert (vgl. Abschnitt 2.6).

2.3   Operatoren im Überblick

Operatoren dienen dazu, Operationen zwischen Variablen und/oder Werten auszuführen, selbst eine banale Addition ist ein Beispiel, nämlich für den Operator +. Das lässt
sich wunderbar mit der Python-Kommandozeile nachprüfen:

```
>>> sum1 = 200 + 50
>>> sum2 = sum1 + 500
>>> sum3 = sum2 + 750

>>> print("Summen: 1:", sum1, "/ 2:", sum2, "/ 3:", sum3)
Summen: 1: 250 / 2: 750 / 3: 1500
```

Generell bietet Python folgende Varianten von Operatoren:

- Arithmetische Operatoren
- Zuweisungsoperatoren
- Vergleichsoperatoren
- Logische Operatoren
- Bit-Operatoren – Diese sind nur für spezielle Anwendungsfälle von Relevanz und
  werden in diesem Buch nicht weiter behandelt.

2.3.1   Arithmetische Operatoren

Die arithmetischen Operatoren sind uns größtenteils aus der Schule bekannt. Neben den
Grundrechenarten Addition, Subtraktion, Multiplikation und Division gibt es noch die
Modulo-Berechnung sowie die Potenzierung. Tabelle 2-1 bietet einen Überblick.

Tabelle 2-1 Arithmetische Operatoren

Operator	Name	Beschreibung und Beispiel
+	Addition	Addiert zwei Werte: x + y, z. B. 2 + 5 = 7
-	Subtraktion	Subtrahiert zwei Werte: x - y, z. B. 9 - 2 = 7
*	Multiplikation	Multipliziert zwei Werte: x * y , z. B. 2 * 7 = 14
**	Potenzierung	Potenziert zwei Werte: x^y , z. B. 2 ** 8 = 256
/	Division	Dividiert zwei Werte: x / y, z. B. 15 / 2 = 7.5
//	Ganzzahldivision	Dividiert zwei Werte ohne Rest: x // y, z. B. 9 // 7 = 1
%	Modulo	Berechnet den Rest der Division zweier Werte: x % y, z. B. 9 % 7 = 2

Beispiele für Grundrechenarten

Betrachten wir einfache Beispiele für diese Operationen, exemplarisch für Ganzzahlen als Parameter. Die einfache Division liefert als Ergebnis eine Gleitkommazahl:

```
>>> print(9 - 7)
2
>>> print(7 + 2)
9
>>> print(9 - 7)
2
>>> print(7 * 2)
14
>>> print(42 / 6)
7.0
```

Betrachten wir ergänzend die in anderen Sprachen (oft) unbekannten Operatoren:

```
>>> print(2 ** 8)
256
>>> print(10 // 7)
1
>>> print(1 + 6 * 7 - 7 // 6)
42
```

Das Ergebnis der letzten Berechnung könnte überraschen. Überlegen wir kurz: In Python gelten genau wie in der Mathematik die Vorrangregeln, also Punkt- vor Strichrechnung. Dadurch kommt es zu folgender Auswertung: $1 + (6 * 7) - 1$. Damit wir keine Nachkommastellen erhalten, nutzen wir mit // die Ganzzahldivision.

Modulo-Operator

Schauen wir uns noch die Modulo-Berechnung an, die den Divisionsrest ermittelt:

```
>>> 5 % 1
0
>>> 5 % 2
1
>>> 5 % 3
2
>>> 5 % 4
1
>>> 5 % 5
0
```

Anstelle der hier gewählten Kurzform können wir natürlich auch erst Zahlen einer Variablen zuweisen und danach dann die Operationen ausführen:

```
>>> five = 5
>>> nine = 9
>>> remainder = nine % five
>>> remainder
4
```

> **Tipp: Übrigens ...**
>
> Der Modulo-Operator arbeitet auch auf Gleitkommazahlen:
>
> ```
> >>> 5.5 % 2.5
> 0.5
> ```

Spezialfall: Division durch 0

Bislang haben wir einige Aufrufe kennengelernt. Bei der Division erinnern wir uns vielleicht an den Spezialfall der verbotenen Teilung durch 0. Das ist in der Mathematik nicht erlaubt bzw. liefert den Wert ∞ (unendlich). Mit diesem Wert kann man aber nicht mehr weiter rechnen. Auch Python verbietet eine derartige Division und reagiert darauf mit dem Auslösen eines `ZeroDivisionError` (vgl. Kapitel 9).

```
>>> 7/.0 / 0.0
Traceback (most recent call last):
  File "<stdin>", line 1, in <module>
ZeroDivisionError: float division by zero
>>> 0.0 / 0.0
Traceback (most recent call last):
  File "<stdin>", line 1, in <module>
ZeroDivisionError: float division by zero
```

Hier reicht uns erst einmal das Wissen, dass nach einer solchen Fehlersituation die Ausführung eines Python-Programms gestoppt wird. In der Kommandozeile hingegen können Sie nach einem solchen Fehler problemlos weitere Kommandos eintippen.

2.3.2 Zuweisungsoperatoren

Bei den Zuweisungsoperatoren denkt man natürlich zunächst an die einfache Zuweisung mit dem Operator =, den wir nun schon einige Male genutzt haben und der sich ziemlich natürlich erschließt: Er weist einer Variablen, hier `clicks_per_minute`, den rechts hinter dem = stehenden Wert, in diesem Fall `1234567`, zu:

```
>>> clicks_per_minute = 1234567
```

Nehmen wir nun die Variable x und die Wertzuweisung von 100 als Beispiel:

```
>>> x = 100
```

Um einen Wert, etwa 10, hinzuzufügen, können wir Folgendes schreiben:

```
>>> x = x + 10
>>> x
110
```

Kurzschreibweisen

Manchmal möchte man die Addition eines Werts kürzer notieren. Dazu existiert als Kurzform der Additionszuweisungsoperator +=:

```
>>> x = 32
>>> x += 10
>>> x
42
```

Für diese Kurzschreibweise gibt es noch die nachfolgend demonstrierten praxisrelevanten Varianten +=, -=, *=, **=, /=, //= und %=, die in der folgenden Tabelle aufgeführt sind.

Tabelle 2-2 Zuweisungsoperatoren

Operator	Name	Beschreibung
+=	Addition	Addiert zwei Werte: x += y $\Rightarrow$ = x + y
-=	Subtraktion	Subtrahiert zwei Werte : x -= y $\Rightarrow$ x = x - y
*=	Multiplikation	Multipliziert zwei Werte: x *= y $\Rightarrow$ x = x * y
**=	Potenzierung	Potenziert zwei Werte: x **= y $\Rightarrow$ x = x ** y (x^y)
/=	Division	Dividiert zwei Werte: x /= y $\Rightarrow$ x = x / y
//=	Ganzzahldivision	Dividiert zwei Werte ohne Rest: x //= y $\Rightarrow$ x = x // y
%=	Modulo	Berechnet den Rest der Division zweier Werte: x %= y $\Rightarrow$ x = x % y

Für jede Operation schauen wir uns ein kurzes Beispiel an:

```
>>> counter = 0
>>> counter += 100
>>> counter
100
>>> counter -= 10
>>> counter
90
>>> counter /= 9
>>> counter
10.0
>>> counter *= 7
>>> counter
70.0
>>> counter %= 9
>>> counter
7.0
>>> counter ** 2
49.0
>>> counter // 3
16.0
```

2.3.3 Vergleichsoperatoren

Aus der Mathematik kennen wir diverse Operatoren, um Werte miteinander zu verglei-chen. Exakt so funktioniert das auch in Python. Dort besitzt ein Wahrheitswert den Wert `True` oder `False` vom Typ `bool`.

Tabelle 2-3 *Vergleichsoperatoren*

Operator	Name	Beschreibung
==	gleich	x == y
!=	ungleich	x != y
>	größer	x > y
>=	größer gleich	x >= y
<	kleiner	x < y
<=	kleiner gleich	x <= y

Schauen wir uns wieder eine Abfolge von Aktionen zur Verdeutlichung an:

```
>>> 7 == 8
False
>>> 7 != 8
True
>>> 7 < 8
True
>>> 7 <= 8
True
>>> 7 > 8
False
>>> 7 >= 8
False
```

Wir können selbstverständlich temporäre Variablen vom Typ `bool` basierend auf den Ergebnissen erzeugen und abhängig vom Wert gewisse Aktionen ausführen. Dazu wer-den wir in Kürze Fallunterscheidungen und bedingte Ausführungen einsetzen.

```
>>> is_equal = 7 == 42
>>> is_equal
False
>>> age = 18
>>> younger_than30 = age < 30
>>> younger_than30
True
```

2.3.4   Logische Operatoren

Um einfache Bedingungen zu prüfen, haben wir gerade die Vergleichsoperatoren kennengelernt. Oftmals muss aber nicht nur eine, sondern es müssen mehrere Bedingungen erfüllt sein, oder eine aus mehreren. Mitunter muss auch die Bedingung invertiert werden. Mithilfe der logischen Operatoren kann man dies in Python formulieren. Die Operatoren `and` und `or` arbeiten auf zwei booleschen Werten (`bool`), der Operator `not` auf einem.

Tabelle 2-4 *Logische Operatoren*

Operator	Name	Beschreibung
`and`	AND	`True`, wenn beide Bedingungen erfüllt sind, ansonsten `False`
`or`	OR	`True`, wenn mindestens eine der Bedingungen erfüllt ist, ansonsten `False`
`not`	NOT	`True`, wenn die Bedingung nicht erfüllt ist, ansonsten `False`

Schauen wir uns wieder eine Abfolge von Aktionen zur Verdeutlichung an. Zunächst definieren wir die zwei Ganzzahlvariablen `age` und `points` und kombinieren dann einige Abfragen:

```
>>> age = 27
>>> points = 127
>>> age > 20 and points > 100
True
>>> age > 30 or points > 100
True
>>> age > 20 or points > 200
True
>>> not points > 500
True
```

Es lassen sich nicht nur einzelne Werte miteinander verknüpfen, sondern auch ganze Ausdrücke, z. B. die Möglichkeit, ein weiteres Bier in einer Bar zu bestellen:

```
one_more_beer = (age >= 18) and (credit > 0 or paid_by_neighbour)
```

Besonderheit bei Verknüpfungen   Es gibt noch eine weitere Besonderheit, nämlich dann, wenn man eine Variable auf zwei Grenzen prüfen möchte. Das lässt sich mit zwei Vergleichen kombiniert mit `and` lösen:

```
>>> x = 11
>>> x > 7 and x < 42
True
```

Das lässt sich in Python elegant und verständlich wie folgt schreiben:

```
>>> 7 < x < 42
True
```

2.4   Fallunterscheidungen

Unsere bisherigen kleinen Python-Experimente liefen alle Zeile für Zeile von oben nach unten ab. In der Praxis muss man oft Bedingungen prüfen, etwa ob eine Person älter als 18 Jahre ist oder ob die Bestellmenge größer als 100 ist und ein Rabatt gewährt wird.

Zur Formulierung derartiger Bedingungen haben wir gerade verschiedene Operatoren kennengelernt. Um abhängig von deren Auswertung einige Programmzeilen nur bedingt auszuführen, dient die `if`-Anweisung. Abhängig vom positiven Ausgang der Auswertung werden die nachfolgenden Anweisungen ausgeführt. Um diese bedingt auszuführenden Anweisungen von den restlichen Anweisungen abzugrenzen, bedient man sich sogenannter Blöcke. Diese werden in Python durch eine Einrückung von 4 Leerzeichen definiert (laut PEP-8-Empfehlung[2]; zwingend ist lediglich eine konsistente Einrückung). Bitte beachten Sie, dass die Blöcke ausschließlich über die konsistente Einrückung definiert werden. Eine Zeile mit einer anderen Einrücktiefe beendet den Block bzw. stellt einen Syntaxfehler dar.

Bedingte Ausführung mit `if`

Wir haben nun genug Vorwissen, um eine bedingte Ausführung mehrerer Python-Anweisungen (genauer in Form eines Blocks) formulieren zu können. Dazu verwenden wir das Schlüsselwort `if`, eine Bedingung, gefolgt von einem Doppelpunkt, sowie einen Block mit den Anweisungen nach folgendem Muster:

```
>>> if condition:
...     Aktionen
```

Sofern die Bedingung zu `True` ausgewertet wird, werden die Aktionen (Anweisungen innerhalb des Blocks) abgearbeitet. Betrachten wir ein einfaches Beispiel, das prüft, ob die Multiplikation von $6 * 7$ den Wert 42 ergibt, und in dem Fall eine Nachricht ausgibt:

```
>>> if 6 * 7 == 42:
...     print("We found the answer!")
...
We found the answer!
```

Machen wir es etwas praxisrelevanter:

```
>>> age = 27
>>> if age >= 18:
...     print("You are allowed to drive a car ...")
...     print("- in case you have a driving license")
...
You are allowed to drive a car ...
- in case you have a driving license
```

Anhand der Ausgaben auf der Konsole erkennen wir, dass der Block ausgeführt wurde. Das ist der Fall, weil die Variable `age` den Wert 27 besitzt und damit der Vergleich `if age >= 18` zu `True` ausgewertet wird.

---

[2]https://www.python.org/dev/peps/pep-0008/

`if` und `else` in Kombination

Oftmals möchte man nicht nur eine Bedingung mit `if` prüfen, sondern auch auf deren Nichterfüllung reagieren können. Das wird bereits an den vorherigen Beispielen deutlich. Modifizieren wir die Prüfung und nutzen dort eine Wertzuweisung statt einer Konsolenausgabe:

```
>>> user = "Michael"
>>> if user == "Michael":
...     print("Access granted")
... else:
...     print("You have invalid rights!")
...
Access granted
```

Wir sehen, dass diese Darstellung etwas lang wird. Für derart einfache Fallunterscheidungen existiert eine Kurzschreibweise, die folgende Struktur besitzt:

```
positiveCase if condition else negativeCase
```

Das kann man nutzen, um eine Zuweisung oder Aktion wie zuvor etwas kürzer wie folgt zu schreiben:

```
>>> result = "allowed" if age > 18 else "NOT ALLOWED"
>>> result
'allowed'
```

Allerdings kann dies auch recht schnell zu schlechterer Lesbarkeit führen. Die Thematik behandle ich in Abschnitt 6.4 genauer.

`if`, `elif` und `else` in Kombination

Oftmals sollen neben einer Bedingung mit `if` noch weitere Prüfungen erfolgen können. Im nachfolgenden Beispiel wollen wir abhängig von einer Uhrzeit einen entsprechenden Gruß aufbereiten, also etwa »Good morning«, wenn es noch nicht 12 Uhr ist, oder aber »Good evening« ab 18 Uhr, aber vor 22 Uhr. Das können wir wie folgt mit `if`, `elif` und `else` in Kombination umsetzen – `elif` steht für `else if` in anderen Sprachen.

Wir wechseln hier in die PyCharm-IDE, weil diese das Editieren von mehrzeiligen Anweisungen komfortabel erlaubt, was eine Schwäche vom Python-Kommandozeileninterpreter ist:

```
time = 15
if time < 12:
    print("Good morning")
elif time < 18:
    print("Good afternoon")
elif time < 22:
    print("Good evening")
else:
    print("Good night")
Good afternoon
```

Im Beispiel ist die Uhrzeit 15 nicht kleiner als 12, sodass die erste Bedingung `False` ist. Dagegen ist die zweite Bedingung `True`, sodass »Good afternoon« ausgegeben wird. Wäre die Uhrzeit nach 18 Uhr und vor 22 Uhr, erhielten wir »Good evening« und ansonsten resultiert es in »Good night« als Ausgabe.

Rekapitulation

Insgesamt bietet Python die folgenden bedingten Anweisungen:

- Verwenden Sie `if`, um einen Codeblock anzugeben, der ausgeführt werden soll, wenn eine bestimmte Bedingung wahr ist.
- Mit `else` geben Sie einen Codeblock an, der ausgeführt werden soll, wenn die gleiche Bedingung falsch ist.
- Verwenden Sie `elif`, um eine weitere alternative Bedingung anzugeben, die getestet wird, wenn die erste Bedingung falsch ist.

Tipp: Kein `switch` in Python

Während diverse andere Sprachen, wie Java oder C++, noch das Schlüsselwort `switch` bieten, um mehrere alternative Codeblöcke anzugeben, die bedingt ausgeführt werden sollen, existiert dieses in Python leider nicht. Es lässt sich aber durch die zuvor gezeigten Konstrukte nachahmen. Mit Python 3.10 kommt das Schlüsselwort `match`, das deutlich mächtiger ist als `switch` und kurz in Anhang C beschrieben wird.

2.5 Funktionen

Wir haben schon einiges Basiswissen zusammengetragen. Nehmen wir einmal an, wir wollten eine Art Taschenrechner programmieren bzw. in unserem Programm immer wieder ähnliche Berechnungen anstellen. Obwohl es etwa bei einfachen Additionen noch problemlos möglich ist, wiederholt die gleichen Zeilen zu schreiben, ändert sich die Situation bereits bei einer Funktionalität, die ein paar Vergleiche oder andere Logik enthält. Um Funktionalität unter einem Namen zu bündeln, existieren Funktionen.

Funktionen definieren

Eine Funktion ist ein benanntes Stück Sourcecode, also eine Folge von Anweisungen, die nur dann ausgeführt werden, wenn die Funktion aufgerufen wird. An diese können Sie Eingabedaten, sogenannte Parameter, übergeben. Funktionen werden verwendet, um bestimmte Aktionen auszuführen und dies auf wiederverwendbare Art und Weise. Das Ganze besitzt folgende Syntax:

```
def funktion_name(Parameter1, Parameter2, ...):
    Anweisung1
    Anweisung2
```

Definieren Sie eine Funktion also einmal und verwenden Sie die Aktionen viele Male überall dort im Python-Programm, wo dies benötigt wird.

Funktionen aufrufen

Um eine Funktion und damit die dort enthaltenen Anweisungen auszuführen, nutzen wir deren Namen, eine öffnende runde Klammer, optional eine kommaseparierte Liste von Parametern und zum Abschluss eine schließende runde Klammer. Für zwei Parameter sieht das wie folgt aus:

```
funktion_name(parameterWert1, parameterWert2)
```

Klingt noch etwas abstrakt, im Anschluss machen wir das Ganze konkreter mit der Standardfunktionalität print() und mit drei Parametern:

```
print("Michael", "likes", "Python")
```

2.5.1   Eigene Funktionen definieren

Greifen wir das Beispiel des einfachen Taschenrechners wieder auf. Schauen wir uns als Beispiele die Funktionen zur Addition und Multiplikation an:

```
>>> def add(value1, value2):
...     return value1 + value2
...
>>> def mult(value1, value2):
...     return value1 * value2
...
>>> result = add(7, 2)
>>> mult(result, 3)
27
```

Genauso wäre es möglich, die in den vorher gezeigten Altersprüfungen genutzte Abfrage als verständliche Funktion bereitzustellen:

```
>>> def is_adult(age):
...     return age >= 18
...
```

Wir erkennen Folgendes: Funktionen bestehen aus einem Block mit einer oder mehreren Anweisungen. Um beim Aufruf Informationen übergeben zu können, dienen Parameter, die wiederum Typen besitzen. Insgesamt erlauben es uns Funktionen, wiederkehrende Funktionalität zu bündeln und über den Namen anzusprechen, statt die Sourcecode-Zeilen im Programm wiederholen zu müssen.

Spezialfall: Keine Rückgabe

Aufgerufene Funktionen dienen oftmals dazu, eine Aufgabe auszuführen, die ein Ergebnis berechnet und dieses dem Aufrufer zurückliefert, etwa für eine Addition. Dazu wird das Schlüsselwort `return` genutzt. Manchmal, etwa wie bei der Funktion `print()`, erhalten wir keine Rückgabe. In derartigen Fällen gibt es dann allerdings kein `return` mit Wertangabe, sondern nur eine oder mehrere Anweisungen:

```
>>> def greet(name):
...     print("Hello", name)
...
>>> greet("Michael")
Hello Michael
```

Kombination mit Bedingungen

Im nachfolgenden Beispiel wollen wir als wiederverwendbare Funktionalität das Minimum von drei Ganzzahlen ermitteln, zu deren Repräsentation wir x, y und z als Parameternamen verwenden.[3]

```
def min_of_3(x, y, z):
    if x < y:
        if x < z:
            return x
        else:
            return z
    else:
        if y < z:
            return y
        else:
            return z
```

Mal ganz ehrlich: Sind Sie allein beim Betrachten sicher, dass sich dort kein Flüchtigkeitsfehler eingeschlichen hat? Zumindest der Kontrollfluss ist doch ein wenig unübersichtlich. Einfacher geht das Ganze, wenn man vordefinierte Bausteine verwendet, was wir uns im Anschluss anschauen. Zuvor probieren wir die obige Implementierung der Funktionalität einmal für verschiedene Wertekombinationen aus:

```
min_of_3(1,2,3)
1
min_of_3(11,2,3)
2
min_of_3(11,22,3)
3
```

---

[3] Alternativ hätte man auch die etwas besser lesbaren Namen `value1`, `value2` und `value3` verwenden können. Da wir uns hier im mathematischen Kontext bewegen, scheinen mir die Einbuchstabenvariablen gleichfalls adäquat.

Funktionen als wiederverwendbare Bausteine

Wir könnten beispielsweise mit folgender Implementierung der Funktion `min_of()` zur Berechnung des Minimums für zwei Zahlen starten:

```
def min_of(x, y):
    if x < y:
        return x
    else:
        return y
```

Tatsächlich ließe sich das mit dem ternären Operator noch kürzer schreiben:

```
def min_of_shorter(x, y):
    return x if x < y else y
```

Wenn man diese Bausteine besitzt, kann man die ursprüngliche Funktion `min_of_3()` und das komplizierte `if`-Gebilde folgendermaßen vereinfachen:

```
def min_of_3(x, y, z):
    return min_of(x, min_of(y, z))
```

Überprüfen wir kurz, ob die gleichen Werte wie zuvor geliefert werden:

```
min_of_3(1,2,3)
1
min_of_3(11,2,3)
2
min_of_3(11,22,3)
3
```

Perfekt, funktional ist das gleichwertig, aber es war durch den Einsatz der Funktionen viel weniger Aufwand und ist deutlich kürzer. Auch die Verständlichkeit ist viel besser, da wir nicht mehrfach verschachtelte `if`-Gebilde nachvollziehen müssen.

Nebenbei ist es immer eine gute Idee, sich ein wenig in den Python-Basisbausteinen umzuschauen, weil es dort eine Vielzahl an nützlichen Funktionalitäten bereits vordefiniert gibt. In unserem Fall könnten wir `min()` zur Berechnung des Minimums nutzen.

2.5.2   Nützliche Beispiele aus Python

Wir haben bereits die praktische Funktion `print()` kennengelernt. Betrachten wir, was man beispielsweise für mathematische Funktionalitäten sonst noch so in Python findet:

- `max(x,y)` – Die Funktion `max(x,y)` liefert das Maximum, also den höchsten Wert von `x` und `y`.
- `min(x,y)` – Die Funktion `min(x,y)` ermittelt das Minimum, also den kleinsten Wert von `x` und `y`.
- `abs(x)` – Die Funktion `abs(x)` gibt den Absolutwert von `x` zurück: Falls `x` negativ ist, dann ist das der positive Wert.

Vorteile durch den Einsatz der Built-in-Funktionen

Mit den bereits in Python vordefinierten Funktionen können wir die Implementierung von `min_of_3_python_built_in()` wie folgt vereinfachen – wir müssen nicht mal eine Funktion `min()` selbst schreiben, sondern nutzen die vordefinierte aus Python:

```python
def min_of_3_python_built_in(x, y, z):
    return min(x, min(y, z));
```

Hier mag der Vorteil noch nicht ganz so klar werden, da es sehr einfach war, eine `min()`-Funktion zu implementieren. Je komplexer die Funktionalität jedoch wird, desto eher schleichen sich auch Fehler ein. Praktischerweise sind die Bausteine von Python jedoch gründlich getestet.

2.5.3   Fehlerbehandlung und Exceptions

Während der Abarbeitung von Python-Programmen kann es zu Fehlersituationen kommen. Zu deren Beschreibung dienen sogenannte Exceptions. Sie werden etwa intern ausgelöst, wenn eine Datei nicht existiert, auf die man zugreifen möchte. Zum Einstieg reicht erst einmal das Wissen, dass nach einer solchen Fehlersituation ohne spezielle Behandlung die Abarbeitung unseres Python-Programms gestoppt wird. Mehr Details erfahren Sie in Kapitel 9.

2.6   Kommentare

In den vorangegangenen Beispielen haben wir mitunter bereits Kommentare genutzt, hier möchte ich ein paar Varianten davon zeigen.

Ein Kommentar ist ein Teil Ihres Python-Programms und sollte hilfreiche Anmerkungen enthalten, wird jedoch bei der Ausführung ignoriert. In Python markiert # den Beginn einer Kommentarzeile. Wenn mehrere aufeinanderfolgende Zeilen kommentiert werden sollen, muss das Symbol # an den Anfang jeder Zeile gesetzt werden. Man kann auch mehrzeilige, in drei Anführungszeichen eingerahmte Strings (vgl. Abschnitt 3.2.3) als Kommentar nutzen:

```python
>>> # Kommentar
>>> age = 11 # Zeilenkommentar
>>> age
11
>>> # Blockkommentar 1
>>> # Blockkommentar 2
>>> # Blockkommentar 3
>>>
>>> """
... Kommentarzeile 1
... Kommentarzeile 2
... KommentarZeile 3
... """
'\nKommentarzeile 1\nKommentarzeile 2\nKommentarZeile 3\n'
```

2.7   Module

Bislang haben wir lediglich ein paar Anweisungen innerhalb des Python-Kommandozeileninterpreters ausgeführt. Dieser ist wunderbar für erste Experimente geeignet. Aber wie gehen wir damit um, wenn wir die erstellten Funktionalitäten später nochmals wiederverwenden möchten. Dazu hatten wir Funktionen kennengelernt. Jedoch gibt es mit unserer bisherigen Arbeitsweise ein kleines Problem: In dem Moment, wo wir den Python-Kommandozeileninterpreter wieder beenden, sind unsere ganzen Mühen futsch. Alle Variablen und Funktionen sind verloren.

Wollen wir eine Funktionalität auch später bereitstellen können, so müssen wir diese in einer Datei, die man Modul nennt, speichern. Für Python sollten diese Programmdateien die Endung `.py` besitzen. Außerdem sollten Modulnamen allgemein in Kleinbuchstaben geschrieben werden. Zur Bearbeitung des Sourcecodes eines Moduls kann man zwar einen Texteditor nutzen, geeigneter ist jedoch eine IDE. Das gilt insbesondere, wenn die Programme umfangreicher werden. Dann bietet es sich an, gewisse Funktionalitäten auf verschiedene Dateien aufzuteilen und semantisch zu gruppieren. Ebenso kann die Motivation sein, praktische Funktionalitäten nicht immer wieder zu kopieren, sondern einmal als Datei bereitzustellen.

Rekapitulieren wir: Eine Datei mit Python-Anweisungen wird als *Modul* bezeichnet – in der Softwarearchitektur versteht man unter Modulen eigentlich etwas anderes, nämlich in sich abgeschlossene Programmeinheiten mit klaren Schnittstellen und einer sauberen Definition von Abhängigkeiten, aber in Python ist die Begrifflichkeit nun einmal so, wie sie ist.

Module können wiederum Funktionalitäten aus anderen Modulen nutzen. Dazu ist ein sogenannter *Import* nötig. Um in das aktuelle Programm ein externes Modul, also eine andere `.py`-Datei, zu integrieren, ist folgende Syntax mit `import` üblich, wobei der Modulname ohne die Endung `.py` angegeben wird:

```
import modulname
```

Beispiel

Das schauen wir uns an einem Beispiel an, nämlich dem Erzeugen von Zufallszahlen. Dafür existieren im Modul `random` mehrere Funktionen unter anderem `randrange()`. Probieren wir mal einen direkten Zugriff aus:

```
>>> random.randrange(10, 100)
Traceback (most recent call last):
  File "<stdin>", line 1, in <module>
NameError: name 'random' is not defined
```

Offensichtlich und logischerweise, da bislang noch kein passender Import erfolgt ist, können wir noch nicht auf die Funktionalität zugreifen. Es erfordert folgenden Import:

```
>>> import random
```

Danach rufen wir die Funktionen auf – außerdem hat man durch den Import auch Zugriff auf andere Funktionen wie `choice()` zur zufälligen Auswahl aus einer Werteangabe:

```
>>> random.randrange(10, 100)
24
>>> random.randrange(10, 100)
63
>>> random.choice(["Napoli", "Funghi", "Diavolo"])
'Diavolo'
```

Möchte man den Import auf eine Funktionalität einschränken und darauf direkt mit dem Namen ohne Angabe des Modulnamens zugreifen, so schreibt man Folgendes:

```
>>> from random import randrange
>>> randrange(10, 100)
89
```

Ein Aufruf von `choice()` ist dann allerdings nicht mehr möglich.

Zusammenfassung und Ergänzendes

Fassen wir kurz zusammen: Ein Modul entspricht in Python einer Datei, die Python-Kommandos, also beispielsweise Variablendefinitionen, Funktionen und weitere Anweisungen, enthält. Der Modulname ergibt sich aus dem Dateinamen, allerdings ohne die Endung `.py`.

Praktischerweise kann man innerhalb eines Moduls auf den Modulnamen über die Variable `__name__` zugreifen, die automatisch bei einem Modulimport zugewiesen wird.

Wenn Python-Module importiert werden, dann werden sie einmalig vom Interpreter ausgeführt, das heißt, alle darin aufgelisteten Definitionen und Funktionsaufrufe werden zum Zeitpunkt des Importierens (einmalig) aufgerufen.

Tipp: Besonderheiten beim Start und beim Import

Für den Fall, dass eine Python-Datei mit dem Kommandozeileninterpreter aufgerufen oder aus der IDE gestartet wird, so enthält `__name__` den Namen `__main__`. Das ist für folgende Situation nützlich: In größeren Programmen ist das Verhalten, dass die Python-Anweisungen eines Moduls beim Importieren einmal abgearbeitet werden, in der Regel hinderlich. Soll also die Funktionalität bei einem Import nicht aufgerufen werden, so kann man dies durch folgenden Trick erreichen:

```
def main():
    # Hauptprogramm


if __name__ == "__main__":
    main()
```

Dies ist insbesondere dann nützlich, wenn Module eigenständig aufgerufen oder aber in ein anderes Programm eingebettet werden sollen.

2.8 Built-in-Datentypen

In Python sind mit Listen (`list`), Mengen (`set`) und Dictionaries (`dict`) die gebräuchlichsten Datenstrukturen direkt in die Sprache integriert. Das gilt auch für Tupel.

2.8.1 List

Listen speichern mehrere Werte, die eine Reihenfolge besitzen und auch Duplikate enthalten können. Sie werden in eckigen Klammern in Form einer kommaseparierten Aufzählung von Werten wie folgt definiert:

```
>>> names = ["Tim", "Michael", "Tom", "Mike", "Michael"]
```

Alternativ kann man eine leere Liste mit folgenden beiden Varianten erzeugen:

```
>>> empty_list_1 = []
>>> empty_list_2 = list()
```

Für Listen erfolgt der lesende und schreibende Zugriff über die Angabe eines Index in eckigen Klammern – die vorderste Position besitzt den Wert 0. Die Anzahl an Elementen ermittelt man durch Aufruf von `len()`:

```
>>> names[0]
'Tim'
>>> names[2] = ">>Tommy<<"
>>> names
['Tim', 'Michael', '>>Tommy<<', 'Mike', 'Michael']
>>> print(names)
['Tim', 'Michael', '>>Tommy<<', 'Mike', 'Michael']
>>> len(names)
5
```

2.8.2 Tupel

Tupel dienen dazu, mehrere unterschiedliche Informationen zu einer Einheit zu bündeln. Tupel sind damit ähnlich zu Listen, jedoch werden die Werte in runden Klammern aufgeführt und die Intention ist eine andere, nämlich die eines fixen Datenbestands fixer Größe – man kann Tupel grob als unveränderliche Listen ansehen.

```
pizza_top_3 = ("diavolo", "napoli", "funghi")
```

Insgesamt wird keine Dynamik in der Zusammensetzung unterstützt: Die Werte lassen sich nachträglich nicht mehr ändern. Führen wir zum besseren Verständnis noch ein paar Aktionen aus:

```
print(pizza_top_3[0])
print(pizza_top_3)
pizza_top_3[0] = "surprise"
print(pizza_top_3)
```

Das führt zu folgenden Ausgaben, die insbesondere zeigen, dass man die Werte innerhalb eines Tupels nachträglich nicht mehr ändern kann.

```
diavolo
('diavolo', 'napoli', 'funghi')
Traceback (most recent call last):
  File "/Users/michaeli/PycharmProjects/Python-Intro/ch02_quickstart/intro/
      builtin_container.py", line 5, in <module>
    pizza_top_3[0] = "surprise"
TypeError: 'tuple' object does not support item assignment
```

Besonderheit Tuple (Un-)Packing

Tupel weisen noch eine syntaktische Besonderheit auf. Man kann nämlich einfach auf
der linken Seite mehrere Variablen kommasepariert auflisten und diese werden dann
automatisch mit den von der Position korrespondierenden Werten aus dem Tupel belegt.
Dieses praktische Verhalten nennt sich *Tuple Unpacking*:

```
# Tuple Unpacking => Tupel wird elementweise in Variablen übertragen
first, second, last = pizza_top_3
print(first, second, last)
```

Ebenso ist es möglich, einer Variablen eine kommaseparierte Folge von Werten zuzu-
weisen, wodurch die Variable dann zu einem Tupel wird. Hier spricht man von *Tuple
Packing*:

```
first_primes = (2, 3, 5, 7)
# Tuple Packing => Tupel wird einer Variablen zugewiesen
first_primes_auto = 2, 3, 5, 7
print(first_primes)
print(first_primes_auto)
```

Die gesamten Aktionen führen zu folgenden Ausgaben:

```
diavolo napoli funghi
(2, 3, 5, 7)
(2, 3, 5, 7)
```

2.8.3   Set

Python ermöglicht die Modellierung mathematischer Mengen. Diese besitzen weder
eine Reihenfolge noch Duplikate. Aus Ersterem folgt, dass man nicht über die Position zugreifen kann. Letzteres führt dazu, dass beim Hinzufügen von Werten mit add()
Duplikate automatisch entfernt werden. Eine Menge von Werten definieren wir mit geschweiften Klammern wie folgt:

```
>>> fruits = { "Apple", "Ananas" }
>>> fruits.add("Apple")
>>> fruits.add("Banana")
>>> fruits.add("Orange")
```

Schauen wir uns kurz den Inhalt der Menge an. Zudem ermitteln wir mit `len()`, die Anzahl an Elementen:

```
>>> fruits
{'Banana', 'Orange', 'Apple', 'Ananas'}
>>> len(fruits)
4
```

2.8.4   Dict

Die letzte wichtige Built-in-Datenstruktur sind die Dictionaries. Diese bilden Schlüssel auf Werte ab, etwa Namen auf Telefonnummern, Personen auf Hobbys usw. Der Zugriff erfolgt über die schon bekannte eckige Klammernsyntax. Im Gegensatz zu Listen und Tupeln nutzt man aber dort den Wert des Schlüssels und keine Indexposition.

Betrachten wir als Beispiel die Abbildung von Namen auf (Apple-lastige) Mobiltelefone. Wie bei Mengen erfolgt hier die Vorgabe von Schlüsseln und Werten in geschweiften Klammern, jedoch mit einem Doppelpunkt zwischen Schlüssel und Wert.

```
>>> person_phone = { "Tim" : "iPhoneSE2",
...                  "Michael" : "iPhone 12 Pro",
...                  "Lili": "iPhone X" }
>>>
>>> person_phone
{'Tim': 'iPhoneSE2', 'Michael': 'iPhone 12 Pro', 'Lili': 'iPhone X'}
>>>
>>> len(person_phone)
3
>>>
>>> person_phone["Lili"]
'iPhone X'
```

Im folgenden Beispiel sehen wir, dass es problemlos möglich ist, für die Werte wiederum Listen oder andere Container zu verwenden:

```
>>> person_hobbies = { "Tim" : ["Computer", "Java"],
...                    "Mike" : ["Java", "Python"],
...                    "Jim" : ["Swimming"] }
>>>
>>> person_hobbies
{'Tim': ['Computer', 'Java'], 'Mike': ['Java', 'Python'], 'Jim': ['Swimming']}
>>>
>>> person_hobbies["Mike"]
['Java', 'Python']
>>>
>>> person_hobbies["James"] = ["Movies"]
>>> person_hobbies
{'Tim': ['Computer', 'Java'], 'Mike': ['Java', 'Python'], 'Jim': ['Swimming'], '
    James': ['Movies']}
>>>
>>> len(person_hobbies)
4
```

Das war lediglich ein Schnelleinstieg für den ersten Überblick. Die Thematik vertiefen wir in den Kapiteln 5 und 7.

2.9   Schleifen

Mitunter soll ein bestimmter Abschnitt des Sourcecodes mehrmals ausgeführt werden. Das wird mithilfe von Schleifen realisiert. Davon existieren diverse Varianten in Python, die wir nun kennenlernen wollen.

2.9.1   Besonderheit: Ranges

Im Kontext der gleich vorgestellten Schleifen wird ab und an `range(startIncl, endExcl)` genutzt. Damit lassen sich Wertebereiche in den angegebenen Grenzen generieren. Das Besondere an diesen Wertebereichen ist, dass diese nicht vollständig erzeugt werden, sondern dass sukzessive bei Bedarf neue Werte während der Durchläufe durch die Schleife geliefert werden. Möchte man die Werte des Wertebereichs direkt erstellen, so kann man dies mit einem Aufruf von `list()` ummanteln:

```
>>> range(1, 10)
range(1, 10)
>>> list(range(1, 10))
[1, 2, 3, 4, 5, 6, 7, 8, 9]
```

Soll ein Wertebereich von 0 starten, so kann man die untere Grenze weglassen, weil diese standardmäßig 0 ist:

```
>>> list(range(0, 5))
[0, 1, 2, 3, 4]
>>> list(range(5))
[0, 1, 2, 3, 4]
```

2.9.2   Indexbasierte `for-in`-Schleife

Wenn Sie eine Folge von Anweisungen, also einen Block, eine gewisse Anzahl mal ausführen wollen, so ist die `for`-Schleife mit der Angabe eines Wertebereichs per `range(startIncl, endExcl)` eine gute Wahl. Probieren wir es wieder mit dem Kommandozeileninterpreter aus:

```
>>> for i in range(2, 6):
...     print("Durchlauf:", i)
...
Durchlauf: 2
Durchlauf: 3
Durchlauf: 4
Durchlauf: 5
```

Was passiert dabei im Detail?

Zunächst wird der Wertebereich vor dem Beginn der Schleife festgelegt und in diesem Fall dort der Variablen `i` der Startwert (hier `i = 2`) zugewiesen. Mithilfe des Wertebereichs wird indirekt eine Bedingung aufgestellt, nämlich in diesem Fall `i < 6`. Dadurch wird festgelegt, wie häufig die Schleife ausgeführt werden soll (hier: `i` muss kleiner als

6 sein). Sofern die Bedingung gilt, wird die Zählvariable, hier i, nach jedem Durchlauf automatisch um den Wert 1 erhöht und die Schleife beginnt von vorne, ansonsten
wird die Schleife beendet. Die Erhöhung findet erst nach Abarbeitung des Blocks in der
Schleife, auch Scheifenkörper oder -rumpf genannt, statt.

Variieren der Schrittweite?

Manchmal soll der Schleifenzähler nicht nur um den Wert 1 erhöht werden, sondern
man benötigt mehr Flexibilität. Dazu kann man die Schrittweite beispielsweise wie
folgt auf den Wert 3 abwandeln, ebenso wie die Grenze auf 10 erhöhen – genauso ist es
denkbar, in 2er- oder 10er-Schritten voranzuschreiten.

```
>>> for i in range(2, 10, 3):
...     print(i)
...
2
5
8
```

Durchlaufen einer Liste

Gebräuchlicher als eine reine Wiederholung sind Schleifen über Datenbestände, etwa
die Elemente einer Liste. Das lässt sich folgendermaßen realisieren – allerdings ist das
in Python stilistisch unschön, da elegantere und im Anschluss vorgestellte Varianten
existieren.

```
>>> names = ["Barbara", "Lilija", "Sophie"]
>>> for i in range(len(names)):
...     print(names[i])
...
Barbara
Lilija
Sophie
```

2.9.3   Wertebasierte `for-in`-Schleife

Das Hantieren mit Indexwerten birgt Fehler. Möchte man nur durch eine vordefinierte
Wertemenge iterieren, so kann man bevorzugt statt eines Wertebereichs auch eine Liste
oder eine direkte Angabe von Werten verwenden. Statt der Indexvariablen wird eine
Variable mit dem Wert und einer Angabe der zu durchlaufenden Werte genutzt. Nach-
folgend definieren wir eine Sammlung von Daten, hier eine Auflistung von Namen.
Schauen wir uns das Durchlaufen mit for und in an:

```
>>> for current_name in ["Barbara", "Lilija", "Sophie"]:
...     print(current_name)
...
Barbara
Lilija
Sophie
```

Was passiert dabei im Detail?

Für jeden Wert in der Liste wird dieser zunächst der Variablen `current_name` zugewiesen und dann die Aktionen des Schleifenrumpfs, hier die Konsolenausgabe mit `print()`, ausgeführt. Das wiederholt sich, bis alle Werte aus `names` verarbeitet wurden.

Anmerkung

Der Vergleich der indexbasierten und der wertebasierten `for-in`-Schleife zeigt, dass letztere etwas einfacher zu formulieren ist, keine Indexzugriffe benötigt und dadurch lesbarer ist. Allerdings hat man in dem Fall dann (logischerweise) auch keinen Zugriff mehr auf den Index.

2.9.4   Index- und wertebasierte `for-in-enumerate`-Schleife

Wir haben nun schon mehrere Arten gesehen, wie wir eine Schleife gestalten können. Folgende Varianten sollten uns mittlerweile geläufig sein:

```
message = ["Python", "has", "several", "loop", "variants"]
for i in range(len(message)):
    print(i, message[i], end=',')

print()

for current_word in message:
    print(current_word, end=',')

print()
```

In diesem Beispiel erinnern wir uns für `print()` an die Angabe von `end` zur Spezifikation einer Trennzeichenfolge. Dadurch werden die Wörter kommasepariert einfach ohne Zeilenumbruch hintereinander ausgegeben. Das führt zu folgenden Ausgaben:

```
0 Python,1 has,2 several,3 loop,4 variants,
Python,has,several,loop,variants,
```

Im ersten Fall haben wir Zugriff auf den Index und können somit die Position mit ausgeben, im zweiten Fall ist das nicht möglich, dafür ist die Iteration etwas klarer.

Manchmal benötigt man eben nicht nur Zugriff auf den Index, sondern auch direkt auf den Wert. Dazu bietet Python eine dritte Schleifenvariante, nämlich mit `enumerate()`, was sowohl Zugriff auf den Index als auch den Wert bietet:

```
for i, current_word in enumerate(message):
    print(i, current_word, end=',')
```

Das produziert wie die obere indexbasierte Variante die gleiche Ausgabe, allerdings ist die Schleife deutlich einfacher zu lesen und zu verstehen.

```
0 Python,1 has,2 several,3 loop,4 variants,
```

Beispiel für den Bedarf an Index und Wert

Schauen wir uns ein weiteres Beispiel an, das nach jedem ungeraden Zeichen einen Unterstrich in der Ausgabe ergänzt und jedes gerade Zeichen großschreibt – hier lernen wir, dass auch Strings mit einer `for-in`-Schleife durchlaufen werden können:

```
for i, ch in enumerate("fun with chars"):
    if i % 2 != 0:
        print(ch + "_", end="")
    else:
        print(ch.upper(), end="")
```

Wir erhalten folgende Ausgabe:

```
Fu_N _Wi_Th_ c_Ha_Rs_
```

> **Tipp: Wahl der Schleifenvariante**
>
> Bedenken Sie immer: Halten Sie den Sourcecode möglichst verständlich und einfach! Falls Sie keinen Zugriff auf den Index benötigen, dann empfiehlt sich die Variante mit `in` und einer Wertangabe bzw. einem Container.

2.9.5   Die `while`-Schleife

Die `while`-Schleife durchläuft einen Block so lange, wie eine angegebene Bedingung erfüllt ist. Im Gegensatz zur `for`-Schleife müssen bei Bedarf gewisse Initialisierungsarbeiten explizit vorab erfolgen. Gleiches gilt im Schleifenkörper auch für das Hochzählen bzw. Modifizieren der Schleifenvariablen, um die Bedingung später einmal zu `False` auszuwerten und dadurch die Schleife tatsächlich (irgendwann) zu beenden.

```
while Bedingung:
    # auszuführender Block
```

Schauen wir uns dies konkret an einem Beispiel an:

```
i = 0
while i < 5:
    print(i)
    i += 1

0
1
2
3
4
```

Nochmals als Hinweis: Vergessen Sie nicht, die in der Bedingung verwendete Variable zu erhöhen, sonst wird die Schleife nie beendet!

Was passiert dabei im Detail?

Als Erstes definieren wir eine Schleifenvariable namens i mit dem Wert 0. Danach wird in while die Einhaltung der Bedingung (hier i < 5) geprüft. Solange dies gegeben ist, werden die Anweisungen des sogenannten Schleifenrumpfes ausgeführt. Darin erfolgt eine Konsolenausgabe und danach wird der Wert von i um 1 erhöht.

2.10   Weiterführende Informationen

Python bietet ein wirklich lesenswertes Onlinetutorial. Dieses finden Sie unter https://docs.python.org/3/tutorial/. Neben einem Einstieg behandelt es diverse andere Themen recht ausführlich. Abbildung 2-1 zeigt die Startseite.

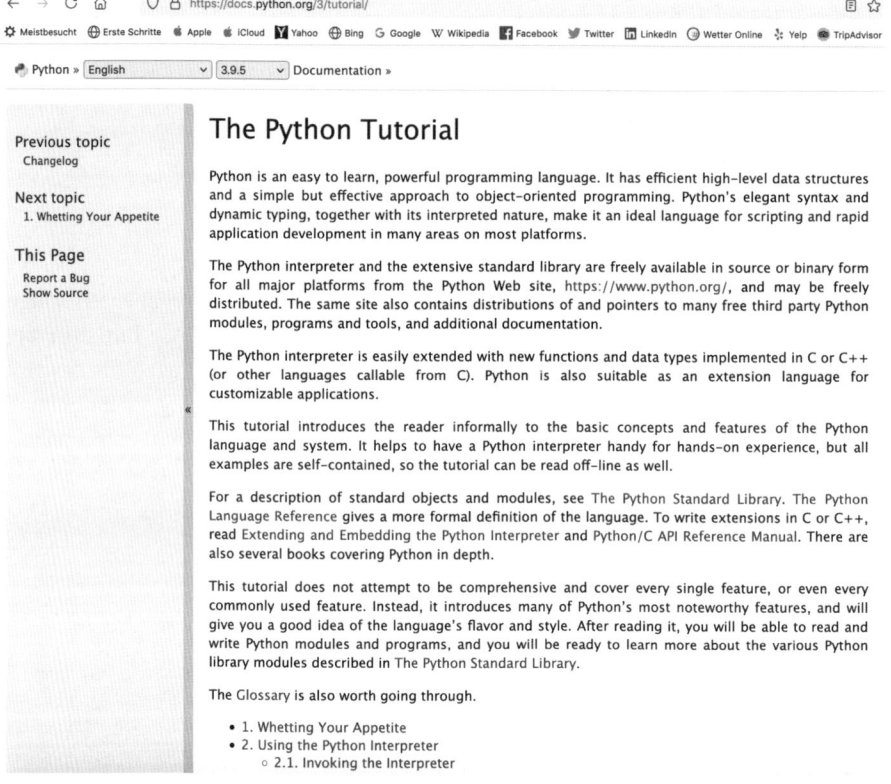

Abbildung 2-1 *Python-Onlinetutorial*

2.11   Aufgaben und Lösungen

2.11.1   Aufgabe 1: Mathematische Berechnungen

Nehmen wir an, wir hätten eine Spedition. Wir bekommen einen Großauftrag und müssen 1.000 Kisten ausliefern. In unseren Lkw passen pro Fahrt jedoch nur 75 Kisten. Berechnen Sie, wie oft wir fahren müssen und wie viele Kisten in der letzten Fahrt transportiert werden. Verwenden Sie sprechende Variablennamen.

Lösung

Wenn wir ein wenig überlegen, dann können wir ganz einfach die Ganzzahldivision nutzen, um die Anzahl der vollen Fahrten zu ermitteln. Die Gesamtzahl ist dann dieser Wert, gegebenenfalls plus 1 für eine unvollständig beladene Fahrt, wenn die Division nicht aufgeht und die Restmenge ungleich 0 ist. Die zu transportierende Restmenge an Kisten lässt sich mithilfe des Modulo-Operators bestimmen:

```
>>> bestellmenge = 1_000
>>> lkw_kapazitaet = 75
>>> restmenge = bestellmenge % lkw_kapazitaet
>>> anzahl_fahrten = bestellmenge // lkw_kapazitaet
>>> if restmenge != 0:
...     anzahl_fahrten += 1
...
>>> anzahl_fahrten
14
```

2.11.2   Aufgabe 2: Bedingung vereinfachen

Gegeben sei folgende einfache Funktion, die prüft, ob ihre beiden Eingabeparameter in einem gewissen Wertebereich liegen. Vereinfachen Sie die Umsetzung.

```
def do_something(x, y):
    if x > 0 and x < 100 and y > 10 and y < 20:
        print("VALID RANGE")
```

Lösung

Die beiden Prüfungen lassen sich aufgrund von Python-Besonderheiten kürzer und verständlicher wie folgt schreiben:

```
def do_something(x, y):
    if 0 < x < 100 and 10 < y < 20:
        print("VALID RANGE")
```

2.11.3   Aufgabe 3: Funktion und `if`

Schreiben Sie eine Funktion, die einen Punktestand daraufhin prüft, ob dieser einen neuen Highscore darstellt. Das trifft dann zu, wenn die aktuelle Punktzahl größer als der momentane Highscore ist. In dem Fall soll eine Meldung auf der Konsole ausgegeben werden. Als Ausgangsbasis dienen folgende Anweisungen:

```
>>> points = 1234
>>> highscore = 1000
>>> if points > highscore:
...     print("Congratulation, this is a new highscore")
...
Congratulation, this is a new highscore
```

Lösung

Um die Aufgabenstellung umzusetzen, schreiben wir eine Funktion mit zwei Parametern, die den aktuellen und den Highscore-Punktestand repräsentieren. In der Funktion werden die beiden Werte in einem `if` verglichen und gegebenenfalls wird eine Meldung ausgegeben:

```
>>> def check_for_new_highscore(points, highscore):
...     if points > highscore:
...         print("You reached a new highscore!")
...
```

Wir prüfen die Funktion wie folgt mit einem Fall, wo wir deutlich unter dem Highscore liegen, und einem Wert, der deutlich darüber liegt:

```
>>> check_for_new_highscore(1000, 5000)
>>> check_for_new_highscore(7271, 5000)
You reached a new highscore!
```

2.11.4   Aufgabe 4: Selbstabholerrabatt

In dieser Aufgabe sollen Sie für einen Pizzalieferservice die Preisberechnung implementieren. Nehmen wir vereinfachend an, jede Pizza koste 11 €. Dabei gelten folgende Regelungen zum Rabatt: Wenn wir 5 oder mehr Pizzen bestellen, dann erhalten wir einen Rabatt von 10 %. Wenn wir die Pizzen selbst abholen, dann erhalten wir pro Pizza einen Nachlass von 2 €. Schreiben Sie eine Funktion, die den Rechnungsbetrag ermittelt.

Lösung

Hier ist eine Abfolge von Berechnungen auszuführen. Zunächst müssen wir den regulären Gesamtpreis aus Pizzapreis mal Anzahl errechnen. Ab fünf Pizzen kommt dann der Rabatt zum Tragen. Die Anweisungen sind reine Mathematik kombiniert mit `if` sowie zwei Varianten von Zuweisungsoperatoren:

```
>>> def calc_price(count, for_takeaway):
...     pizzaprice = 11
...
...     total = pizzaprice * count
...     if count >= 5:
...         total *= 0.9
...     if for_takeaway:
...         total -= 2 * count
...
...     return total
...
```

Wir prüfen die Berechnung mit einigen Werten nach:

```
>>> calc_price(2, False)
22
>>> calc_price(2, True)
18
>>> calc_price(7, True)
55.3
```

Hinweis: Variante

Bei dieser Aufgabenstellung kann man sich fragen, ob der Rabatt vor oder nach Abzug des Nachlasses von 2 € gewährt wird. Wir berechnen hier den Rabatt auf der Summe ohne Selbstabholen. Vermutlich würde die Pizzeria es umgekehrt machen, weil sie dann mehr davon profitiert :-)

2.11.5 Aufgabe 5: Schleifen mit Berechnungen

Schreiben Sie eine Schleife, die die Werte von 1 bis 6 (inklusive) quadriert und die Quadratzahlen ausgibt.

Lösung

Das lässt sich am besten mit einer `for`-Schleife und einem `range()` folgendermaßen lösen, wobei man die Quadrierung entweder ausformuliert oder den Potenzoperator `**` anwendet, wie es im Kommentar angedeutet ist:

```
>>> for i in range(1, 7):
...     print(i, "*", i, "=", (i * i))
...     # print(i, "*", i, "=", (i ** 2))
...
1 * 1 = 1
2 * 2 = 4
3 * 3 = 9
4 * 4 = 16
5 * 5 = 25
6 * 6 = 36
```

2.11.6   Aufgabe 6: Schleifen und fixe Schrittweite

Schreiben Sie eine Schleife, die die Werte von 10 bis 40 (inklusive) mit einer Schrittweite von 10 ausgibt.

Lösung

Das lässt sich am besten mit einer `for`-Schleife folgendermaßen lösen:

```
>>> for i in range(10, 41, 10):
...     print(i)
...
10
20
30
40
```

2.11.7   Aufgabe 7: Schleifen mit variabler Schrittweite

Nutzen Sie eine Schleife, die beim Wert 0 und mit einer Schrittweite von 1 startet. Bei jedem Schleifendurchlauf soll der Wert um die Schrittweite erhöht werden und die Schrittweite wird jeweils um eins erhöht. Geben Sie die beiden Werte aus, solange die Schleifenvariable kleiner als 60 ist.

Lösung

Diese Aufgabenstellung ist etwas anspruchsvoller, da mit variabler Schrittweite gearbeitet werden soll. Hier bietet sich eine `while`-Schleife an. Wir definieren für den Schleifenzähler und die Schrittweite zunächst jeweils eine Ganzzahlvariable. Danach prüfen wir die Bedingung und führen bei deren Erfüllung die Aktionen aus, die sich aus der Aufgabenbeschreibung ergeben:

```
>>> i = 0
>>> step = 1
>>> while i < 60:
...     print("i:", i, "und step:", step)
...     i += step
...     step += 1
...
i: 0 und step: 1
i: 1 und step: 2
i: 3 und step: 3
i: 6 und step: 4
i: 10 und step: 5
i: 15 und step: 6
i: 21 und step: 7
i: 28 und step: 8
i: 36 und step: 9
i: 45 und step: 10
i: 55 und step: 11
```

2.11.8   Aufgabe 8: Verschachtelte Schleifen – Variante 1

Schreiben Sie eine Funktion `print_number_triangle(row)`, die eine mehrzeilige Ausgabe bis zur übergebenen maximalen Zeilenanzahl wie folgt erzeugt:

```
1
1 2
1 2 3
1 2 3 4
```

Als Kür soll eine Funktion geschrieben werden, deren Ausgabe wie folgt aussieht:

```
1
2 3
4 5 6
7 8 9 10
```

Lösung

Für die Aufgabenstellung bieten sich zwei ineinander geschachtelte Schleifen an. Zunächst müssen wir eine Schleife n-mal für die Zeilen durchlaufen:

```
>>> def print_number_triangle(row):
...     for y in range(row + 1):
...         print("row:", y)
...
```

Rufen wir die Funktion einmal auf:

```
>>> print_number_triangle(3)
row: 0
row: 1
row: 2
row: 3
```

Nun müssen wir statt der Konsolenausgabe der Zeileninformation eine weitere Schleife ergänzen, die von 1 bis zur aktuellen Zeile zählt und diesen Wert auf der Konsole ausgibt, hier mit Angabe von `end=" "`, damit die Werte in einer Zeile hintereinander ausgegeben werden. Am Ende einer Zeile rufen wir dann `print()` für den Zeilenumbruch auf. Die Implementierung sieht dann wie folgt aus:

```
>>> def print_number_triangle(number_of_rows):
...     for y in range(1, number_of_rows + 1):
...         for x in range(1, y + 1):
...             print(x, end = " ")
...         print()
...
```

Rufen wir die Funktion einmal auf:

```
>>> print_number_triangle(4)
1
1 2
1 2 3
1 2 3 4
```

Kür   Machen wir uns an die Kür: Hier müssen wir eine Zählervariable num ergänzen:

```
>>> def print_number_triangle(number_of_rows):
...     num = 1
...     for y in range(1, number_of_rows + 1):
...         for x in range(1, y + 1):
...             print(num, end = " ")
...             num += 1
...         print()
...
```

Rufen wir die variierte Funktion einmal auf:

```
>>> print_number_triangle(4)
1
2 3
4 5 6
7 8 9 10
```

2.11.9   Aufgabe 9: Verschachtelte Schleifen – Variante 2

Implementieren Sie eine Funktion, um Buchstaben in folgendem Muster auszugeben:

```
A
B B
C C C
D D D D
```

Als Hilfestellung muss man wissen, dass man einzelne Zeichen mit der Funktion ord() in eine Zahl wandeln kann und mit chr() eine Zahl in einen Buchstaben:

```
>>> ord("A")
65
>>> chr(77)
'M'
```

Lösung

Wie schon in der Aufgabe zuvor bedienen wir uns zweier ineinander geschachtelter Schleifen. Statt Ziffern bzw. Zahlen sind aber je Reihe entsprechende Buchstaben auszugeben. Zur Modellierung des Buchstabens nutzen wir einen String mit einem Zeichen. Durch die Umwandlung mit ord() lässt sich dessen Wert hochzählen und mit chr() wieder in eine Zeichenkette wandeln. Als Abwandlung zur Funktion zuvor ändert sich eigentlich nur die Handhabung der Zeichen. Wir schreiben folgende Funktion:

```
>>> def print_letter_triangle(number_of_rows):
...     letter = "A"
...     for y in range(1, number_of_rows + 1):
...         for x in range(1, y + 1):
...             print(letter, end = " ")
...         letter = chr(ord(letter) + 1)
...         print()
...
```

Rufen wir die variierte Funktion einmal auf:

```
>>> print_letter_triangle(4)
A
B B
C C C
D D D D
```

Beachten Sie bitte, dass das Ganze aber nur im Bereich bis 26 Zeilen funktioniert, weil sonst die Umwandlung keine Buchstaben mehr ergibt.

2.11.10   Aufgabe 10: Verschachtelte Schleifen – Variante 3

Basierend auf den Ideen aus der vorherigen Aufgabe und mit den dort entwickelten Grundfunktionalitäten kann man auch eine Buchstabenkombination erzeugen, die die Form eines Ks besitzt:

```
A B C D E
A B C D
A B C
A B
A
A
A B
A B C
A B C D
A B C D E
```

Lösung

Beginnen wir mit einer Vorüberlegung: Wie schon in der Aufgabe zuvor können wir uns zweier ineinander geschachtelter Schleifen bedienen. Das Ganze muss zweimal geschehen, wobei wir zunächst von der gegebenen Maximalbreite bis 0 und danach dann von 0 bis zur Maximalbreite laufen.

Das führt uns zu einer Implementierung ähnlich zu folgender:

```
def print_k_shaped(number_of_rows):
    for y in range(number_of_rows + 1, 0, -1):
        letter = "A"
        for x in range(1, y + 1):
            print(letter, end = " ")
            letter = chr(ord(letter) + 1)
        print()

    for y in range(1, number_of_rows + 1):
        letter = "A"
        for x in range(1, y + 1):
            print(letter, end = " ")
            letter = chr(ord(letter) + 1)
        print()
```

Auf eine kleine Verbesserung möchte ich noch hinweisen: Beim Programmieren sollten wir Duplikationen von Sourcecode vermeiden. Oben sehen wir, dass die Blöcke der Schleifen jeweils gleich sind.

Anstatt das also zweimal zu tippen und dabei potenziell Fehler zu machen, bietet es sich an, das Ganze in eine Hilfsfunktion auszulagern:

```python
def print_k_shaped_improved(number_of_rows):
    for y in range(number_of_rows + 1, 0, -1):
        print_letters(y)

    for y in range(1, number_of_rows + 1):
        print_letters(y)


def print_letters(y):
    letter = "A"
    for x in range(1, y + 1):
        print(letter, end=" ")
        letter = chr(ord(letter) + 1)
    print()
```

Die beiden Implementierungen waren schon etwas aufwendiger. Vergewissern wir uns, dass sie die gewünschte Form produzieren und rufen dazu diese Funktion auf:

```python
print_k_shaped(5)
```

Damit erhalten wir die gewünschte Ausgabe:

```
A B C D E
A B C D
A B C
A B
A
A
A B
A B C
A B C D
A B C D E
```

Das gilt auch für die verbesserte Funktion:

```python
print_k_shaped_improved(4)
```

Damit erhalten wir die gewünschte Ausgabe:

```
A B C D
A B C
A B
A
A
A B
A B C
A B C D
```

3 Strings

Wir haben schon ein paar Mal Strings verwendet, ohne viel darüber nachzudenken. Als kurze Erinnerung: Variablen vom Typ `str` modellieren Zeichenketten und dienen zur Verwaltung von textuellen Informationen. In diesem Kapitel schauen wir uns die Thematik genauer an und beginnen unsere Entdeckungsreise zu Zeichenketten.

3.1 Schnelleinstieg

Strings bestehen aus einer Folge einzelner Zeichen und bilden wie Listen sequenzielle Datentypen (vgl. Abschnitt 7.1), weshalb viele Aktionen analog dazu ausführbar sind. Im Gegensatz zu anderen Sprachen besitzt Python keinen Datentyp für einzelne Zeichen, sondern diese werden einfach als String der Länge 1 repräsentiert.

Strings lassen sich als Zeichenkette in doppelten oder einfachen Anführungszeichen erzeugen, wie dies folgende zwei Zeilen zeigen:

```
str1 = "DOUBLE QUOTED STRING"
str2 = 'SINGLE QUOTED STRING'
```

3.1.1 Gebräuchliche Stringaktionen

Stringkonkatenation

Ein sehr gebräuchlicher Anwendungsfall ist das Zusammenfügen von Strings, auch Konkatenieren genannt. Dazu dient bekanntlich der Operator '+'. Nachfolgend kombinieren wir den Vor- und Nachnamen des Autors mit einem Abstand von einem Leerzeichen:

```
>>> first_name = "Michael"
>>> last_name = "Inden"
>>> print(first_name + " " + last_name)
Michael Inden
```

Besonderheiten Beim Erstellen von Texten aus einzelnen Teilbausteinen ist der Operator '+' ziemlich nützlich. Allerdings sollte man dabei ein paar Besonderheiten kennen. Im Gegensatz zu vielen anderen Sprachen, die bei der Stringkonkatenation auch die Angabe und Verknüpfung von Zahlen erlauben, ist das in Python so nicht möglich:

```
>>> "Bitte " + 2 + " Mal klingeln"
Traceback (most recent call last):
  File "<stdin>", line 1, in <module>
TypeError: can only concatenate str (not "int") to str
```

Stattdessen benötigt es eine Typumwandlung (einen Cast) mit einem Aufruf von `str` wie folgt:

```
>>> "Bitte " + str(2) + " Mal klingeln"
'Bitte 2 Mal klingeln'
```

Groß- und Kleinschreibung

In der Praxis benötigt man immer mal wieder eine Umwandlung von Groß- in Kleinbuchstaben oder andersherum. Dabei helfen die beiden Methoden `upper()` und `lower()`.

Zuerst wandeln wir einen Text vollständig in Großbuchstaben um und danach dann in Kleinbuchstaben.

```
>>> message = "IMPORTANT: Please consult the doctor"
>>> message.upper()
'IMPORTANT: PLEASE CONSULT THE DOCTOR'
>>> message.lower()
'important: please consult the doctor'
```

Besonderheiten: Keine Modifikation erlaubt Bitte beachten Sie, dass Strings in Python als unveränderliche Objekte realisiert sind. Eine Modifikation ist daher nicht möglich. Als Abhilfe kann man einen neuen String mit verändertem Inhalt erzeugen:

```
>>> hint = "Immutable String"
>>> result = hint.upper()
>>> result
'IMMUTABLE STRING'
>>> hint
'Immutable String'
```

Tipp: Was sind Methoden?

Bislang haben wir Funktionen zum Bereitstellen von Funktionalität kennengelernt. Methoden sind sehr ähnlich zu Funktionen, jedoch sind Methoden einem bestimmten Typ, hier `str`, zugeordnet. Das wird später noch in Kapitel 4 genauer besprochen.

Leerzeichen entfernen

Mitunter sollen am Anfang oder Ende oder an beiden Seiten unerwünschte Leerzeichen entfernt werden. Dazu kann man die Methoden `strip()` sowie `lstrip()` und `rstrip()` aufrufen. Beginnen wir mit der beidseitigen Entfernung:

```
>>> value_with_blanks = "  This text has blanks at the beginning and the end  "
>>> print("strip(): '", value_with_blanks.strip(), "'", sep="")
strip(): 'This text has blanks at the beginning and the end'
```

Nachfolgend werden noch vorne bzw. hinten die Leerzeichen entfernt:

```
>>> print("lstrip(): '",value_with_blanks.lstrip(), "'", sep="")
lstrip(): 'This text has blanks at the beginning and the end  '
>>> print("rstrip(): '",value_with_blanks.rstrip(), "'", sep="")
rstrip(): '  This text has blanks at the beginning and the end'
>>>
>>> value_with_blanks
'  This text has blanks at the beginning and the end  '
```

Beachten Sie bitte auch hier, dass durch die Funktionsaufrufe der ursprüngliche String nicht verändert wird, sondern ein neuer String als Ergebnis entsteht. Dies folgt aus den Ausgaben, insbesondere der letzten, die einen unveränderten Inhalt der Variablen `value_with_blanks` zeigt.

Länge ermitteln

Auch die Gesamtlänge eines Strings ist des Öfteren eine wichtige Information. Die Gesamtzahl der Zeichen liefert ein Aufruf von `len()`:

```
>>> content = "This is a short message"
>>> len(content)
23
```

Auf leeren String prüfen

Zwar kann man mithilfe der zuvor vorgestellten Methode auch prüfen, ob ein String leer ist:

```
>>> no_content = ""
>>> len(no_content)  == 0
True
```

Das ist jedoch nicht so schön lesbar und wird eher als schlechter Stil angesehen. In Python prüft man gerne auf folgende Weise:

```
>>> if not no_content:
...     print("empty")
...
empty
```

Auf einzelne Zeichen zugreifen

Auf die einzelnen Buchstaben eines Strings kann man positionsbasiert mit eckigen Klammern zugreifen, wobei der erste Buchstabe den Index 0 besitzt. Nachfolgend lesen wir die ersten drei Zeichen des Strings »This is a short message« aus:

```
>>> content = "This is a short message"
>>> content[0]
'T'
>>> content[1]
'h'
>>> content[2]
'i'
```

Keine Modifikation erlaubt Bitte beachten Sie, dass keine korrespondierenden Zuweisungen erlaubt sind, um Zeichen in einem String zu modifizieren:

```
>>> content[2] = "X"
Traceback (most recent call last):
  File "<stdin>", line 1, in <module>
TypeError: 'str' object does not support item assignment
```

Wie schon erwähnt, sind Strings in Python als unveränderliche Objekte realisiert. Eine Möglichkeit, doch zeichenbasiert ändern zu können, zeige ich Ihnen später.

Iteration

Beim Durchlaufen der einzelnen Zeichen eines Strings gibt es verschiedene Varianten. Zunächst kann man indiziert mit einer `for`-Schleife und `len()` in Kombination mit `range()` arbeiten. Das ist jedoch in Python der am wenigsten adäquate Weg. Besser ist es, mit `enumerate()` zu arbeiten, was sowohl Zugriff auf den Index als auch den Wert bietet. Teilweise benötigt man gar keinen Zugriff auf den Index, dann empfiehlt sich die dritte Variante mit `in`:

```
message = "Python has several loop variants"
for i in range(len(message)):
    print(i, message[i], end=',')

for i, current_char in enumerate(message):
    print(i, current_char, end=',')

for current_char in message:
    print(current_char, end=',')
```

Teilbereiche extrahieren – Slicing

Für einige Anwendungsfälle muss man auf Bestandteile eines Texts zugreifen, die durch eine Anfangs- und optional eine Endposition bestimmt sind. Dazu bietet sich das sogenannte Slicing an. Dabei übergibt man entweder Start- (inklusiv) und Endposition (exklusiv) oder aber nur den Start, wodurch dann der Text ab dieser Position bis zum Ende als neuer String geliefert wird.

Betrachten wir die mächtigen Slicing-Operationen anhand eines Beispiels, um einzelne Zeichen, ganze Bestandteile oder sogar nicht zusammenhängende Bereiche extrahieren zu können. Im Beispiel sehen wir zudem die Methode `count()`. Diese zählt, wie oft die übergebene Zeichenkette in einem String vorkommt:

```
>>> strange_message= "a message containing only a message"
>>>
>>> mid_chars = strange_message[10:20]
>>> last_seven_chars = strange_message[-7:]
>>> print("mid_chars:", mid_chars, "/ last_seven_chars:", last_seven_chars)
mid_chars: containing / last_seven_chars: message
>>>
>>> first_char = strange_message[0]
>>> print(first_char, "count:", strange_message.count(first_char))
a count: 5
>>> print(last_seven_chars, "count:", strange_message.count(last_seven_chars))
message count: 2
```

Wissenswert ist noch folgende Besonderheit mit einer negativen Schrittweite. Das liefert einen String von hinten gelesen, also in umgekehrter Reihenfolge:

```
>>> teile = "Dies ist ein String. Rest ABC"
>>> print(teile[::-1])
CBA tseR .gnirtS nie tsi seiD
>>> print(teile[19::-1])
.gnirtS nie tsi seiD
```

Strings wiederholen

Manchmal ist es notwendig, einen Text n-mal zu wiederholen. Das ist zwar problemlos mit einer `for`-Schleife möglich, jedoch existiert die recht praktische Multiplikation auch für Strings, womit die Aufgabe erleichtert wird:

```
>>> greeting = "MOIN"
>>> greeting * 2
'MOINMOIN'
>>> nonsens = "BLA"
>>> nonsens * 3
'BLABLABLA'
```

3.1.2 Suchen und Ersetzen

Suchen und Enthaltensein

Ab und an möchte man feststellen, ob ein gewisser Text oder Buchstabe in einem String enthalten ist. Mithilfe der Methoden `index()` und `find()` erhält man die entsprechende Position bzw. den Wert -1 für »nicht gefunden«. Eine Prüfung vom Ende des Strings ermöglicht die Methode `rindex()`. Soll lediglich geschaut werden, ob der gesuchte Teilstring enthalten ist, bietet sich der `in`-Operator an:

```
>>> maintext = "This is a secret message. Please do not distribute"
>>> maintext.index("This")
0
>>> maintext.index("Please")
26
>>> maintext.index("o")
34
>>> maintext.rindex("o")
37
>>> maintext.find("not")
36
>>> "not" in maintext
True
>>> "MICHAEL" in maintext
False
```

Weitersuchen

Auf eine praktische Besonderheit möchte ich im Zusammenhang mit `index()` und `find()` noch eingehen. Zunächst einmal sei angemerkt, dass die Methoden `index()` und `find()` nach dem ersten Vorkommen suchen. Auch wiederholtes Aufrufen ändert die Fundstelle nicht und man kann so keine anderen Vorkommen finden. Praktischerweise gibt es aber eine Variante der Methode, der man eine Startposition übergeben kann. Auf diese Weise lässt sich problemlos die Funktionalität »Suchen und Weitersuchen« realisieren, indem man immer nach der Fundstelle weitersucht. Dazu übergibt man einfach die gelieferte Position + 1 wie folgt:

```
>>> info = "one second, one hour and one day"
>>> info.index("one")
0
>>> info.index("one", 1)
12
>>> info.index("one", 13)
25
>>> info.find("one")
0
>>> info.find("one", 1)
12
>>> info.find("one", 13)
25
```

Ersetzen von Inhalten

Neben dem Suchen und dem Test auf Enthaltensein möchte man manchmal auch Teile eines Strings ersetzen. Dabei ist die Methode `replace()` hilfreich. Diese ersetzt eine gewünschte Zeichenfolge durch die als zweiten Parameter übergebene Zeichenfolge:

```
>>> greeting = "MOIN MOIN"
>>> greeting.replace("MOIN", "GRÜEZI")
'GRÜEZI GRÜEZI'
```

Weil Strings unveränderlich sind, wird auch hier als Ergebnis wieder ein neuer String mit dem veränderten Inhalt erzeugt.

Komplexeres Ersetzen von Inhalten

Ergänzend gibt es die Funktion `sub()` aus dem Modul `re`, die als Suchzeichenfolge einen sogenannten regulären Ausdruck nutzt – um beispielsweise Texte, die mit einem A starten, gefolgt von einem beliebigen Buchstaben und einem C oder D, durch einen Leerstring zu ersetzen. Für dieses Buch reicht es, zu wissen, dass der '.' in einem regulären Ausdruck einen Platzhalter für ein einzelnes, beliebiges Zeichen darstellt und dass man eine Menge von Alternativen in eckigen Klammern angeben kann. Weitere Details finden Sie unter `https://docs.python.org/3/library/re.html`.

```
>>> import re
>>> info_regex = "ACC_AEC_MUSIC_ABC_AWARD"
>>> re.sub(r"A.[CD]", "", info_regex)
'__MUSIC__AW'
```

Gibt man als regulären Ausdruck lediglich einen konkreten Text an, so wirkt wieder die exakte Übereinstimmung des Musters – hier um alle Vorkommen von `"ABC"` durch `"--"` zu ersetzen:

```
>>> info_plain = "ABCABC_MUSIC_ABCAWARD"
>>> re.sub(r"ABC", "--", info_plain)
'----_MUSIC_--AWARD'
```

3.1.3 Informationen extrahieren und formatieren

Informationen extrahieren

Immer mal wieder enthält ein Text mehrere Informationsbestandteile, etwa eine Uhrzeitangabe mit Stunden, Minuten und Sekunden jeweils durch ':' getrennt:

```
>>> timestamp = "11:22:33"
```

Unser Ziel ist es, die Einzelbestandteile als Zahlen zu ermitteln. Wie kann man dazu vorgehen? Um die Informationen aufzuspalten und auszulesen, bietet sich die Methode `split()` an. Dieser übergibt man ein Trennzeichen und erhält als Ergebnis eine Abfolge (genauer: eine Liste) von Strings – Listen werden wir dann in Kapitel 5 genauer kennenlernen:

```
>>> timestamp.split(":")
['11', '22', '33']
```

Das Extrahieren von Informationen mit `split(":")` scheint einfach. Versuchen wir uns an der Extraktion der Werte einer Datumsangabe. Probieren wir das mit `split()` wie zuvor aus:

```
>>> dateInfo = "23.11.2020"
>>> dateInfo.split(".")
['23', '11', '2020']
```

Formatierte Ausgabe

Auch beim Aufbereiten einer Ausgabe mit Platzhaltern bietet Python verschiedene Formen. Im einfachsten Fall gibt man die Werte kommasepariert in `print()` an. Alternativ kann man Platzhalter per `{}` im Text angeben, die dann mit den Werten des Aufrufs von `format()` befüllt werden. Zudem gibt es noch die Variante mit Platzhaltern wie `%s` und `%d` sowie dem Modulo-Operator in Kombination mit einem Tupel, das die Werte bereitstellt. Schließlich lässt sich noch ein explizit formatierter String mit `f"text"` und benannten Platzhaltern nutzen:

```
product = "Apple iMac"
price = 3699

# Varianten der formatierten Ausgabe
print("the", product, "costs", price)
print("the {} costs {}".format(product, price))
print("the %s costs %d" % (product, price))
print(f"the {product} costs {price}")
```

Das führt zu folgenden Ausgaben:

```
the Apple iMac costs 3699
the Apple iMac costs 3699
the Apple iMac costs 3699
the Apple iMac costs 3699
```

Beim Einsatz von `format()` können Sie mit dem Formatbezeichner `:d` als Argument einen beliebigen ganzzahligen Typ verwenden. Es gibt eine Vielzahl weiterer Platzhalter. Nachfolgend sind einige für Strings und Zahlen gezeigt. Die gesamte Liste ist so ausführlich, dass sich ein Blick in die Onlinedokumentation `https://docs.python.org/3/library/string.html?highlight=string#module-string` oder aber ein Klick auf den Link `https://realpython.com/python-f-strings/` lohnt.

Auf einige Besonderheiten möchte ich noch eingehen: Es ist recht einfach möglich, etwa die Länge einer Ganzzahl mit `:<Anzahl>d` zu beschränken sowie für Gleitkommazahlen die Anzahl an Nachkommastellen mit `:.<Anzahl>f`. Nachfolgend sehen wir eine Begrenzung auf 10 Stellen bei einem Gehalt und zwei Nachkommastellen für PI.

```
>>> "{:s}'s salary is {:10d} a year. What about PI? {:.2f}".format("Tom", 123
    _456_789, math.pi)
"Tom's salary is  123456789 a year. What about PI? 3.14"
```

Formatierung mit `capitalize()` und `title()`

Mitunter soll der Anfang des Strings bzw. jedes Worts großgeschrieben werden. Dazu bieten sich die folgenden Aufrufe von `capitalize()` und `title()` an:

```
>>> text = "this is a very special string"
>>> text.capitalize()
'This is a very special string'
>>> text.title()
'This Is A Very Special String'
```

3.1.4 Praxisrelevante Funktionen im Kurzüberblick

Zum Abschluss des Schnelleinstiegs wollen wir noch einmal die wichtigsten und in der Praxis nützlichsten Funktionalitäten rekapitulieren. Nehmen wir an, die Variable `str` wäre ein String. Dann können wir folgende Funktionen aufrufen:

- `len(str)` – Ermittelt die Länge des Strings. Dies ist eine allgemeine Python-Funktion zum Abfragen der Länge von sequenziellen Datentypen und somit auch Strings.
- `str[index]` – Ermöglicht den indexbasierten Zugriff auf einzelne Buchstaben.
- `str[start:end]` / `str[start:end:step]` – Extrahiert die Zeichen zwischen den beiden Positionen `start` und `end` - 1. Als Besonderheit lässt sich eine Schrittweite angeben. Interessanterweise kann sogar die Bereichsangabe entfallen und mit `[::-1]` nur eine negative Schrittweite zum Einsatz kommen, wodurch ein neuer String mit umgekehrter Buchstabenreihenfolge des Originals entsteht.
- `str[:end]` – Extrahiert die Zeichen zwischen Anfang und der Position `end` - 1.
- `str[start:]` – Extrahiert die Zeichen zwischen der Position `start` und dem Ende des Strings.
- `str.lower()` / `str.upper()` – Erzeugt einen neuen String, der aus Klein- bzw. Großbuchstaben besteht – Ziffern und Satzzeichen werden nicht umgewandelt.
- `str.strip()` – Entfernt Leerzeichen am Textanfang und -ende und gibt das Ergebnis als neuen String zurück.
- `str.isalpha()` / `str.isdigit()` / ... – Prüft, ob alle Zeichen des Strings alphanumerisch, Ziffern usw. sind.
- `str.startswith(other)` / `str.endswith(other)` – Prüft, ob der String mit dem übergebenen String startet bzw. endet.
- `str.find(other)` / `str.rfind(other)` – Sucht nach dem übergebenen String und gibt den Index des ersten Vorkommens zurück oder -1 bei Nichtexistenz. Die Funktion `rfind()` sucht vom Ende.

- `str.index(other, start, end)` / `str.rindex(other, start, end)` — Liefert den Index des ersten bzw. letzten Vorkommens von `other`. Im Gegensatz zu `find()` wird bei Nichtvorhandensein ein Fehler ausgelöst.
- `str.replace(old, new)` — Erzeugt einen neuen String, in dem alle Vorkommen von `old` durch `new` ersetzt sind.
- `str.split(delim)` — Liefert eine Liste mit Teilstrings, die sich durch Aufteilung des ursprünglichen Strings ergeben. Ohne die Angabe eines Delimiters wird ein Text bezüglich Whitespace aufgespalten.
- `str.join(list)` — Bewirkt das Gegenteil von `split()`. Konkret: Die als Liste übergebenen Elemente werden mit dem String als Delimiter verbunden.

3.2 Nächste Schritte

3.2.1 Zeichenverarbeitung

Manchmal muss man einzelne Zeichen verarbeiten, dann können die Funktionen `chr()` und `ord()` nützlich sein. Dabei konvertiert `chr()` einen `int`-Wert in eine Zeichenfolge der Länge 1 und `ord()` eine solche Zeichenfolge in einen `int`-Wert:

```
>>> ord("A")
65
>>> chr(65)
'A'
>>> ord("0")
48
>>> chr(48)
'0'
```

3.2.2 Strings und Listen

Umwandlung in eine Liste

Mitunter ist es praktisch, den Inhalt eines Strings mit `list()` in eine geordnete Liste von Einzelzeichen vom Typ `str` zu überführen. Listen werden wir in Kapitel 5 genauer besprechen, hier reicht das Verständnis, dass es sich dabei um eine über die Position geordnete Abfolge von Elementen, hier Zeichen, handelt.

Möchte man Texte in einzelne Zeichen wandeln, nutzt man `list()`:

```
print(list("Text als Liste"))
```

Man erhält folgende Ausgabe:

```
['T', 'e', 'x', 't', ' ', 'a', 'l', 's', ' ', 'L', 'i', 's', 't', 'e']
```

Modifikation in einer Liste

Zuvor erwähnte ich, dass es praktisch ist, einen String in eine Liste zu wandeln. Warum? Das gilt immer dann, wenn man an gewissen Stellen den String ändern möchte. Strings erlauben das ja nicht. Wenn wir nun aber beispielsweise jedes dritte Zeichen großschreiben wollen (oder für Sie als kleine Fingerübung durch ein Leerzeichen ersetzen), dann ist dies auf Basis einer Liste möglich. Die gewünschten Modifikationen müssen dazu auf einzelnen Zeichen erfolgen. Danach soll dann die Liste gewöhnlich wieder in einen String gewandelt werden. Das lernen wir im Anschluss kennen.

Schauen wir uns vorab noch die Modifikation innerhalb einer Liste für jedes dritte Zeichen an. Zunächst definieren wir die Ausgangsdaten:

```
>>> alphabet = "abcdefghijklmnopqrstuvwxyz"
```

Nun erstellen wir eine passende Methode:

```
>>> def modify_every_3rd_to_upper(values):
...     for i in range(0, len(values), 3):
...         current = values[i]
...         values[i] = current.upper()
...
```

Wir wandeln unseren String in eine Liste und rufen diese gerade erstellte Methode einmal auf. Als Ergebnis ist jeder 3. Buchstabe großgeschrieben:

```
>>> as_list = list(alphabet)
>>> modify_every_3rd_to_upper(as_list)
>>> as_list
['A', 'b', 'c', 'D', 'e', 'f', 'G', 'h', 'i', 'J', 'k', 'l', 'M', 'n', 'o', 'P',
    'q', 'r', 'S', 't', 'u', 'V', 'w', 'x', 'Y', 'z']
```

Einen String aus einer Liste erzeugen

Gerade haben wir gesehen, wie man aus einem String eine korrespondierende Liste erhält. Manchmal möchte man auch aus einer Liste (wieder) einen String erzeugen. Dazu dient ein Aufruf von `join()` wie folgt:

```
>>> "".join(as_list)
'AbcDefGhiJklMnoPqrStuVwxYz'
```

Als weiteres Beispiel sehen wir einen Gruß in Form einer Liste, der dann in einen `str` gewandelt wird mit jeweils einem Minuszeichen zwischen den Buchstaben:

```
>>> message = [ 'H', 'o', 'i', ' ', 'S', 'o', 'p', 'h', 'i', 'e' ]
>>> "-".join(message)
'H-o-i- -S-o-p-h-i-e'
```

3.2.3   Mehrzeilige Strings

Python unterstützt mehrzeilige Strings. Diese werden durch drei Anführungszeichen eingeleitet und abgeschlossen:

```
>>> multi_line_string = """
...     This is line 1
...     Second line with "quotes"
...     Last line with 'single quotes'
...     """
>>> multi_line_string
'\n    This is line 1\n    Second line with "quotes"\n    Last line with \'single
    quotes\'\n    '
```

Nach der mehrzeiligen Definition kann man wie zuvor gezeigt auf dem String agieren, also dessen Länge bestimmen, Bausteine ersetzen usw. Das liegt daran, dass ein solcher mehrzeiliger String ebenfalls ein normaler String ist und damit alle zuvor beschriebenen Aktionen auch unterstützt werden.

```
>>> type(multi_line_string)
<class 'str'>
>>> len(multi_line_string)
81
>>> multiLineString.replace("line", "LINE")
'\n    This is LINE 1\n    Second LINE with "quotes"\n    Last LINE with \'single
    quotes\'\n    '
```

Besonderheit Platzhalter   Außerdem kann man Platzhalter definieren und durch Aufruf von `format()` mit Werten befüllen:

```
>>> placeholders = """
...         Michael {} hat am "{}"
...         {:d} Bücher in '{}' gekauft.
...         """.format("Inden", "20.1.2020", 7, "Bremen")
```

Schauen wir uns an, was durch diese Anweisungen an Ausgaben produziert wird:

```
>>> print(placeholders)

        Michael Inden hat am "20.1.2020"
        7 Bücher in 'Bremen' gekauft.

>>>
```

Beispiel: HTML-Code

Auch wenn man HTML-Code in Python aufbereiten möchte, sind die mehrzeiligen Strings sehr hilfreich. Es ist in der Tat angenehm, dies wie folgt anzugeben:

```
>>> hello_world_html = """
...                     <html>
...                         <body>
...                             <p>Hello World</p>
...                         </body>
...                     </html>
...                     """
>>>
```

Tipp: Behandlung der führenden Leerzeichen

Eine Sache noch zur Ausrichtung bzw. des führenden Leerraums: Während Java die Leerzeichen am Anfang eines mehrzeiligen Strings ignoriert und den gesamten Text an den unteren drei Anführungszeichen ausrichtet, bleiben die Leerzeichen vor den Zeilen in Python erhalten!

3.3   Aufgaben und Lösungen

3.3.1   Aufgabe 1: Länge, Zeichen und Enthaltensein

In dieser ersten Aufgabe geht es darum, grundlegende Funktionalität der Strings anzu-
wenden. Sie sollen die Länge eines Texts abfragen, dann ein Zeichen an einer beliebigen
Position, etwa der 13., ermitteln und schließlich prüfen, ob ein gewünschtes Wort im
String enthalten ist.

Lösung

Die geforderten Aktionen lassen sich direkt mit den passenden Funktionen umsetzen,
nämlich mit `len()`, `[]` und `in`:

```
>>> nachricht = "Hallo lieber Leser! Viel Spaß mit Python!"
>>> len(nachricht)
41
>>> nachricht[13]
'L'
>>> "Python" in "Hallo lieber Leser! Viel Spaß mit Python!"
True
```

3.3.2   Aufgabe 2: Zeichen wiederholen

Bei dieser Aufgabe sollen die Buchstaben eines Worts gemäß ihrer Position wiederholt werden, aus ABC wird dann ABBCCC. Schreiben Sie dazu eine Funktion
`repeat_chars(input)`.

Lösung

Die Grundidee besteht darin, zeichenweise von vorne nach hinten durch den String zu
laufen. Dazu nutzen wir eine `for`-Schleife mit `enumerate()`, weil wir damit sowohl
den Index als auch das aktuelle Zeichen direkt im Zugriff haben. Strings besitzen die
Multiplikation per `*`, die eine n-malige Wiederholung erlaubt. Die damit berechnete
Wiederholung eines Buchstabens addieren wir zu unserem Resultat. Die Umsetzung in
Python sieht wie folgt aus:

```python
def repeat_chars(input):
    result = ""

    for i, ch in enumerate(input):
        result += ch * (i + 1)

    return result
```

Rufen wir dies exemplarisch auf:

```python
print(repeat_chars("ABCD"))
print(repeat_chars("ABCDEF"))
```

Dann erhalten wir folgende Ausgabe:

```
ABBCCCDDDD
ABBCCCDDDDEEEEEFFFFFF
```

3.3.3 Aufgabe 3: Vokale raten

Bei dieser Aufgabe werden einige etwas ältere Leser sich vielleicht an die Sendung »Glücksrad« erinnern, bei der es genau um das Erraten von Wörtern, Sätzen oder Redewendungen ging, in denen Vokale fehlten.[1]

Als Erstes sollen in einem gegebenen String mithilfe der selbst geschriebenen Funktion `remove_vowels(input)` alle Vokale entfernt werden. Als Zweites soll eine Funktion `replace_vowels(input)` implementiert werden, die einen Vokal durch ein '_' ersetzt, damit wir für ein kleines Ratespiel einen Hinweis auf einen entfernten Vokal bekommen.

Lösung: Vokale entfernen

Zum Entfernen der Vokale durchlaufen wir die Eingabe zeichenweise. Für die Prüfung auf Vokal nutzen wir folgenden Trick: Wir modellieren die Vokale als String `"AÄEIOÖUÜaäeioöuü"` und prüfen dann mit `in`, ob der aktuelle Buchstabe in dieser Zeichenfolge enthalten ist. Falls nein (daher hier die Negation mit `not`), übernehmen wir den Buchstaben in unsere Ergebnisvariable `result`:

```
def remove_vowel(text):
    result = ""

    for letter in text:
        if letter not in "AÄEIOÖUÜaäeioöuü":
            result += letter

    return result
```

Zum Nachvollziehen beginnen wir mit der Definition eines beliebigen Texts als Ausgangsbasis und rufen dann die gerade erstellte Funktion auf:

```
text = "Es gibt viel zu entdecken!"
print(remove_vowel(text))
```

Wir erhalten wie erwartet folgendes Ergebnis:

```
s gbt vl z ntdckn!
```

---

[1] Es fehlten auch Konsonanten. Im Gegensatz zu den Vokalen konnte man diese aber kaufen.

Lösung: Vokale ersetzen

Wie gesagt, wäre es für ein kleines Ratespiel besser, wenn wir einen Hinweis auf einen entfernten Vokal durch ein '_' bekommen würden. Basierend auf der obigen Lösung sollte das Ganze ziemlich direkt möglich sein.

Wir wollen in diesem Buch nicht nur das Programmieren lernen, sondern insbesondere auch die Ideen guten Programmierstils befolgen. Im obigen Beispiel ist die Vokalprüfung in der Schleife »versteckt«. Diese Aufgabe kann man als unabhängige Funktionalität ansehen. Deshalb schreiben wir dafür eine eigene Funktion:

```python
def is_vowel(letter):
    return letter in "AÄEIOÖÜuaäeioöuü"
```

Schauen wir doch einmal, wie sich deren Nutzung positiv auf das Verständnis und die Erweiterung auswirkt. Beim Auffinden eines Vokals müssen wir jetzt ein '_' einfügen, ansonsten das ursprüngliche Zeichen. Die for-Schleife und die anderen Aktionen sind analog zu zuvor. Schreiben wir ergänzend eine neue Funktion replace_vowels(input) – durch die Hilfsfunktion ist der Ablauf deutlicher erkennbar:

```python
def replace_vowel(text):
    result = ""

    for letter in text:
        if is_vowel(letter):
            result += '_'
        else:
            result += letter

    return result
```

Mithilfe der folgenden Kurzschreibweise können wir das Ganz noch kompakter schreiben:

```python
def replace_vowel(text):
    result = ""

    for letter in text:
        result += '_' if is_vowel(letter) else letter

    return result
```

Überprüfen wir noch, ob das Ganze auch wirklich wie gewünscht funktioniert:

```python
print(replace_vowel("Es gibt viel zu entdecken!"))
print(replace_vowel("PYTHON INTRO BY MICHAEL"))
```

Damit erhalten wir folgende Ausgaben:

```
_s g_bt v__l z_ _ntd_ck_n!
PYTH_N _NTR_ BY M_CH__L
```

3.3.4   Aufgabe 4: String Merge

Schreiben Sie eine Funktion `string_merge(input1, input2)`, die die beiden Texte Buchstabe für Buchstabe (»wie ein Reißverschluss«) miteinander verbindet. Wenn der eine Text ACE lautet und der andere BDFGH, dann soll ABCDEFGH als Ergebnis geliefert werden. Es wird also immer abwechselnd ein Buchstabe aus dem ersten und dann einer aus dem zweiten Text genommen. Ist ein Text vollständig verarbeitet, werden alle Buchstaben aus dem verbliebenen anderen Text übernommen.

Lösung

Um die Texte Zeichen für Zeichen miteinander zu verweben, gibt es viele Varianten. Eine ganz besonders ausgefeilte ist die folgende: Wir bestimmen zunächst die Längen der beiden Texte und zudem auch die größere von beiden, die wir in der Variablen `max_length` speichern.

Nun durchlaufen wir mit einer `for`-Schleife die Texte bis zu diesem Maximalwert. Wir können per Indexzugriff ein einzelnes Zeichen extrahieren – vorab prüfen wir aber, ob der aktuelle Index noch im Bereich der Länge des jeweiligen Strings ist:

```python
def string_merge(input1, input2):
    length1 = len(input1)
    length2 = len(input2)
    max_length = max(length1, length2)

    result = ""
    for i in range(max_length):
        if i < length1:
            result += input1[i]
        if i < length2:
            result += input2[i]

    return result
```

Probieren wir diese schon etwas komplexere Funktionalität mit ein paar Eingaben aus:

```python
print(string_merge("ACE", "BDFGH"))
print(string_merge("ACEGH", "BDF"))
print(string_merge("First Try", "Second Attempt"))
```

Es kommt zu folgenden Ausgaben:

```
ABCDEFGH
ABCDEFGH
FSiercsotn dT rAyttempt
```

Interessant ist auch der Fall, wenn einer von beiden Texten leer ist – das führt uns fast zum Thema Testen und Auswahl zu prüfender Wertebelegungen (siehe Abschnitt 14.3).

```python
print(string_merge("", "Not Empty"))
```

Als Ergebnis erhält man:

```
Not Empty
```

4 Klassen und Objektorientierung

Immer wieder hört man, Python unterstütze neben der imperativen, skriptbasierten Programmausführung (also einer Abarbeitung von Python-Anweisungen) auch die objektorientierte Programmierung. Doch was hat es mit dieser Aussage auf sich? Lassen Sie es uns in diesem Kapitel herausfinden.

Die zugrunde liegende Idee der Objektorientierung (OO) ist es, Zustand (Daten) mit Verhalten (Funktionen auf diesen Daten) zu verbinden. Die objektorientierte Programmierung nutzt Klassen und Objekte, um Programme zu strukturieren und Funktionalität bereitzustellen. Das mag noch etwas abstrakt klingen, sollte aber im Laufe der Lektüre dieses Kapitels klarer werden. Starten wir unsere Entdeckungsreise.

4.1 Schnelleinstieg

Bevor wir uns Klassen anschauen, wollen wir einmal überlegen, wie wir zusammengehörende Informationen mit unserem bisherigen Wissensstand ausdrücken könnten. Nehmen wir etwa eine Person und ein Auto. Bereits diese lassen sich nicht mehr nur mit einzelnen Strings oder Zahlen modellieren, sondern wir benötigen mehrere Variablen zur Beschreibung der Eigenschaften. Insbesondere sehen wir hier auch schon den Einsatz eines Datums und der intuitiv verständlichen Klasse date aus dem Modul datetime (vgl. Abschnitt 10.1.2). Generell könnten wir für zusammengehörende Werte ein Präfix, also den gleichen Start des Variablennamens, nutzen, um diesen Sachverhalt auszudrücken. Hier verwenden wir person und car als Präfix:

```
>>> import datetime
>>> person_firstname = "Michael"
>>> person_lastname = "Inden"
>>> person_birthday = datetime.date(1971, 2, 7)
>>> person_birthday
datetime.date(1971, 2, 7)

>>> car_brand = "Renault"
>>> car_color = "PETROL"
>>> car_horse_power = 170
```

Das geht tatsächlich noch ganz gut, wenn nur recht wenige Werte zu modellieren sind. Gewöhnlich wollen wir aber diverse Dinge in unseren Programmen verarbeiten. Je mehr dies werden, desto eleganter und sinnvoller ist eine zusätzliche Möglichkeit zur Strukturierung von Daten (und zugehörigen Funktionalitäten – später mehr dazu).

4.1.1 Grundlagen zu Klassen und Objekten

Wie schon angedeutet, besteht der Kerngedanke bei der objektorientierten Softwareentwicklung darin, den Programmablauf als ein Zusammenspiel von Objekten und ihren Interaktionen aufzufassen. Dabei erfolgt eine Anlehnung an die reale Welt. Dort sind Objekte, etwa Personen, Autos usw., und ihre Interaktionen ein wesentlicher Bestandteil. All diese Dinge werden durch spezielle Merkmale und Verhaltensweisen charakterisiert. Betrachten wir dies am Beispiel: Im realen Leben ist ein Auto ein Objekt. Ein solches Auto hat Eigenschaften (Attribute), wie z. B. Gewicht und Farbe, und Verhaltensweisen (Methoden), wie z B. Fahren und Bremsen. Eine Klasse kann man sich wie einen Bauplan oder eine Konstruktionsbeschreibung für die Erstellung von Objekten vorstellen. Bevor wir das Ganze in Aktion erleben, vorab ein ganz klein wenig Theorie.

Theorie: Klassen und Objekte

Sprechen wir beispielsweise über ein spezielles Auto, etwa das von Hans Mustermann, so reden wir über ein konkretes *Objekt*. Sprechen wir dagegen abstrakter von Autos, dann meinen wir eine Klasse. Eine *Klasse* ist demnach eine Strukturbeschreibung für Objekte und umfasst eine Menge von *Attributen* und *Methoden*, die in der Regel auf diesen Attributen arbeiten und damit Verhalten definieren. Methoden sind damit wie Funktionen, die für Objekte definiert sind. Eine Methode »bremsen« kann z. B. das Attribut »Geschwindigkeit« ändern. Schließlich ist ein Objekt eine konkrete Ausprägung (*Instanz*) einer Klasse.

Klassen definieren

Mit dem Schlüsselwort `class` erzeugt man einen Bauplan (eine Klasse) und damit auch einen neuen Typ. Standardmäßig startet ein Klassenname in Python mit einem Großbuchstaben. Nachfolgend ist dies für Autos vom Typ `Car` mit drei Attributen, je eins für die Marke, die Farbe und für die Motorleistung, gezeigt. Diese werden in einer speziellen – durch doppelte Unterstriche als intern gekennzeichnete – Methode namens `__init__()` angegeben. Dies ist die Konstruktionsmethode, auch »Konstruktor« genannt, die immer aufgerufen wird, wenn ein neues Objekt vom Typ `Car` entsteht. Darüber hinaus sehen wir noch `self`. Damit wird das Objekt selbst bezeichnet – etwas viel Neues, aber das wird sich gleich alles klären.

```
>>> class Car:
...     def __init__(self):
...         self.brand = None
...         self.color = None
...         self.horse_power = 0
...
```

Offensichtlich sind die Attribute noch nicht mit sinnvollen Werten belegt. Generell ist es empfehlenswert, die Attribute in der Konstruktionsmethode direkt auch mit Werten zu belegen und diese dazu als Parameter zu übergeben. Hierbei hilft `self`, um gleichnamige Attribute und Parameter unterscheiden zu können:

```
>>> class Car:
...     def __init__(self, brand, color, horse_power):
...         self.brand = brand
...         self.color = color
...         self.horse_power = horse_power
...
```

Ein Objekt erzeugen

Wir haben gerade die Klasse mit dem Namen `Car` implementiert, sodass wir diese nun zum Erstellen von Objekten verwenden können. Genau wie wir bisher Variablen benutzt haben, können wir dies für Klassen auch tun, also lediglich einen Variablennamen angeben. Um nun ein Objekt vom Typ `Car` zu erstellen, nutzen wir einfach den Klassennamen und runde Klammern, also fast wie ein Funktionsaufruf. Man spricht auch von Konstruktion. Nachfolgend wird demnach ein neues Objekt der Klasse `Car` mit dem Namen `my_car` erzeugt:

```
>>> my_car = Car("VW", "YELLOW", 75)
>>> my_car
<__main__.Car object at 0x1049e7ca0>
```

Um die kryptische Ausgabe zu verstehen, müssen wir ein wenig Theorie einschieben.

Theorie: Referenz und Identität

Wie bereits erwähnt, ist jedes Objekt durch seinen **Zustand** (Belegung der Attribute) und sein **Verhalten** (Methoden) definiert. Es gibt jedoch ein weiteres Unterscheidungskriterium: Bekanntermaßen entstehen bei der Konstruktion neue Objekte. Diese werden im Hauptspeicher des Computers verwaltet und besitzen unterschiedliche Speicheradressen. Man spricht in diesem Zusammenhang von **Referenz** oder auch **Identität**.

Definiert man in Python eine Variable vom Typ einer Klasse, so stellt diese demnach nicht das Objekt selbst dar, sondern nur eine Referenz auf das Objekt. Eine solche Variable ist ein Verweis, um das Objekt zu erreichen[1] und mit dessen Daten und Methoden zu arbeiten. Abbildung 4-1 zeigt dies für eine Referenzvariable `my_car`, die auf ein Objekt vom Typ `Car` verweist und somit Zugriff auf dessen Attribute (hier z. B. `brand` und `horse_power`) sowie dessen Methoden erlaubt.

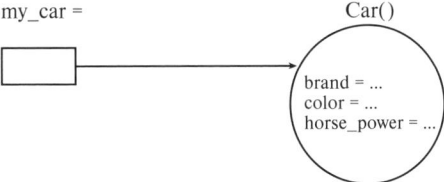

Abbildung 4-1 *Objekterzeugung und -referenzierung*

---

[1]Dies entspricht der Adresse im Speicher, wo das Objekt nach seiner Erzeugung abgelegt ist.

Die folgende Abbildung 4-2 zeigt die Referenzierung desselben Objekts durch mehrere Referenzvariablen, hier `my_car` und `other_car`.

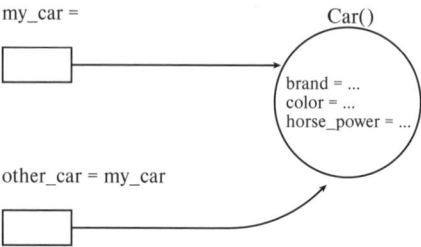

Abbildung 4-2 *Mehrfache Referenzierung eines Objekts*

Bereits beim bloßen Betrachten erahnt man mögliche Auswirkungen von Änderungen von Attributen: Wird etwa der Wert des Attributs `brand` oder `horse_power` für das durch `my_car` referenzierte `Car`-Objekt verändert, so wirkt sich das natürlich auch in dem durch `other_car` referenzierten Objekt aus. Das ist in diesem Beispiel noch leicht verständlich, verweisen doch beide Referenzen auf *dasselbe* Objekt.

　　Betrachten wir aber noch ein weiteres Detail: In der Abbildung haben wir schon folgende Anweisungen nachvollzogen, die offensichtlich beide auf dieselbe Stelle im Speicher und damit das gleiche Objekt verweisen:

```
>>> my_car = Car("VW", "YELLOW", 75)
>>> other_car = my_car
>>> my_car
<__main__.Car object at 0x1049f5f10>
>>> other_car
<__main__.Car object at 0x1049f5f10>
```

Wollen wir den Verweis von `other_car` löschen, so können wir diesen mit der `None`-Referenz belegen. Dadurch zeigt die Variable einfach nirgendwo hin. Deswegen lässt sich mit dem Wert `None` auch prüfen, ob Variablen bereits initialisiert sind, also ein Objekt dafür erzeugt wurde. Und noch etwas: Wenn wir `other_car` mit `None` belegen, so betrifft dies die andere Referenz nicht:

```
>>> other_car = None
>>> my_car
<__main__.Car object at 0x1049f5f10>
```

Allerdings ist die kryptische Konsolenausgabe, die lediglich den Typ sowie die Adresse im Speicher ausgibt, langsam wirklich störend. Das gilt insbesondere, weil es doch eher mühsam ist, die Referenzen zu vergleichen und man eher an den Werten der Attribute interessiert ist. Wir schauen noch kurz auf ein paar Details zu Attributen. Dabei lernen wir dann die Abhilfe zur Verbesserung der Konsolenausgabe kennen.

4.1.2 Eigenschaften (Attribute)

Zugriff auf die Attribute

Der Zugriff auf die Eigenschaften (Attribute) eines Objekts erfolgt durch die Verwendung der Punktnotation (`object.attribute`). Im folgenden Beispiel greifen wir auf alle Attribute des Objekts `my_car` zu:

```
>>> my_car.brand
'VW'
>>> my_car.color
'YELLOW'
>>> my_car.horse_power
75
```

Objektzustand

Die momentane Wertebelegung der Attribute eines Objekts, etwa die Farbe und das Gewicht, wird *Objektzustand* genannt. Die Wertebelegungen können sich im Programmablauf ändern. Beispielsweise ändert sich die Farbe des Autos durch eine neue Lackierung. Bei Personen ändert sich etwa das Alter oder der Beziehungsstatus.

Unveränderlicher Zustand   Interessanterweise gibt es noch ein weiteres Detail zu beachten: Beim Programmieren und im realen Leben existieren verschiedene Dinge, die nach der Erstellung bzw. Initialisierung unveränderlich sind. Bei Personen ist das etwa das Geburtsdatum, bei Autos ist es die Marke usw. Wir lernen später, wie wir für Attribute durch eine spezielle Benennung eine Art Kapselung realisieren und wie diese vor unerwünschten Modifikationen durch andere Objekte schützt.

Wertebelegung der Attribute ändern

Analog zum realen Leben ändern sich für Objekte die Eigenschaften, etwa die Geschwindigkeit eines Autos beim Gasgeben oder Bremsen.

Zwar besitzen die Attribute in unserem Beispiel eine sinnvolle Erstbelegung, aber für die folgenden Aktionen soll unser Auto einen blauen Audi mit 220 PS repräsentieren. Genau wie die bisher genutzten Variablen können wir auch mit den Attributen von Objekten verfahren, nämlich eine Zuweisung ausführen und dabei die schon erwähnte Punktnotation verwenden:

```
>>> my_car.brand = "Audi"
>>> my_car.color = "BLUE"
>>> my_car.horse_power = 220
```

Durch die drei Zuweisungen ist aus dem gelben VW mit 75 PS ein blauer Audi mit 220 PS geworden. Prüfen wir das durch eine Konsolenausgabe nach:

```
>>> print(my_car)
<__main__.Car object at 0x1049f5f10>
```

Ach ja, die kryptische Ausgabe auf der Konsole war ein noch zu lösendes Problem. Was tun wir zur Abhilfe? Dazu müssen wir die Methode __str__ () [2] implementieren. Diese wird von Python immer dann automatisch aufgerufen, wenn eine Stringrepräsentation für ein Objekt bei Aufruf von print () oder str () benötigt wird. Wir ergänzen unsere Klasse wie folgt:

```python
class Car:
    def __init__(self, brand, color, horse_power):
        self.brand = brand
        self.color = color
        self.horse_power = horse_power

    def __str__(self):
        return f"Marke: {self.brand} / Farbe: {self.color} /" + \
            f" PS: {self.horse_power}"
```

Hier sehen wir noch, wie wir einen langen String in zwei Zeilen aufbrechen. Schauen wir uns an, was das bewirkt. Wir erzeugen uns dazu ein neues Auto:

```python
>>> my_car = Car("VW", "YELLOW", 75)
>>> my_car
<__main__.Car object at 0x100c17b50>
>>> print(my_car)
Marke: VW / Farbe: YELLOW / PS: 75
```

Zumindest ist die Konsolenausgabe nun deutlich informativer, allerdings nur, wenn wir print () aufrufen – für eine gelungene Ausgabe von Objekten im Python-Kommandozeileninterpreter muss man noch die Funktion __repr__ () implementieren. Beide Funktionen liefern einen String, bei __str__ () soll dieser menschenlesbar sein und bei __repr__ () so gestaltet sein, dass man daraus leicht wieder ein Objekt erzeugen kann. Für unseren Wissensstand reicht es hier, __repr__ () analog zu __str__ () zu realisieren, idealerweise durch einen direkten Aufruf:

```python
class Car:
    def __init__(self, brand, color, horse_power):
        self.brand = brand
        self.color = color
        self.horse_power = horse_power

    def __str__(self):
        return f"Marke: {self.brand} / Farbe: {self.color} /" + \
            f" PS: {self.horse_power}"

    def __repr__(self):
        return self.__str__()
```

Damit erhalten wir auch bei Experimenten auf der Konsole eine sinnvolle Ausgabe:

```python
>>> my_car = Car("VW", "YELLOW", 75)
>>> my_car
Marke: VW / Farbe: YELLOW / PS: 75
>>> print(my_car)
Marke: VW / Farbe: YELLOW / PS: 75
```

---

[2] Wie schon erwähnt, kennzeichnet ein doppelter Unterstrich in Python spezielle interne Methoden. Später dazu mehr in Abschnitt 4.2.4.

4.1.3 Verhalten (Methoden)

Lassen Sie uns nun weitere verhaltensdefinierende Methodem hinzufügen. Allerdings wird das Editieren im Python-Kommandozeileninterpreter so langsam etwas umständlich. Alternativ können Sie die Programmzeilen auch in einem Texteditor schreiben und dann in den Python-Kommandozeileninterpreter kopieren – dabei muss man aber penibel auf die Einrückungen achten und auch für Leerzeilen dann entsprechend viele Leerzeichen vorsehen. *Im Normalfall empfiehlt sich zum Bearbeiten von Python-Programmen eine IDE*. Damit beginnen wir spätestens, wenn wir uns im übernächsten Abschnitt mit dem Erstellen ausführbarer Klassen beschäftigen.

Verhalten definieren

Wenn wir wieder die Analogie zum realen Leben bemühen, wäre es ziemlich langweilig, wenn es keine Veränderungen geben würde. Autos können die Geschwindigkeit ändern, ein Tuning Kit erhalten oder im Autoradio wechseln Sie den Sender.

Für unser Beispiel wollen wir Autos neu lackieren können. Zum Wechseln der Farbe fügen wir eine Methode `paint_with(new_color)` hinzu:

```python
class Car:
    def __init__(self, brand, color, horse_power):
        self.brand = brand
        self.color = color
        self.horse_power = horse_power

    def __str__(self):
        return f"Marke: {self.brand} / Farbe: {self.color} /" + \
            f" PS: {self.horse_power}"

    def __repr__(self):
        return self.__str__()

    def paint_with(self, new_color):
        self.color = new_color
```

Nachfolgend werden wir aus einem orangen VW einen grünen machen:

```python
my_car = Car("VW", "ORANGE", 123)
my_car.paint_with("GREEN")

print(my_car)
```

Erwartungskonform erhalten wir diese Ausgabe:

```
Marke: VW / Farbe: GREEN / PS: 123
```

Wie wäre es, wenn wir nun eine weitere Methode zum Tuning hinzufügen?

```
class Car:
    # wie oben

    def apply_tuning_kit(self):
        self.horse_power += 150
```

Erneut erzeugen wir durch einen Konstruktoraufruf mit passenden Parametern ein neues Auto in Form eines `Car`-Objekts. Für unseren Ferrari nutzen wir gleich noch das Tuning Kit durch Aufruf von `apply_tuning_kit()`, was dann 150 PS mehr bringt:

```
>>> my_ferrari = Car("Ferrari", "RED", 550)
>>> my_ferrari.apply_tuning_kit()
>>> my_ferrari
Marke: Ferrari / Farbe: RED / PS: 700
```

Tipp: Gedanken zur Erweiterung

Eigentlich sollte das Tuning Kit nicht mehrmals angewendet werden können. Wie verhindert man das? Eine Möglichkeit besteht darin, ein zusätzliches Attribut in Form einer `bool`-Variable `is_tuned` bereitzustellen. Diese Variable kann dann speichern, dass bereits einmal ein Tuning erfolgt ist.

Verhalten für Klassen definieren – statische Methoden und Variablen

Wir haben gerade gesehen, wie wir mithilfe von Methoden das Verhalten von Objekten definieren. Darüber hinaus ist es auch möglich, sowohl Methoden als auch Variablen für Klassen zu definieren. Diese sind dann keinem Objekt zugeordnet, sondern der Klasse selbst. Dazu dient eine Kennzeichnung mit `@staticmethod`, das der Definition vorangestellt wird. Man spricht dann von einer *statischen Methode*. Für Variablen gilt Folgendes: All diejenigen, die innerhalb einer Klasse definiert sind, aber nicht innerhalb einer Methode, werden als statisch angesehen. Man spricht dann von einer *statischen Variablen*.

Wir nutzen nochmals ein kleines Beispiel. Nachfolgend werden in einer Klasse `StaticExample` sowohl eine statische Methode und Variable als auch eine »normale« Objektmethode definiert:

```
class StaticExample:
    static_info = "Class wide info"

    @staticmethod
    def generate_info():
        print("static methods can be called without creating objects")
        return "Special Information"

    def object_method(self):
        print("object methods must be called on objects")
        print("static methods/variables are accessible")
        return StaticExample.static_info
```

Die Unterschiede zwischen den beiden Arten von Methoden sind im Listing schon durch die Texte der Konsolenausgaben angedeutet. Eine statische Methode kann ohne vorheriges Erzeugen einer Instanz aufgerufen werden. Dazu nutzt man die Punktnotation mit dem Klassennamen – Gleiches gilt für statische Variablen:

```
>> StaticExample.generate_info()
static methods can be called without creating objects
'Special Information'
>>> StaticExample.static_info
'Class wide info'
```

Für Objektmethoden bedarf es einer Instanz der Klasse. Versucht man es wie zuvor gezeigt, erhält man eine Fehlermeldung. Deshalb erzeugen wir ein Objekt und rufen die Methode erneut auf:

```
>>> StaticExample.object_method()
Traceback (most recent call last):
  File "<stdin>", line 1, in <module>
TypeError: object_method() missing 1 required positional argument: 'self'

>>> se = StaticExample()
>>> se.object_method()
object methods must be called on objects
static methods/variables are accessible
'Class wide info'
```

4.1.4 Objekte vergleichen – die Rolle von __eq__()

Immer mal wieder kann es nötig sein, zwei Objekte miteinander zu vergleichen. Für Zahlen haben wir dazu == genutzt. Schauen wir einfach mal, was passiert, wenn wir das für Objekte genauso machen. Dazu konstruieren wir zwei inhaltlich gleiche Objekte vom Typ Car wie folgt:

```
>>> toms_car = Car("Audi", "BLUE", 275)
>>> jims_car = Car("Audi", "BLUE", 275)
>>> toms_car == jims_car
False
```

Zwar scheinen diese Objekte für uns Menschen gleich zu sein, aber für den Computer sind sie es nicht! Wieso? Der Computer unterscheidet verschiedene Formen von Gleichheit! Für Objekte existieren nämlich die inhaltliche Gleichheit sowie die sogenannte Referenzgleichheit oder Identität. Tatsächlich tun wir das in der Realität genauso: Wir unterscheiden bei Objekten, ob es das gleiche oder dasselbe (identisch) ist. Wenn Peter und Michael zwei Bücher gleichen Titels besitzen, dann sind es zwei Exemplare des gleichen Buchs. Diese sind aber nicht dasselbe Exemplar. Genauso können Tom und Jim jeweils einen blauen Audi mit 275 PS besitzen, ohne dass es sich um dasselbe Auto handelt. Es ist eben das gleiche Auto, also mit gleichen Eigenschaften.

Schauen wir der Vollständigkeit halber noch auf die Klassendefinition, die gleich passend erweitert wird:

```python
class Car:
    def __init__(self, brand, color, horse_power):
        self.brand = brand
        self.color = color
        self.horse_power = horse_power

    def __str__(self):
        return f"Marke: {self.brand} / Farbe: {self.color} /" + \
            f" PS: {self.horse_power}"

    def __repr__(self):
        return self.__str__()

    def paint_with(self, new_color):
        self.color = new_color

    def apply_tuning_kit(self):
        self.horse_power += 150
```

Vergleich von Objekten

Kommen wir zum Vergleich von Objekten zurück. Dafür gibt es unter anderem folgende Möglichkeiten, die jedoch gewisse Besonderheiten besitzen, die man kennen sollte, um Probleme zu vermeiden:

1. **Operator 'is'** – Mit dem Operator 'is' werden Referenzen verglichen. Somit wird auf Identität geprüft, also, ob es sich um *dieselben* Objekte handelt.
2. **Operator '=='** – Mit dem Operator '==' werden zwei Objekte bezüglich ihres Zustands (d. h. der Wertebelegung der Attribute) verglichen. Zum inhaltlichen Vergleich eigener Klassen ist dort die Methode __eq__() selbst zu implementieren. Standardmäßig erfolgt sonst lediglich ein Vergleich der beiden Referenzen mit dem Operator 'is'. In eigenen Realisierungen muss derjenige Teil des Objektzustands verglichen werden, der für die **semantische Gleichheit**, also die inhaltliche Gleichheit, relevant ist.

Puh, das war jetzt etwas theoretisch. Allerdings ist durch die bisherigen Erklärungen nun klar, dass ein Vergleich mit == den Wert False liefert. Es wird hier keine inhaltliche Gleichheit erkannt, weil wir dazu die Methode __eq__() selbst definieren müssen.

Implementierung von __eq__()

Eine Umsetzung in der Praxis ist relativ einfach nach folgendem Vorgehen möglich:

1. **Typprüfung** – Um nicht Äpfel mit Birnen zu vergleichen, sichern wir vor dem inhaltlichen Vergleich ab, dass nur Objekte des gewünschten Typs verglichen werden. Zur Typprüfung verwenden wir die Funktion isinstance() – Details finden Sie in Abschnitt 4.3.2.

2. **Objektvergleich** – Anschließend werden diejenigen Attributwerte verglichen, die
   für die Aussage »Gleichheit« relevant sind. Die hierzu notwendigen Attribute des
   Objekts werden (z. B. in der Reihenfolge ihrer Definition oder des ersten vermute-
   ten Unterschieds) per Operator == auf Gleichheit geprüft. Beachten Sie dazu bitte
   die Ausführungen im folgenden Hinweiskasten.

Basierend auf diesen Erkenntnissen ergibt sich folgende Realisierung für die __eq__()-
Methode für die Klasse Car, die wir in die zuvor gezeigte Klasse integrieren:

```python
def __eq__(self, other):
    if not isinstance(other, Car):
        return False

    return self.brand == other.brand and \
           self.color == other.color and \
           self.horse_power == other.horse_power
```

Nach Integration dieser Erweiterung wiederholen wir unseren Vergleich. Da nun die
jeweiligen Attribute auf Übereinstimmung geprüft werden, erhalten wir nun True als
Resultat. Ein Vergleich mit is liefert selbstverständlich False, da es sich ja um unterschiedliche Objekte handelt:

```python
>>> toms_car = Car("Audi", "BLUE", 275)
>>> jims_car = Car("Audi", "BLUE", 275)
>>> print(toms_car == jims_car)
True
>>>
>>> toms_car is jims_car
False
```

Hinweis: Vergleich von Gleitkommazahlen (float)

Aufgrund der systemimmanenten Ungenauigkeit bei Berechnungen mit Gleitkommazahlen müssen wir bei deren Vergleich besondere Vorsicht walten lassen bzw.
sie in Implementierungen von __eq__() möglichst vermeiden. Folgendes Beispiel
verdeutlicht warum:

```python
>>> 2.71 + 0.01 == 2.72
False
```

Sofern dringend benötigt, kann man sich zum Vergleich von Gleitkommazahlen eine
Hilfsmethode is_equal_within_precision(value, expected, epsilon)
wie folgt definieren:

```python
def is_equal_within_precision(value, expected, epsilon):
    return expected - epsilon < value < expected + epsilon
```

Damit werden alle Werte für den erwarteten und den zu prüfenden Wert als »gleich«
angesehen, falls deren Differenz kleiner als »Epsilon« ist.

4.2 Nächste Schritte

4.2.1 Klassen ausführbar machen

In der Einleitung habe ich geschrieben, dass sich die Funktionalität objektorientierter Programme aus dem Zusammenspiel verschiedener Klassen ergibt. Demzufolge muss es zumindest einen Startpunkt, die Hauptapplikation, geben.

Möchte man dazu aus einer Klasse eine ausführbare Einheit machen, so empfiehlt es sich, dieser Klasse eine Funktion mit dem Namen `main` folgendermaßen hinzuzufügen und diese abhängig von der automatisch von Python gesetzten internen Variablen `__name__` (vgl. Abschnitt 2.7) aufzurufen:

```
def main():
    # Hauptprogramm


if __name__ == "__main__":
    main()
```

Applikation als Klasse definieren

Wenden wir uns unserem Beispiel der Autos zu. Zwar könnte man dort in der Klasse `Car` eine `main()`-Funktion ergänzen, aber das wäre recht unnatürlich, weil diese Klasse ja Dinge modelliert. Es bietet sich an, die eigentliche Applikation als eine separate Klasse zu modellieren.

Wie gerade motiviert, besteht ein Python-Programm in der Regel aus vielen Modulen und Klassen. Normalerweise dienen einige davon zum Verwalten von Daten, andere stellen Funktionalitäten bereit und oftmals gibt es eine spezielle Klasse, die die Hauptapplikation enthält. In dieser wird dann gewöhnlich die `main()`-Funktion definiert.

Für unser Beispiel könnte das Hauptprogramm etwa eine Klasse `CarManagement-Application` sein, die zur Verwaltung von Autos eines Autohändlers dient. Exemplarisch gehen wir von einem feststehenden Bestand an Autos als Liste mit `Car`-Objekten aus und bieten zwei Suchen oder Filterungen an, nämlich nach Marke und nach Mindest-PS. Für beides realisieren wir korrespondierende Methoden. Dabei nutzen wir einmal die `for-in`-Schleife mit Werten und alternativ einmal mit einer Bereichsangabe mit `range()`, um beide nochmals zu wiederholen.

```
// ... Car wie zuvor definiert ..


class CarManagementApplication:
    def __init__(self):
        self.available_cars = [Car("Renault", "BLUE", 75),
                               Car("Renault", "PETROL", 175),
                               Car("Ferrari", "RED", 455),
                               Car("BMW", "GREEN", 255),
                               Car("BMW", "YELLOW", 125),
                               Car("VW", "WHITE", 65),
                               Car("VW", "BLUE", 105)]
```

```
    def filter_by_brand(self, brand):
        for current_car in self.available_cars:
            if current_car.brand == brand:
                print(current_car)

    def filter_by_horse_power_greater_than(self, min_horse_power):
        for i in range(len(self.available_cars)):
            if self.available_cars[i].horse_power > min_horse_power:
                print(self.available_cars[i])

// ...
```

Für die Hauptapplikation wird der Programmablauf in `main()` beschrieben. Dort erzeugen wir eine Instanz der Klasse `CarManagementApplication` und führen dann zwei Suchen durch, einmal nach der Marke »Renault« und einmal nach mehr als 150 PS:

```
// ...

def main():
    app = CarManagementApplication()

    print("Alle Renaults im Angebot:")
    app.filter_by_brand("Renault")

    print()

    print("Alle Autos mit mehr als 150 PS:")
    app.filter_by_horse_power_greater_than(150)


if __name__ == "__main__":
    main()
```

Wenn wir diese Klasse als Modul definieren, dann können wir diese auf der Konsole folgendermaßen starten:

```
python3 carmanagementapplication.py
```

Dabei kommt es zu folgenden Programmausgaben, die die beiden Filterungen zeigen:

```
Alle Renaults im Angebot:
Marke: Renault / Farbe: BLUE / PS: 75
Marke: Renault / Farbe: PETROL / PS: 175

Alle Autos mit mehr als 150 PS:
Marke: Renault / Farbe: PETROL / PS: 175
Marke: Ferrari / Farbe: RED / PS: 455
Marke: BMW / Farbe: GREEN / PS: 255
```

Verbesserungspotenziale Wenn wir etwas nachdenken, könnte uns folgendes Verbesserungspotenzial auffallen: Das Filtern sollte sich allgemeingültiger lösen lassen. Um das realisieren zu können, behandelt Abschnitt 7.5 die Built-in-Funktion `filter()`.

4.2.2 Imports und Packages

Ein bereits angedeuteter Vorteil der Objektorientierung ist die Wiederverwendung. Dabei existieren verschiedene Formen. Am einfachsten ist das Verwenden von Funktionalitäten aus anderen Modulen und Klassen. Das haben wir gerade für die Autoverwaltung gesehen. Dazu muss man Zugriff auf die anderen Klassen besitzen und diese referenzieren. Das nennt man auch »importieren«. Die Quelle sind oftmals Packages, Module und Klassen.

Packages

Wenn Ihre Programme größer werden und mehrere Klassen umfassen, dann kommt schnell der Wunsch auf, diese passend zu gruppieren, etwa eine Aufteilung in Hilfsklassen, Klassen für die Modellierung und das Hauptprogramm vorzunehmen. Je umfangreicher eine Anwendung wird, also je mehr Module diese enthält, desto wichtiger ist eine Gruppierung und Strukturierung.

Dazu kann man die Module in verschiedenen Verzeichnissen ablegen. Ergänzend existiert in Python das Konzept der Packages, die einen sogenannten Namensraum unter Verwendung der Punktnotation bilden. Damit wird es möglich, gleichnamige Module in unterschiedlichen Packages zu definieren, also z.B.: `cars.motors` und `boats.motors`. Tatsächlich entspricht jedes Package einem Verzeichnis, das jedoch eine spezielle Datei namens `__init__.py` enthalten muss. Diese Datei kann leer sein und zeigt dann lediglich an, dass das Verzeichnis ein Package ist.

Übrigens spielt die Datei `__init__.py` eine ähnliche Rolle wie die Funktion `__init__()` in einer Python-Klasse. Die Datei kann man als den Konstruktor des Packages ansehen. Dort können beliebige Python-Anweisungen ausgeführt werden, insbesondere auch Daten initialisiert werden, die dann für andere bereitstehen. Diese Datei wird immer dann ausgeführt, wenn das Package direkt bzw. indirekt (also Funktionalität daraus) importiert wird.

Benutzerdefinierte Packages anlegen

Packages entsprechen, wie erwähnt, speziellen Verzeichnissen im Dateisystem. Benötigen Sie ein neues Package, so müssen Sie im Dateisystem ein neues gleichnamiges Verzeichnis sowie darin die Datei namens `__init__.py` anlegen. Bequemer lässt sich ein neues Package mit der IDE erstellen. Dann werden zudem automatisch das korrespondierende Verzeichnis sowie die markierende Datei angelegt.

4.2.3   Übergang zum Einsatz einer IDE

Bislang haben wir vorwiegend den Python-Kommandozeileninterpreter genutzt, weil wir dort einfache Beispiele mit ein oder zwei Modulen bzw. Klassen gut nachvollziehbar gestalten können.

Ein Python-Programm besteht normalerweise aber aus mehreren, manchmal sogar aus einer Vielzahl an Modulen und Klassen. Dann helfen IDEs dabei, die Struktur eines Projekts sowie dessen Untergliederung in Packages und Klassen gut handhabbar zu halten. Bei den bislang gezeigten Beispielen und Applikationen mit vorwiegend einer Klasse ist das nur ein geringer Vorteil. Wenn wir uns aber komplexere Applikationen mit einer Vielzahl an Packages und Klassen und somit Verzeichnissen und Dateien vorstellen, wird die manuelle Arbeit doch schnell mühsam und fehlerträchtig.

Wie in der Einführung beschrieben, lassen sich mithilfe von IDEs darüber hinaus Klassen, aber auch Packages ganz einfach anlegen. Auch das Editieren von Sourcecode ist deutlich komfortabler. Das gilt ebenfalls für die Programmausführung.

Für die kommenden, etwas umfangreicheren Klassen oder Python-Programme werden wir bevorzugt die IDE nutzen. Exemplarisch zeige ich als Erinnerung und Ergänzung folgende wichtige Schritte:

- Projekt in PyCharm anlegen
- Modul anlegen
- Sourcecode editieren
- Klasse ausführen

Projekt in PyCharm anlegen

Legen Sie ein neues Python-Projekt an, wie es in der Einführung in Abschnitt 1.3.3 beschrieben wurde. Zur Erinnerung: Öffnen Sie das Hauptmenü und wählen Sie dort `File > New Project...` Im erscheinenden Dialog geben Sie dann unter Location hinten den gewünschten Projektnamen ein und erzeugen das Projekt durch Drücken des Create-Buttons. Danach werden Sie noch gefragt, ob Sie das Projekt in einem separaten Fenster öffnen wollen, was Sie bestätigen.

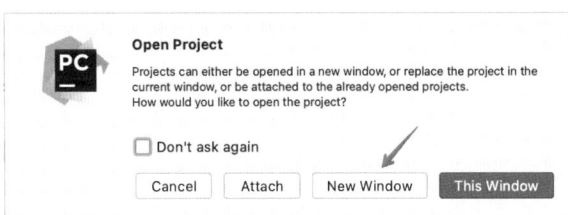

Abbildung 4-3 *Dialog beim Öffnen eines Projekts*

Modul anlegen

Ausgangspunkt zum Anlegen eines Moduls ist die Baumdarstellung auf der linken Seite im Project Explorer. Dort öffnet man ein Kontextmenü unter anderem mit dem Eintrag `New > Python File`.

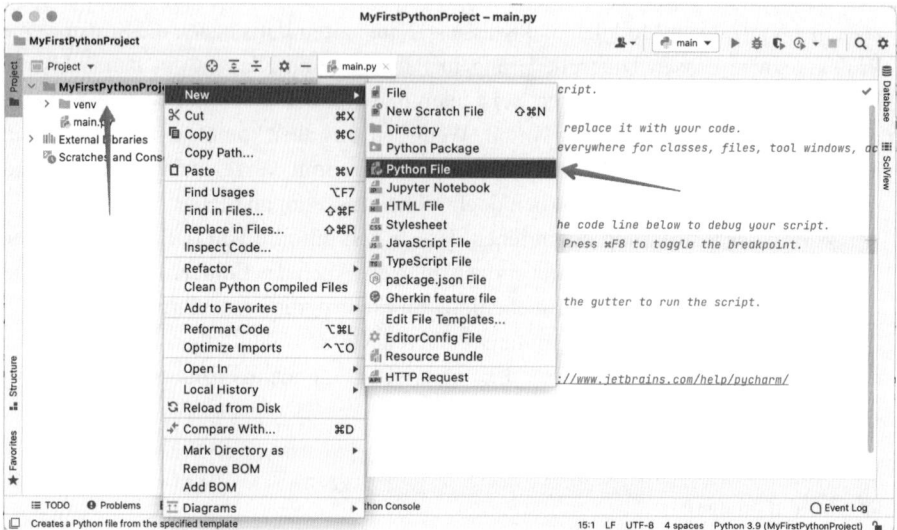

Abbildung 4-4 *Kontextmenü zum Anlegen einer Python-Datei*

Durch Auswahl des Kontextmenüs öffnet sich folgender Dialog zum Erzeugen einer neuen Python-Datei:

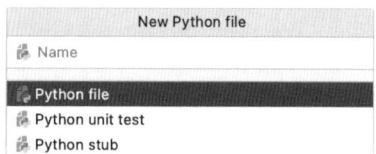

Abbildung 4-5 *Dialog zum Erstellen einer neuen Python-Datei*

Im Dialog muss man den gewünschten Dateiname eingeben, woraufhin die Datei dann erzeugt wird.

Sourcecode editieren

Nachdem das Grundgerüst steht, können Sie dann den Sourcecode aus den Beispielen im Editor einfügen bzw. abtippen. Praktischerweise findet sich dort schon ein einfaches Grundgerüst als Datei `main.py`:

Abbildung 4-6 *Sourcecode editieren*

Klasse ausführen

Sicherlich wollen Sie das so entstandene Python-Programm auch mal in Aktion erleben. Mithilfe des Kontextmenüs oder des grünen Play-Pfeils kann man dann die Ausführung starten – wobei immer das zuletzt ausgeführte Programm gemerkt wird. Um dies zu ändern, kann man ein anderes Modul mit dem Kontextmenü (Rechts- oder Ctrl-Klick) ausführen.

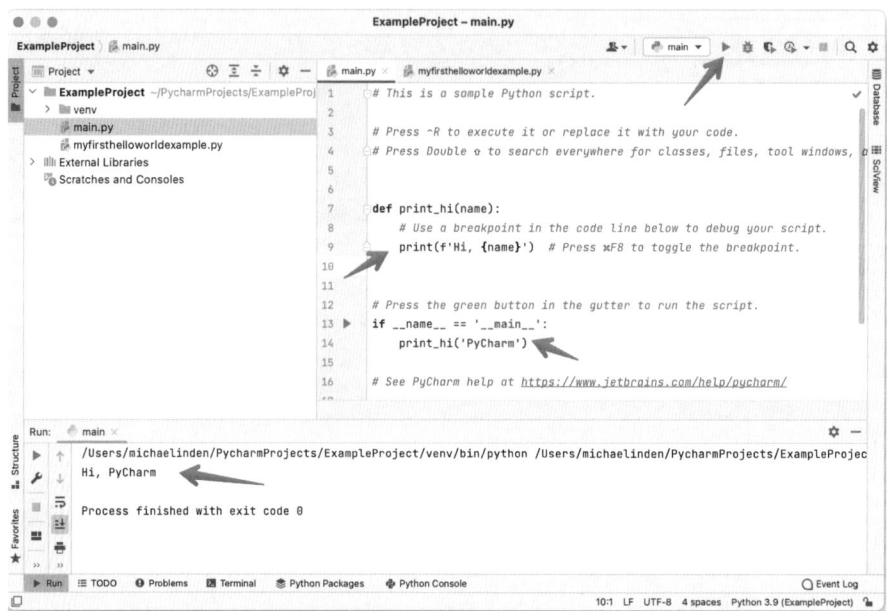

Abbildung 4-7 Programm ausführen

4.2.4   Verstecken von Informationen

Beim Verstecken von Informationen, auch *Kapselung* bzw. *Information Hiding* genannt, möchte man erreichen, dass gewisse Informationen bzw. Modellierungsdetails (also konkret Methoden oder Attribute) einer Klasse nicht nach außen dringen. Wieso ist dies hilfreich? Das erkennen wir, wenn wir über folgende Punkte bei der Modellierung von Klassen nachdenken:

- Geheime Informationen – Stellen wir uns Passwörter vor: Diese möchte man sicher nicht einfach öffentlich zugänglich machen.
- Unveränderliche Informationen – Eine andere Motivation besteht in unveränderlichen Informationen: So ist beispielsweise der Geburtstag eines Menschen fix. Deshalb sollte sich dieser Wert für eine Klasse `Person` nach der Konstruktion nicht ändern (können). Machen wir es etwas handfester: Auch die Automarke steht schon zur Produktion fest. Aus einem Audi oder VW wird kein Porsche werden. Etwas

Ähnliches haben wir aber in der Einführung gemacht, da wurde aus einem VW kurzerhand ein Audi. Vielleicht fühlte sich das für Sie dort bereits etwas merkwürdig an, nun wissen Sie, dass Sie damit richtig lagen. Gutes OO-Design vermeidet derartige Überraschungen.

■ Wertebereiche – Zudem gelten für gewisse Attribute bestimmte gültige Wertebereiche. Obwohl vielleicht der Typ `int` oder `float` genutzt wird, ist nur ein kleiner Bruchteil der Werte auch tatsächlich gültig. Eine untere Grenze ist oftmals der Wert 0, etwa für PS oder Rabatte. Vielfach gibt es auch Obergrenzen.

Wenn wir die Attribute wie bisher einfach so definieren und direkt darauf zugreifen, können wir weder eine Wertebereichsprüfung etablieren noch den Zugriff einschränken. Allerdings sollten wir zumindest spezielle schützenswerte Attribute in ihrer Zugreifbarkeit einschränken. Als Folge müssen wir eine Zugriffsmöglichkeit auf diese Attribute anbieten. Eine Variante sind Zugriffsmethoden, wie man sie aus anderen Programmiersprachen kennt. In Python gibt es ergänzend die Möglichkeit, Properties zu nutzen. Mit beidem können wir bei Bedarf Wertebereiche prüfen, ungültige Aktionen verbieten oder ungewünschte Informationen herausfiltern, wie wir später noch sehen werden.

Sichtbarkeiten / Zugreifbarkeit

Während Sprachen wie Java oder C++ sogenannte Sichtbarkeiten besitzen, um den Zugriff auf private Klassenbestandteile steuern und schützen zu können, ist dies in Python so nicht möglich. Allerdings gibt es mit _ und __ zwei Varianten, um Ähnliches zu erzielen. Was hat es damit auf sich?

■ _ – Wenn Attribute und Methoden in Python mit _ beginnen, dann bedeutet der eine Unterstrich per Konvention, dass diese Methode oder dieses Attribut als privat und Implementierungsdetail der Klasse anzusehen ist. Allerdings wird dies von Python nicht forciert und es werden auch keine Zugriffe unterbunden. Vielmehr ist man dann auf die Beachtung dieser Tatsache durch andere Programmierer angewiesen.

■ __ – Ein solcher doppelter Unterstrich kennzeichnet eine spezielle interne Methode, wie wir dies etwa für `__str__()` oder `__eq__()` bereits gesehen haben. Für Attribute eingesetzt, ist dieses Attribut nicht mehr unter seinem Namen nach außen für andere Klassen sichtbar. Tatsächlich wird der Name dann zu `_ClassName__attribute`. Das gilt ebenfalls für Methoden und dient eigentlich dazu, Methoden in Vererbungshierarchien speziell zugreifbar zu machen.

Auswirkungen auf unsere Klasse `Car`   Bislang besitzt die Klasse `Car` drei Attribute, nämlich für Marke, Farbe und PS. Diese waren bisher einfach zugänglich, sodass wir problemlos die Marke ändern konnten, was wir zuvor schon als nicht erstrebenswert erkannt haben. Schauen wir uns nochmals die Implementierung der Klasse `Car` an:

```python
class Car:
    def __init__(self, brand, color, horse_power):
        self.brand = brand
        self.color = color
        self.horse_power = horse_power

    def __str__(self):
        return f"Marke: {self.brand} / Farbe: {self.color} /" + \
            f" PS: {self.horse_power}"

    def __repr__(self):
        return self.__str__()

    def paint_with(self, new_color):
        self.color = new_color

    def apply_tuning_kit(self):
        self.horse_power += 150

    # __eq__()
    # ...
```

Zwar existieren die verhaltensdefinierenden Methoden `paint_with()` zum Umlackieren und `apply_tuning_kit()` zum Tuning, trotzdem ist es Nutzern möglich, einfach daran vorbei zu programmieren und direkt auf die Attribute zuzugreifen und diese (auch unerwartet) zu modifizieren.

Wir können dem entgegenwirken, indem wir die Attribute als privat bzw. intern, also mit _ markieren. Trotzdem ist es Nutzern immer noch problemlos möglich, darauf zuzugreifen. Wenn man die Zugriffsmöglichkeit einschränken möchte, dann ist dies mit __ stärker möglich. Die Klasse `Car` wird mit Letzterem folgendermaßen angepasst:

```python
class Car:
    def __init__(self, brand, color, horse_power):
        self.__brand = brand
        self.__color = color
        self.__horse_power = horse_power

    def __str__(self):
        return f"Marke: {self.__brand} / Farbe: {self.__color} /" + \
            f" PS: {self.__horse_power}"

    def __repr__(self):
        return self.__str__()

    def paint_with(self, new_color):
        self.__color = new_color

    def apply_tuning_kit(self):
        self.__horse_power += 150

    # Zugriff nach außen gewähren
    def brand(self):
        return self.__brand

    def horse_power(self):
        return self.__horse_power

    # __eq__()
    # ...
```

Wertebereichsprüfungen

Die Kapselung ermöglicht es uns, innerhalb von Methoden verschiedene Prüfungen zu integrieren und ungültige Werte zurückzuweisen. Dazu kommen sogenannte Exceptions zum Einsatz, die wir später in Kapitel 9 genauer besprechen. Nachfolgend wollen wir für Autos die PS-Werte nur im Bereich von 1 bis 2.000 zulassen.

Zunächst implementieren wir den Zugriff mit einer `set()`-Methode, wie man es aus anderen Sprachen kennt:

```python
def set_horse_power(self, horse_power):
    if horse_power <= 0 or horse_power > 2_000:
        raise ValueError("INVALID PS: not in range 1 - 2000")

    self.__horse_power = horse_power
```

Diese Methode gestaltet sich wie folgt in der Handhabung:

```python
my_car.set_horse_power(727)
```

Wertebereichsprüfungen mit Properties Etwas mehr »pythonic« ist es, dies wie einen Attributzugriff aussehen zu lassen. Dazu kann man zwei Methoden definieren und mit @ entsprechend kennzeichnen[3]:

```python
@property
def horse_power(self):
    return self.__horse_power

@horse_power.setter
def horse_power(self, horse_power):
    if horse_power <= 0 or horse_power > 2_000:
        raise ValueError("INVALID PS: not in range 1 - 2000")

    self.__horse_power = horse_power
```

Diese Methoden gestalten sich wie normale Attributzugriffe in der Handhabung. Durch die gezeigte spezielle Kennzeichnung wird aber stattdessen der obige Sourcecode beim lesenden und schreibenden Zugriff ausgeführt:

```python
>>> my_car.horse_power = 1234
>>> print(my_car.horse_power)
1234
```

Somit wird in der folgenden Zeile auch der Wertebereichsverstoß erkannt und es kommt zu folgenden Ausgaben:

```python
>>> my_car.horse_power = 7271
Traceback (most recent call last):
  File "<stdin>", line 1, in <module>
  File "<stdin>", line 31, in horse_power
ValueError: INVALID PS: not in range 1 - 2000
```

---

[3]Das sind Dekoratoren, ein fortgeschritteneres Thema, für dessen Behandlung ich Sie unter anderem auf mein Buch »Python Challenge« [4] verweise.

Dieses Beispiel hat sehr gut verdeutlicht, dass man mit dem hier gezeigten Vorgehen Attribute vor dem direkten Zugriff von außen schützen und bei Bedarf weitere Funktionalitäten ausführen kann – besser noch, die Aufrufer der Klasse sehen dies nicht.

4.2.5   Packages: Auswirkungen auf unsere Applikation

Nachdem wir nun das notwendige Grundwissen zur Bearbeitung und Ausführung von Python-Programmen aufgefrischt oder aufgebaut haben, wollen wir unsere Applikation in zwei Packages aufteilen, nämlich in die Packages `domain` und `main`. Dadurch erzielen wir eine logische Trennung. Wie schon erwähnt, lassen sich Packages auch gruppieren und strukturieren. Dazu kann man etwa als übergeordnetes Namenselement `carapp` wählen, um die Zughörigkeit zur Automanagement-Applikation auszudrücken. Die Verortung in den jeweiligen Kapiteln wird durch den vorderen Teil `ch04_oodesign` repräsentiert.[4]

Kommen wir zur eigentlichen Implementierung zurück. Dazu erstellen wir wie zuvor beschrieben jeweils die Klassen `Car` und `CarManagementApplication`, so wie sie zuvor gezeigt wurden. Das Ergebnis sollte wie folgt aussehen.

Abbildung 4-8 *Package-Struktur in PyCharm*

---

[4]Normalerweise sollte ein Package-Name keine Unterstriche enthalten, wie es in PEP 8 unter `https://www.python.org/dev/peps/pep-0008/#package-and-module-names` empfohlen wird. Hier weichen wir ausnahmsweise und auch nur minimal von der Konvention ab, um die Lesbarkeit des Namens zu erhöhen.

Sichtbarkeiten und Auswirkungen

Es ist besonders interessant, was diese neue Struktur sowie die Änderungen der Sichtbarkeiten für Auswirkungen besitzen. Dadurch, dass wir die Attribute nun durch das
Präfix __ nach außen schlechter zugänglich machen, müssen diese über passende Zugriffsmethoden oder alternativ über Properties (siehe unten) bereitgestellt werden.

Variante mit Zugriffsmethoden   In der Klasse `Car` müssen wir nun lediglich noch
die Zugriffsmethoden definieren:

```python
class Car:
    # wie zuvor gezeigt

    # Zugriff nach außen gewähren
    def brand(self):
        return self.__brand

    def horse_power(self):
        return self.__horse_power
```

Zudem benötigen wir in der Applikation nun folgenden Import:

```python
from ch04_oodesign.carrapp.domain.car import Car
```

In der Implementierung der Applikation werden dann diese Zugriffsmethoden anstatt
direkter Zugriffe auf die Attribute verwendet:

```python
def filter_by_brand(self, brand):
    for current_car in self.available_cars:
        if current_car.brand() == brand:
            print(current_car)

def filter_by_horse_power_greater_than(self, min_horse_power):
    for i in range(len(self.available_cars)):
        if self.available_cars[i].horse_power() > min_horse_power:
            print(self.available_cars[i])
```

Variante mit Properties   Eine Alternative ist die Variante mit Properties, wodurch
sich nur minimal etwas am Aufruf ändert – dieser wird jedoch mehr pythonic:

```python
def filter_by_brand(self, brand):
    for current_car in self.available_cars:
        if current_car.brand == brand:
            print(current_car)

def filter_by_horse_power_greater_than(self, min_horse_power):
    for i in range(len(self.available_cars)):
        if self.available_cars[i].horse_power > min_horse_power:
            print(self.available_cars[i])
```

Der Unterschied zur vorherigen Variante mit Zugriffsmethoden ist im Listing nur durch
die fehlenden Klammern `()` des Methodenaufrufs erkennbar. Etwas klarer wäre es zu
Tage getreten, wenn die Zugriffsmethoden `get_brand()` und `get_horse_power()`
geheißen hätten.

Um die eleganten Property-Zugriffe zu ermöglichen, müssen wir in der Klasse `Car`
nun lediglich noch die Zugriffsmethoden passend mit `@property` kennzeichnen:

```python
class Car:
    # wie zuvor gezeigt

    # Zugriff nach außen gewähren
    @property
    def brand(self):
        return self.__brand

    @property
    def horse_power(self):
        return self.__horse_power
```

Applikation in der IDE

Im folgenden Screenshot sehen wir die Klasse `CarManagementApplication`, die
aus dem Package `ch04_oodesign.carapp.main` stammt, im Editorfenster der IDE.
Die Klasse `CarManagementApplication` nutzt die Klasse `Car` aus dem Package
`ch04_oodesign.carapp.domain`, weshalb diese mit dem passenden `import` ein-
gebunden wird. Im unteren Teil der IDE sehen wir die Konsolenausgabe einer Programmausführung.

Abbildung 4-9 *Beispiel PyCharm-Projekt*

4.3   Vererbung

Nachdem in den vorangegangenen Abschnitten die Grundlagen zur objektorientierten Programmierung besprochen wurden, lernen wir nun noch ein paar weitere wichtige Konzepte wie Vererbung und Polymorphie kennen.

Eine spezielle Art, neue Klassen basierend auf bestehenden Klassen zu definieren, nennt sich **Vererbung**. Die wiederverwendete Klasse bezeichnet man als **Basis-**, **Ober-** oder **Super**klasse. Die neu entstehende Klasse erweitert oder übernimmt (erbt) durch diesen Vorgang das Verhalten und die Eigenschaften der bestehenden Klasse und wird **abgeleitete** oder **Sub**klasse genannt. Der Vererbungsakt wird nach dem Klassennamen durch Angabe des Basisklassennamens in runden Klammern ausgedrückt. Eine Subklasse muss dann in ihrer Implementierung lediglich die Unterschiede zu ihrer Basisklasse beschreiben und nicht komplett neu entwickelt werden.

Im folgenden Beispiel definiert die Basisklasse `BaseClass` bereits zwei Methoden, die für mögliche Subklassen als Basis dienen. Vereinfachend nutzen wir in einem Fall `pass` als leere Aktion, die einfach kein Verhalten definiert. Die abgeleitete Klasse `SubClass` übernimmt hier automatisch die beiden Methoden: Die erste wird noch um etwas Funktionalität ergänzt, die zweite wird unverändert übernommen, weshalb sie nicht nochmals aufgeführt werden muss – das bildet den Grundstock für Wiederverwendung. Darüber hinaus wird hier als funktionale Ergänzung noch eine eigene Methode definiert:

```python
class BaseClass:
    def method(self):
        print("called method")

    def other_method(self):
        pass


class SubClass(BaseClass):
    def method(self):
        super().method()
        # Weitere Aktionen
        print("other actions")

    # Zusätzliche Funktionalität
    def additional_method(self):
        pass
```

Auf die Funktionalität der Basisklasse wird mit `super().method()` zugegriffen. Vererbung ermöglicht also die **Wiederverwendung** bereits existierender Funktionalität. Geschickt und passend eingesetzt (gleich dazu mehr) lassen sich so Verallgemeinerungen und Abstraktionen schaffen, die für mehr Klarheit und leichtere Nutzbarkeit sorgen (können).

4.3.1 Basisklassen

In diesem Abschnitt schauen wir uns an, warum und wie man Basisklassen einsetzt.

Am Beispiel von grafischen Figuren lässt sich das Ganze gut verdeutlichen. Stellen wir uns eine Applikation vor, die Figuren zeichnen soll. Diese werden jeweils als eigenständige Klassen modelliert, die als Basisfunktionalität Methoden zum Zeichnen anbieten. Ohne Abstimmung über die zu verwendenden Methodennamen und durch mehrere an der Implementierung beteiligte Entwickler entstehen schnell unterschiedliche Namen, etwa neben `draw()` auch die Varianten `drawLine()`, `drawRect()` usw. Das ist für einige Figurenklassen in Abbildung 4-10 gezeigt.

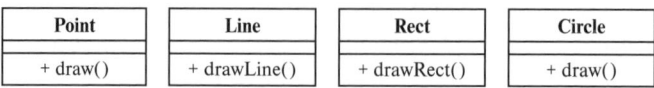

Abbildung 4-10 *Klassen für grafische Figuren (ohne Basisklasse)*

Durch die unterschiedlichen Methodennamen sowie die nicht existente gemeinsame Basisklasse wird die Handhabung der Figuren für nutzende Klassen umständlich und nicht intuitiv: Die Methodennamen unterscheiden sich von Klasse zu Klasse. Um diesen Missstand zu beheben, führen wir eine Basisklasse `BaseFigure` mit einer `draw()`-Methode ein und vereinheitlichen in den Subklassen die Methodennamen, was für Konsistenz sorgt. Zudem lässt sich die von Subklassen gemeinsam genutzte Funktionalität in der Basisklasse zentral definieren.

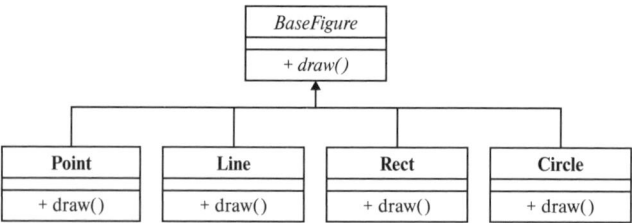

Abbildung 4-11 *Grafische Figuren mit Basisklasse*

Vorgehen zur Definition von Basisklassen

Man führt Basisklassen beim Entwurf dann ein, wenn man erkennt, dass Klassen eine oder mehrere Gemeinsamkeiten besitzen. Diese lagert man in eine Basisklasse aus. Dabei durchläuft man in etwa folgende vier Schritte, um gemeinsame Funktionalität in einer Basisklasse zusammenzuführen:

1. Identifiziere potenzielle Klassen als Kandidaten mit genügend Gemeinsamkeiten.
2. Erstelle eine Hierarchie mit gemeinsamer Basisklasse (wodurch die Klassen dann zu Subklassen werden).
3. Lagere die Gemeinsamkeiten geeignet in die neu entstandene Basisklasse aus.
4. Entferne diese Gemeinsamkeiten aus den Subklassen.

Dieses Vorgehen ist insofern praktisch, weil es Sourcecode-Duplikation vermeidet, die ohne gemeinsame Basisklasse durch die mehrfache Realisierung von Funktionalität in den jeweiligen Klassen entstehen würde. Ein weiterer Grund für die Einführung einer gemeinsamen Basisklasse ist, dass man mehrere Klassen einheitlich behandeln möchte. Eine solche Basisklasse definiert dann das gemeinsame, standardisierte Verhalten.

4.3.2 Typprüfung mit `isinstance()`

Eine Prüfung mit `isinstance(<object>, <type>)` wird verwendet, um zu testen, ob ein Objekt eine Instanz des angegebenen Typs (also einer Klasse oder Subklasse) ist. Ein Aufruf von `isinstance()` gibt entweder `True` oder `False` zurück, abhängig vom Ausgang der Typprüfung.

Bezogen auf die zuvor vorgestellten Autos könnte man beispielsweise prüfen, ob eine Variable `obj` tatsächlich vom Typ `Car` ist:

```
>>> def check_correct_type(obj):
...     if isinstance(obj, Car):
...         print("is of type Car")
...     else:
...         print("NOT of type Person")
...
>>>
>>> check_correct_type(Car("PORSCHE", "BLACK", 275))
is of type Car
>>> check_correct_type("Peter")
NOT of type Person
```

Anwendungsbeispiel

Manchmal sollen innerhalb einer Methode abhängig vom konkreten Typ verschiedene Aktionen ausgeführt werden. Das kann man mit `isinstance()` wie folgt realisieren:

```
def do_something(param):
    if isinstance(param, str):
        print("param is of type String")
        # .. weitere Prüfungen hier
    elif isinstance(param, Car):
        print("param is of type Car")


do_something(Car("PORSCHE", "BLACK", 275))
do_something("Peter")
```

Das führt zu folgenden Ausgaben:

```
param is of type Car
param is of type String
```

Bedenken Sie bitte, dass das kein guter Stil ist, weil dies gegen das sogenannte Open Close Principle (eines der SOLID-Prinzipien[5]) verstößt und sich oftmals besser über eine gemeinsame Basisklasse und Polymorphie abbilden lässt (vgl. Abschnitt 4.3.4).

---

[5] *https://de.wikipedia.org/wiki/Prinzipien_objektorientierten_Designs#SOLID-Prinzipien*

4.3.3 Generalisierung und Spezialisierung

Durch Vererbung entsteht eine *Klassenhierarchie*. Damit ist gemeint, dass eine Auf-gliederung in Basis- und Subklassen erfolgt, wie dies Abbildung 4-12 zeigt.

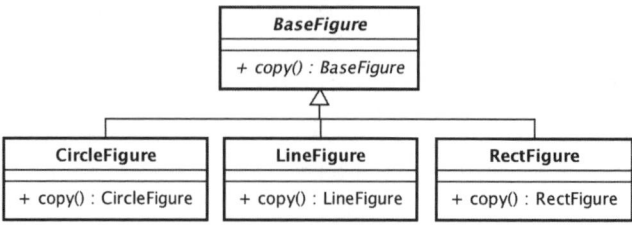

Abbildung 4-12 *Klassenhierarchie*

Wenn man diese Klassenhierarchie gedanklich in Richtung Subklasse durchläuft, spricht man von einer *Spezialisierung*, und der Weg in Richtung Basisklasse wird *Ge-neralisierung* genannt (vgl. Abbildung 4-13).

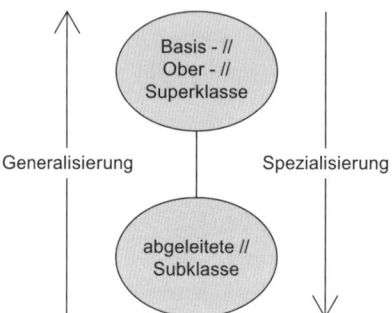

Abbildung 4-13 *Generalisierung und Spezialisierung*

Vererbung sollte nur dann eingesetzt werden, wenn die sogenannte *»is-a«-Beziehung* erfüllt ist. Diese besagt, dass *Subklassen tatsächlich eine semantische Spezialisierung ihrer Basisklasse darstellen* und dadurch das Verhalten sowie die Eigenschaften der Basisklasse besitzen. Abbildung 4-14 zeigt ein Negativ- und ein Positivbeispiel.

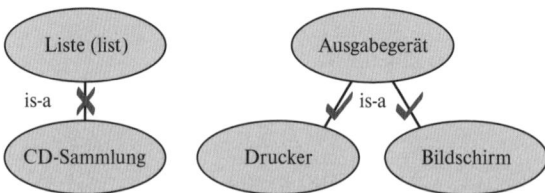

Abbildung 4-14 *Vererbung und »is-a«-Beziehung*

Verwendet man Vererbung wirklich nur, sofern die *»is-a«-Beziehung* erfüllt ist, so profitiert man davon, dass beim Aufbau einer *Klassenhierarchie* durch Ableitung lediglich die Unterschiede zum vererbten Verhalten und Zustand definiert werden müssen. Erweiterungen werden durch neue Methoden und Attribute realisiert.

Wird die Forderung nach semantischer Spezialisierung allerdings nicht beachtet, sondern Vererbung nur dazu eingesetzt, um aus der Basisklasse benötigte Funktionalität zu übernehmen, dann handelt es sich um eine sogenannte *Implementierungsvererbung*. Diese ist zu vermeiden, weil damit zwar technisch, aber nicht semantisch ein Subtyp definiert wird. Als Konsequenz kann man Objekte einer Subklasse konzeptuell nicht mehr als Objekte der Basisklasse betrachten.

Oftmals ist es hilfreich, sich neu eingeführte Konzepte an einem konkretes Beispiel zu verdeutlichen. Nehmen wir dazu als Basis eine Klasse zur Modellierung von Fahrzeugen, die durch Beschleunigen und Bremsen ihre Geschwindigkeit verändern können. Autos können beispielsweise noch den Scheibenwischer aktivieren, Fahrräder dagegen noch klingeln. Beide erben aber die Methoden der Basis.

4.3.4 Polymorphie

Variablen können beliebige abgeleitete Spezialisierungen darstellen. Das wird als Vielgestaltigkeit oder *Polymorphie* bezeichnet. Betrachten wir dazu eine Klassenhierarchie der Klassen `Base`, `Sub` und `SubSub` sowie deren Methoden `do_it()` und `do_that()`. In der Basis erfolgt keine Implementierung. Erinnern wir uns: Um das auszudrücken, gibt es in Python das Schlüsselwort `pass`:

```python
class Base:
    def do_it(self):
        pass
    def do_that(self):
        pass


class Sub(Base):
    def do_it(self):
        print("do_it in Sub")


class SubSub(Sub):
    def do_that(self):
        print("do_that in SubSub")
```

Nun erstellen wir zwei Variablen je eines Subtyps wie folgt:

```python
sub = Sub()
subsub = SubSub()
```

Fragen wir uns kurz: Wie werden nun folgende Methodenaufrufe verarbeitet?

```python
sub.do_it()
sub.do_that()
```

Was passiert, wenn wir dies für `subsub` wiederholen?

```
subsub.do_it()
subsub.do_that()
```

Damit Polymorphie funktioniert, muss immer die spezialisierteste Methode eines Objekts verwendet werden, d. h. die Implementierung der spezialisiertesten Subklasse, die diese Methode anbietet. Zur Bestimmung der auszuführenden Methode wird von Python automatisch dazu, startend bei dem aktuellen Typ in Richtung Basistyp, nach einer passenden Methode gesucht. Für den Aufruf von `do_it()` startet die Suche daher in der Klasse `SubSub`. Dort wird Python allerdings nicht fündig, sodass die Suche sukzessive weiter nach oben in der Vererbungshierarchie fortgesetzt wird, bis eine Methodendefinition gefunden wird. In diesem Beispiel ist dies für `do_it()` in der Klasse `Sub` der Fall. Das beschriebene Verfahren zum Auffinden der auszuführenden Methode wird ***dynamisches Binden*** (***Dynamic Binding***) oder in Python auch Method Resolution Order genannt. Eine interessante und illustrierte Beschreibung finden Sie unter `http://www.srikanthtechnologies.com/blog/python/mro.aspx`.

Kommen wir noch einmal zu unserem Beispiel zurück (hier sind die Aufrufe nochmals kondensiert dargestellt):

```
sub = Sub()
subsub = SubSub()

sub.do_it()
sub.do_that()
subsub.do_it()
subsub.do_that()
```

Dadurch kommt es zu folgenden Ausgaben, die die dynamische Weiterleitung zeigen, ebenso wie die Leerimplementierung mit `pass` von `do_that` in `Base`.

```
doIt in Sub
doIt in Sub
doThat in SubSub
```

Die Klassenhierarchie inklusive der Methodensuche ist in Abbildung 4-15 dargestellt.

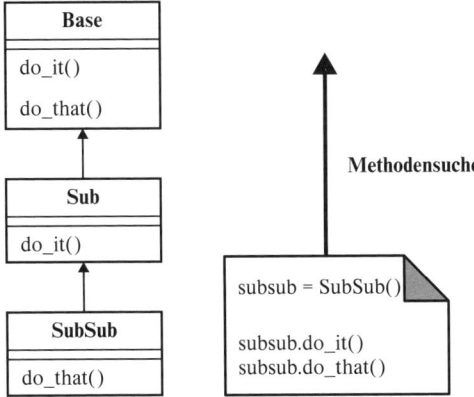

Abbildung 4-15 *Polymorphie und dynamisches Binden*

Subklassenbeziehungen und `issubclass()`

Die Subklassenbeziehungen lassen sich folgendermaßen mit `issubclass()` abfragen:

```
print(issubclass(Sub, Base))
print(issubclass(SubSub, Base))
print(issubclass(SubSub, Sub))
```

Dadurch kommt es zu folgenden Ausgaben:

```
True
True
True
```

Selbstverständlich bilden die eingebauten Typen keine Basisklasse der zuvor selbst definierten Klassen. Dies wird exemplarisch durch nachfolgende Aufrufe gezeigt – ebenso ist `int` kein Subtyp von `str`:

```
>>> print(issubclass(Sub, str))
False
>>> print(issubclass(Base, int))
False
>>> print(issubclass(int, str))
False
```

4.4   Aufgaben und Lösungen

4.4.1   Aufgabe 1: Superheld

In dieser Aufgabe soll eine Klasse `SuperHero` implementiert werden, die Superhelden mit ihren Namen, ihren Superkräften und ihrer Stärke modelliert. Zudem soll eine Methode `is_stronger_than(other)` prüfen, ob ein Superheld stärker als ein anderer ist. Schließlich ist eine allgemeingültige Prüfung zu realisieren, die den stärksten Superhelden aus einer Menge zurückgibt. Dazu soll eine Methode `strongest_of(*heros)` mithilfe von Var Args (vgl. später in Abschnitt 6.3.3), einer variablen Parameterliste, erstellt werden. Folgendes Hauptprogramm zeigt die Verwendung und mögliche Aufrufe – variieren Sie gern die Eigenschaften.

```python
def main():
    superman = SuperHero("Superman", "Kryptonite-Power", 1_000)
    batman = SuperHero("Batman", "Techno-Power", 100)
    ironman = SuperHero("Ironman", "Techno-Power", 500)

    print("Superman stronger than Batman?",
          superman.is_stronger_than(batman))
    print(SuperHero.strongest_of(superman, batman, ironman))
```

Lösung

Um die Aufgabenstellung zu erfüllen, implementieren wir zunächst einmal eine Klasse `SuperHero` mit drei Attributen und einer schönen Konsolenausgabe:

```python
class SuperHero:
    def __init__(self, name, superpower, strength):
        self.name = name
        self.superpower = superpower
        self.strength = strength

    def __str__(self):
        return f"{self.name} has {self.superpower} of strengths {self.strength}"
    ...
```

Die drei Punkte sind nicht Bestandteil der Klasse, sondern bedeuten, dass die Implementierung mit weiteren Blöcken fortgesetzt wird.

Nun gilt es noch, die beiden gewünschten Methoden zu implementieren. Die Prüfung der Stärke ist ziemlich einfach durch einen Vergleich der jeweiligen Werte im Attribut `strength` folgendermaßen zu realisieren:

```python
    ...

    def is_stronger_than(self, other):
        return self.strength > other.strength
    ...
```

Um nun den stärksten der Superhelden zu ermitteln, durchlaufen wir die Menge der möglichen Kandidaten und prüfen jeweils, ob der aktuelle Held stärker als der momentan stärkste ist. Dazu haben wir praktischerweise gerade schon eine passende Methode erstellt. Initial gibt es noch keinen aktuell stärksten Superhelden, weshalb man im ersten Durchlauf direkt eine Zuweisung macht, da noch `strongest_hero == None` gilt:

```
...

def strongest_of(*heros):
    strongest_hero = None
    for hero in heros:
        if strongest_hero is None or hero.is_stronger_than(strongest_hero):
            strongest_hero = hero
    return strongest_hero

# main()
```

Im Listing ist die Position der `main()`-Funktion markiert. Dort müssen die Zeilen aus der Aufgabenstellung eingefügt werden.

4.4.2 Aufgabe 2: Zähler

Nachdem die Grundbegriffe beim objektorientierten Entwurf bekannt sind, soll nun ein Zähler als Klasse entworfen werden, der folgende Anforderungen erfüllt:

1. Er lässt sich auf den Wert 0 zurücksetzen.
2. Er lässt sich um eins erhöhen.
3. Der aktuelle Wert lässt sich abfragen.

Dabei existiert bereits das folgende, rudimentäre Grundgerüst:

```
class Counter:
    def __init__(self, count):
        self.count = count
```

Das Attribut `count` speichert den Zähler und kann von überall abgefragt und verändert werden. Das Rücksetzen erfolgt durch Übergabe von 0. Die obige Implementierung sollen Sie nun erweitern und verbessern, indem Sie zu den Anforderungen passende Methoden implementieren und als Kür das Attribut »verstecken«. Dazu kann man einen doppelten Unterstrich voranstellen. Andere Klassen können dann nicht mehr wie gewohnt per Name darauf zugreifen – dieser Trick stellt einen Weg dar, auch in Python ein wenig Kapselung zu erreichen, wie es andere Sprachen durch Sichtbarkeitsmodifier erreichen.

Lösung

Der erste Entwurf sieht zum Verarbeiten des Zählers die Methoden `get_counter()` und `set_counter()` vor. Zum Rücksetzen des Werts dient die Methode `reset()`. Zudem wird die Sichtbarkeit des Attributs eingeschränkt:

```python
class Counter:
    def __init__(self):
        self.__count = 0

    def get_counter(self):
        return self.__count

    def set_counter(self, count):
        self.__count = count

    def reset(self):
        self.__count = 0
```

Diskussion der Lösung und mögliche Probleme Obwohl diese Variante die Datenkapselung bereits gut umsetzt, birgt sie noch einen Fallstrick. In den Anforderungen stand, dass der Zähler um den Wert eins erhöht werden soll – mithilfe von `set_counter()` kann der Zähler aber auf beliebige Werte gesetzt und sogar verringert werden. Auch das gewünschte Hochzählen lässt sich nur eher unelegant wie folgt implementieren:

```python
set_counter(get_counter() + 1)
```

Schlimmer noch, man muss es überall dort, wo man die Funktionalität dieser Klasse nutzen möchte, immer wieder selbst realisieren.

Exemplarisch ist dies für ein Beispiel gezeigt, wo der `Counter` zunächst zweimal hochgezählt und danach zurückgesetzt wird:

```python
# Counter erzeugen, 2 x hochzählen und dann resetten
counter = Counter()
counter.set_counter(counter.get_counter() + 1)
counter.set_counter(counter.get_counter() + 1)
print(counter.get_counter())
counter.reset()
print(counter.get_counter())
```

Verbesserte Lösung Mit etwas Nachdenken kommt man vielleicht auf die Idee, eine Methode `increment()` anzubieten, wodurch sich die Handhabung deutlich vereinfacht. Schließlich können wir noch das Attribut in `value` umbenennen und somit auch die `get()`-Methode. Hier ist `current_value()` deutlich besser als `get_counter()`, weil Ersteres klar ausdrückt, dass der Wert geliefert wird, Letzteres suggeriert, dass ein Zähler geliefert würde. Nach all diesen Vorüberlegungen erstellen wir dann folgende Implementierung, in der nun alle Anforderungen korrekt und gut verständlich umgesetzt sind:

```
class Counter:
    def __init__(self):
        self.__value = 0

    def current_value(self):
        return self.__value

    def increment(self):
        self.__value += 1

    def reset(self):
        self.__value = 0
```

Diese Implementierung der Klasse `Counter` realisiert ein logisches Modell. Hier stehen die technischen Details nicht im Vordergrund, sondern man konzentriert sich auf das Erfüllen einer Aufgabe und verhindert feingranulare Zugriffe auf die interne Variable.

4.4.3 Aufgabe 3: Zähler mit Überlauf

Diese Aufgabe ist eine Fortsetzung der vorherigen, um noch ein wenig über Wiederverwendbarkeit und Erweiterbarkeit zu lernen. Nehmen wir dazu an, dass wir den Zähler um einen Überlauf bei einer bestimmten Schwelle erweitern und die Anzahl der Überläufe protokollieren wollten. Dies könnte man etwa für eine Spieleapplikation nutzen, um nach 100 aufgesammelten Bonuselementen ein weiteres Leben zu erhalten. Für die eingangs der vorherigen Aufgabe gezeigte Realisierung müsste diese Funktionalität von jeder Applikation selbst implementiert werden. Das kann ziemlich aufwendig werden, zu dupliziertem oder sehr ähnlichem Sourcecode führen und später Schwierigkeiten bei Weiterentwicklungen machen. Diesen Weg wollen wir nicht weiter betrachten, da wir (glücklicherweise) eine gute Alternative haben, die Sie in dieser Aufgabe erarbeiten sollen.

Als Hilfestellung ist einmal wieder die `main()`-Funktion abgebildet, die den Zähler mit Überlauf einsetzt:

```
def main():
    points = CounterWithOverflow()

    for i in range(2021):
        points.increment()

    print("Points:", points.current_value())
    print("Bonus-Lifes:", points.overflow_count())
```

Dann sieht die erwartete Ausgabe folgendermaßen aus:

```
Points: 21
Bonus-Lifes: 20
```

Implementieren Sie die Klasse `CounterWithOverflow` mithilfe von Vererbung basierend auf den zuvor genannten Vorgaben und Hinweisen.

Lösung

Wir implementieren nun eine Klasse `CounterWithOverflow` auf Basis der Klasse `Counter`. Dazu ergänzen wir eine Konstante `COUNTER_MAX`, ein zusätzliches Attribut `__overflow_count` und eine Zugriffsmethode `overflow_count()` auf dessen Wert. Das Zählen, Rücksetzen und die Abfrage des Overflow-Werts ist recht einfach. Das Zählen, Rücksetzen und einiges anderes delegieren wir an die Basisklasse durch Aufruf der entsprechenden Methoden mithilfe des Schlüsselworts `super`. Lediglich in der `increment()`-Methode muss viel selbst realisiert werden. Was wir dort benötigen, ist ein Überlaufzähler, hier als `int` modelliert, der bei jedem 100. Hochzählen erhöht wird und dass der eigene Zähler zurückgesetzt wird. Zudem muss beim Zurücksetzen auch der Überlaufzähler auf 0 zurückgesetzt werden.

```python
from ch04_oodesign.exercises.CounterImproved import Counter


class CounterWithOverflow(Counter):
    COUNTER_MAX = 100

    def __init__(self):
        super().__init__()
        self.__overflow_count = 0

    def increment(self):
        super().increment()
        if self.current_value() >= self.COUNTER_MAX:
            super().reset()
            self.__overflow_count += 1

    def reset(self):
        super().reset()
        self.__overflow_count = 0

    def overflow_count(self):
        return self.__overflow_count
```

Verbesserte Lösung   Der als `int` modellierte Überlaufzähler ist vom Software-design noch nicht so schön. Wieso? Eigentlich entspricht dieser auch wieder einem allgemeinen Zähler und für diese Funktionalität haben wir in der vorherigen Aufgabe bereits eine Klasse implementiert. Diese wollen wir nun nutzen. Und tatsächlich, die gesamte Umsetzung lässt sich damit noch etwas eleganter lösen. Nachfolgend wird auch für die Überläufe eine separate Instanz der Klasse `Counter` genutzt. Den Namen des Attributs ändern wir leicht auf `__overflow_counter`. Das Zählen, Rücksetzen und einiges anderes delegieren wir an die Basisklasse durch Aufruf der entsprechenden Methoden mithilfe des Schlüsselworts `super`. Weil wir mit Vererbung arbeiten, können wir diese Besonderheiten in den jeweiligen Methoden `increment()` und `reset()` realisieren.

```python
class CounterWithOverflow(Counter):
    COUNTER_MAX = 100

    def __init__(self):
        super().__init__()
        self.__overflow_counter = Counter()

    def overflow_count(self):
        return self.__overflow_counter.current_value()

    def increment(self):
        super().increment()

        if self.current_value() >= self.COUNTER_MAX:
            super().reset()
            self.__overflow_counter.increment()

    def reset(self):
        super().reset()
        self.__overflow_counter.reset()
```

5 Collections

Aus Kapitel 2 wissen wir bereits, dass in Python Listen, Mengen und Schlüssel-Wert-Abbildungen, auch Dictionaries genannt, zur Verwaltung von anderen Objekten dienen. Das wird durch sogenannte **Containerklassen** realisiert, nämlich `list`, `set` und `dict`. Diese wollen wir uns nun etwas genauer ansehen.

5.1 Schnelleinstieg

5.1.1 Die Klasse `list`

Listen ermöglichen die Speicherung von Werten und bieten einen indizierten Zugriff auf Elemente. Eine Liste behält die Reihenfolge der Elemente bei und offeriert darüber hinaus diverse Funktionalitäten. Insbesondere lässt sich eine dynamische Befüllung oder Zusammensetzung abbilden.

Liste erzeugen

Zum Einstieg definieren wir mit `list()` oder kürzer `[]` eine leere Liste zur Speicherung von Städten und Namen wie folgt:

```
>>> cities = list()
>>> names = []
>>> type(names)
<class 'list'>
```

Liste aus kommaseparierter Aufzählung erzeugen   Darüber hinaus lässt sich eine Liste aus einer fixen Folge von Werten erzeugen:

```
>>> cities = ["Kiel", "Bremen", "Zürich"]
```

Werte hinzufügen

Wir fügen nun ein paar Namen mithilfe der Methode `append()` der Liste `names` hinzu:

```
>>> names.append("Tim")
>>> names.append("Tom")
>>> names
['Tim', 'Tom']
```

Positionsbasiert hinzufügen   Man kann Elemente auch an einer gewissen Position hinzufügen. Dazu dient die Funktion `insert()`. Dieser übergibt man die gewünschte Position (0-basiert) und den einzufügenden Wert. Im Listing nutzen wir mit dem Index 0 zweimal die vorderste Position:

```
>>> names.insert(0, "Anton")
>>> names.insert(0, "Andreas")
>>> names
['Andreas', 'Anton', 'Tim', 'Tom']
```

Natürlich kann man ein Element auch an letzter Position durch passende Positionsangabe hinzufügen, besser ist dann jedoch der Aufruf von `append()` ohne Indexparameter:

```
>>> names.insert(4, "Last")
>>> names
['Andreas', 'Anton', 'Tim', 'Tom', 'Last']
>>> names.append("Last2")
>>> names
['Andreas', 'Anton', 'Tim', 'Tom', 'Last', 'Last2']
```

Prüfen, ob ein Eintrag existiert

Um zu prüfen, ob ein Element in einer Liste existiert, verwenden Sie das Schlüsselwort `in`. Es liefert `True`, wenn der gesuchte Wert vorhanden ist, ansonsten `False`.

```
>>> "Tim" in names
True
>>> "Michael" in names
False
```

Positionsbasierter Zugriff

Sie greifen auf ein Element einer Liste zu, indem Sie sich auf die Position beziehen. Diese wird in eckigen Klammern und 0-basiert angegeben. Um mit den gespeicherten Werten arbeiten zu können, lassen sich diese positionsbasiert mit folgender Syntax `[<pos>]` auslesen:

```
>>> names[2]
'Tim'
```

Was passiert, wenn ich an falscher Stelle zugreife?   Positionsbasierte Zugriffe über einen Index haben so ihre Tücken. Deswegen sollten wir uns fragen, was eigentlich passiert, wenn wir mit einer Position zugreifen, für die keine Daten existieren, etwa wie folgt mit negativem Index oder einem Wert jenseits der oberen Grenze, hier 77:

```
>>> names[-1]
'Last2'
>>> names[77]
Traceback (most recent call last):
  File "<stdin>", line 1, in <module>
IndexError: list index out of range
>>> names[-77]
Traceback (most recent call last):
  File "<stdin>", line 1, in <module>
IndexError: list index out of range
```

Wir sehen, dass es in Python eine Besonderheit beim Zugriff mit negativem Index gibt: Dann werden nämlich die Elemente von hinten ausgelesen. Der Wert -1 entspricht der letzten Position und -2 eine Position davor. Dies geht weiter bis zum Index `-len(list)`. Deshalb führt ein Zugriff außerhalb dieses Indexbereichs, hier mit -77, auch zu einem `IndexError`, einer speziellen Exception, die einen fehlerhaften Index ausdrückt. Gleiches gilt für den Index 77, der sehr deutlich außerhalb des erlaubten Bereichs liegt.

Auf Fehlerbehandlung und Exceptions gehe ich später in Kapitel 9 ein. Hier reicht erst mal das Wissen, dass nach einer solchen Fehlersituation (ohne weitere Behandlung) die Ausführung unseres Python-Programms gestoppt wird.

Modifikationen ausführen

Mitunter müssen Werte nachträglich geändert werden. Hier soll aus dem Namen »Anton« der Wert »Mike« werden. Wir modifizieren den gespeicherten Wert mit einem indizierten Zugriff und einer Zuweisung unter Angabe der Indexposition und des neuen gewünschten Werts wie folgt:

```
>>> names[1] = "Mike"
>>> names
['Andreas', 'Mike', 'Tim', 'Tom', 'Last', 'Last2']
```

Wir sehen, dass nun erwartungsgemäß der Wert »Mike« an Position 1 gespeichert ist.

Element positionsbasiert löschen

Ab und zu sind Werte aus dem Datenbestand zu löschen. Dazu dient das Kommando `del`. Diesem wird der Name der Liste und der Index des zu löschenden Elements übergeben. Wir entfernen nachfolgend die Elemente an zweiter und vierter Position:

```
>>> names
['Andreas', 'Mike', 'Tim', 'Tom', 'Last', 'Last2']
>>> del names[2]
>>> names
['Andreas', 'Mike', 'Tom', 'Last', 'Last2']
>>> del names[4]
>>> names
['Andreas', 'Mike', 'Tom', 'Last']
```

Spezielle Elemente löschen

Mithilfe von `remove()` kann man Elemente durch Angabe ihres Werts löschen – existiert der angegebene Wert nicht, so löst dies einen `ValueError`, eine spezielle Art von Exception, die einen ungültigen Wert symbolisiert, aus:

```
>>> names.remove("Tom")
>>> names
['Andreas', 'Mike', 'Last']
>>> names.remove("Tim")
Traceback (most recent call last):
  File "<stdin>", line 1, in <module>
ValueError: list.remove(x): x not in list
```

Anzahl an Elementen ermitteln

Schließlich wollen wir wissen, wie viele Elemente nach unseren Aktionen noch in der Liste verblieben sind, und rufen dazu `len()` auf:

```
>>> len(names)
3
```

Durch die Elemente iterieren

In Kapitel 2 Schnelleinstieg haben wir einige Schleifenvarianten kennengelernt. Diese kann man auch zum Durchlaufen einer Liste nutzen. Betrachten wir ein paar kurze Beispiele.

Indizierte `for`-Scheife   Die `for`-Schleife mit Index nutzt in ihrer Bedingung die Größenabfrage mit `len()` und im Schleifenkörper einen indizierten Zugriff mit `[i]`:

```
>>> names
['Andreas', 'Mike', 'Last']

>>> for i in range(len(names)):
...     print(names[i])
...
Andreas
Mike
Last
```

`for-in`-Schleife   Wie schon erwähnt, sind Indexzugriffe immer mal wieder die Quelle für Fehler. Benötigt man die Position für einen Anwendungsfall nicht, so ist die `for-in`-Schleife die bessere Alternative. Sie bietet sukzessiven Zugriff auf die einzelnen Werte:

```
>>> for name in names:
...     print(name)
...
Andreas
Mike
Last
```

Listen sortieren

Teilweise ist es hilfreich, die in einer Liste gespeicherten Werte zu sortieren. Hier betrachten wir dies für Zahlen. Dazu kann man `sort()` aufrufen:

```
>>> city_names = ["Zürich", "Luzern", "Konstanz", "Bremen", "Kiel"]
>>> city_names.sort()
>>> city_names
['Bremen', 'Kiel', 'Konstanz', 'Luzern', 'Zürich']

>>> numbers_to_be_sorted = [1,7,2,9,11,6,3]
>>> numbers_to_be_sorted.sort()
>>> numbers_to_be_sorted
[1, 2, 3, 6, 7, 9, 11]
```

Aber Moment? Tatsächlich kann man sich fragen, nach welchem Kriterium die Einträge denn sortiert werden sollen? Gute Frage! Diese Details schauen wir uns später separat in Abschnitt 5.2.3 an.

Alle Elemente löschen

Mitunter möchte man Berechnungsergebnisse verwerfen. Um den Inhalt einer Liste zu löschen, rufen Sie `clear()` auf:

```
>>> names.clear()
>>> names
[]
```

Fallstricke beim Hinzufügen

Manchmal möchte man einer Liste nicht nur einzelne Elemente, sondern gleich einen Schwung an Daten hinzufügen. Bislang haben wir zum Hinzufügen `append()` und `insert()` genutzt.

Schauen wir uns an, was passiert, wenn wir mehrere Namen in einem Rutsch durch Aufruf der Methode `append()` hinzufügen wollen:

```
>>> names = ["Tim", "Tom", "Mike"]
>>> names.append(["Maike", "Peter", "John"])
```

Prüfen wir kurz, dass die Liste der Namen tatsächlich sechs Elemente enthält:

```
>>> names
['Tim', 'Tom', 'Mike', ['Maike', 'Peter', 'John']]
```

Ups, was sehen wir denn da? Wir haben versehentlich eine verschachtelte Liste erzeugt!! Wie kam es dazu? Wir haben einen kleinen Denkfehler begangen und Python
hat genau das gemacht, was wir befohlen haben, nämlich einen Wert zur Liste der Namen hinzuzufügen, der jedoch selbst eine Liste ist. Verschachtelte Listen betrachten wir
später in Abschnitt 5.2.6 genauer.

Mehrere Elemente hinzufügen

Hier korrigieren wir unseren Fehler durch einen Aufruf von `del` zum Löschen der in-
neren Liste und `extend()` zum Einfügen mehrerer Werte:

```
>>> del names[3]
>>> names
['Tim', 'Tom', 'Mike']
>>> names.extend(["Maike", "Peter", "John"])
>>> names
['Tim', 'Tom', 'Mike', 'Maike', 'Peter', 'John']
```

Das war doch prima. Etwas kürzer und handlicher in der Schreibweise ist der +=-
Operator zum Hinzufügen mehrerer Elemente wie folgt:

```
>>> names += ["Michael", "Sophie"]
>>> names
['Tim', 'Tom', 'Mike', 'Maike', 'Peter', 'John', 'Michael', 'Sophie']
```

Mögliche Missverständnisse   Gerade haben wir kennengelernt, dass der Operator
+= sehr praktisch ist, um mehrere Elemente an eine Liste anzuhängen. Allerdings birgt
das Ganze auch die Gefahr von Flüchtigkeitsfehlern und Fehlverwendungen, nämlich
dann, wenn man statt einer Liste ein einzelnes Element angibt:

```
>>> names = []
>>> names += "Tim"
>>> names += "Tom"
>>> names
['T', 'i', 'm', 'T', 'o', 'm']
```

Für textuelle Werte sehen wir, dass diese beim Hinzufügen in einzelne Zeichen aufgespalten und somit zeichenweise als Elemente einer Liste gespeichert werden. Das
liegt daran, dass Strings sogenannte sequenzielle Datentypen sind (vgl. Abschnitt 7.1),
die in Einzelteile zerlegt werden.

Keine Missverständnisse für Zahlen   Das beschriebene Problem besteht jedoch
nicht, wenn man mit Zahlen arbeitet, weil diese nicht iterierbar sind (vgl. Abschnitt
7.2). Eine Fehlverwendung wird dann durch einen `TypeError` geahndet:

```
>>> numbers = [1,2,3]
>>> numbers += 4
Traceback (most recent call last):
  File "<stdin>", line 1, in <module>
TypeError: 'int' object is not iterable
```

5.1.2 Die Klasse `set`

Ein `set` ist eine Sammlung (Menge) von Elementen. Für diese besagt das mathematische Konzept der Mengen, dass diese keine Duplikate enthalten. Somit bilden Sets eine ungeordnete Datenstruktur, die keine Duplikate enthält, aber auch keinen indizierten Zugriff bietet. Stattdessen existieren einige Mengenoperationen wie Test auf Enthaltensein sowie die Berechnung von Vereinigungs-, Schnitt-, Differenz- und symmetrischen Differenzmengen.[1]

Leeres `set` erzeugen

Als Beispiel definieren wir eine leere Menge zur Speicherung von Namen wie folgt:

```
>>> names = set()
```

Folgende naheliegende Definition für Sets ist nicht erlaubt, hierbei wird kein Set, sondern ein leeres Dictionary erzeugt:

```
>>> wrong_names = {}
>>> type(wrong_names)
<class 'dict'>
```

Besonderheit: Set basierend auf Werten erzeugen

Als Beispiel definieren wir ein Set mit einer fixen Wertebelegung durch Aufruf der Methode `set()` und der Angabe der Werte in Form einer Liste. Alternativ kann man auch geschweifte Klammern und eine direkte Auflistung der Werte nutzen:

```
>>> other_names = set(["James", "Jim"])
>>> other_names
{'Jim', 'James'}
>>> other_names = { "James", "Jim" }
>>> other_names
{'Jim', 'James'}
```

Werte hinzufügen

Wir fügen nun dem Set `names` ein paar Namen mithilfe der Methode `add()` hinzu:

```
>>> names.add("Tim")
>>> names.add("Tom")
>>> names.add("Tim")
>>> names
{'Tim', 'Tom'}
```

Wie sich zeigt, sorgt das `set` automatisch für Duplikatfreiheit.

---

[1]Alle Elemente, die entweder in der Menge A oder B, aber nicht in beiden Mengen enthalten sind.

Mehrere Werte hinzufügen

Darüber hinaus kann man auch mehrere Namen in einem Rutsch durch Aufruf von update() hinzufügen – hier in Form einer Liste von Werten:

```
>>> names.update(["Mike", "Peter", "John"])
```

Jetzt sollte das Set fünf Elemente enthalten. Prüfen wir dies kurz:

```
>>> names
{'Peter', 'Mike', 'Tim', 'Tom', 'John'}
```

Beachten Sie bitte, dass Sets leider weder den praktischen +=-Operator noch die Methode extend() anbieten.

Prüfen, ob ein Eintrag existiert

Um zu prüfen, ob ein Element in einem set existiert, verwenden Sie in. Es liefert True, wenn der gesuchte Wert vorhanden ist, ansonsten False.

```
>>> "John" in names
True
>>> "Michael" in names
False
```

Bestimmtes Element löschen

Manchmal sollen Werte aus dem Datenbestand entfernt werden. Dazu dient die remove()-Methode. Eine nachträgliche Prüfung mit in liefert dann False:

```
>>> names.remove("John")
>>> "John" in names
False
>>> names
{'Tim', 'Tom', 'Peter', 'Mike'}
```

Analog zu Listen löst der Versuch, ein nicht enthaltenes Element zu löschen, einen Fehler (KeyError) aus, der anzeigt, dass ein Wert nicht vorhanden ist:

```
>>> names.remove("UNKNOWN")
Traceback (most recent call last):
  File "<stdin>", line 1, in <module>
KeyError: 'UNKNOWN'
```

Interessanterweise ist es mit dem Operator – möglich, ein Element oder gar mehrere Elemente zu löschen, ohne dass es bei deren Nichtexistenz zu einem KeyError kommt. Tatsächlich berechnet der Operator – aber die Differenzmenge. Um jedoch etwas zu löschen, muss man -= aufrufen:

```
>>> names - { "Mike" }
{'Tim', 'Tom', 'Peter'}
>>> names -= { "Peter", "Mike" }
{'Tim', 'Tom'}
```

Anzahl an Elementen ermitteln

Schließlich wollen wir wissen, wie viele Elemente nach unseren Aktionen noch im `set` der Namen verblieben sind, und rufen dazu `len()` auf:

```
>>> len(names)
2
```

Durch die Elemente iterieren

In Kapitel 2 Schnelleinstieg haben wir bereits einige Schleifenvarianten kennengelernt. Zum Durchlaufen eines `sets` kann man keine positionsbasierten, indizierten Varianten nutzen, sondern nur die `for-in`-Schleife:

```
>>> for name in names:
...     print(name)
...
Tim
Tom
```

Alle Elemente löschen

Mitunter möchte man Berechnungsergebnisse verwerfen. Um den Inhalt eines `sets` zu löschen, rufen Sie `clear()` auf:

```
>>> names.clear()
>>> names
set()
```

Mengenoperationen

Schließlich definieren wir zwei Mengen mit Zahlen und berechnen die typischen Mengenoperationen wie z. B. Vereinigung, Schnitt und Differenz (vgl. Abbildung 5-1):

```
number_set1 = {1, 2, 3, 4, 5, 6, 7, 8}
number_set2 = {2, 3, 5, 7, 9, 11, 13}
print("union: %s\nintersection: %s\ndiff 1-2: %s\nsym diff: %s" %
      ((number_set1 | number_set2), (number_set1 & number_set2),
       (number_set1 - number_set2), (number_set1 ^ number_set2)))
```

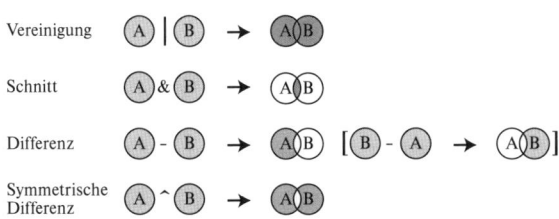

Abbildung 5-1 *Typische Mengenoperationen*

Das führt zu folgenden Ausgaben:

```
union: {1, 2, 3, 4, 5, 6, 7, 8, 9, 11, 13}
intersection: {2, 3, 5, 7}
diff 1-2: {8, 1, 4, 6}
sym diff: {1, 4, 6, 8, 9, 11, 13}
```

5.1.3 Die Klasse `dict`

Wenden wir uns nun Abbildungen von Schlüsseln auf Werte zu. Diese werden auch als *Dictionary* oder als *Lookup-Tabelle* bezeichnet – andere Begriffe sind assoziatives Array bzw. Hash. Unabhängig vom Namen ist die zugrunde liegende Idee, jedem gespeicherten Wert einen eindeutigen Schlüssel zuzuordnen. Ein intuitiv verständliches Beispiel sind Telefonbücher, bei denen Namen auf Telefonnummern abgebildet werden. Eine Suche über einen Namen (Schlüssel) liefert meistens recht schnell eine Telefonnummer (Wert). Falls keine Rückabbildung von Telefonnummer auf Name existiert, wird das Ermitteln eines Namens zu einer Telefonnummer ziemlich aufwendig.

Leeres `dict` erzeugen

Als Beispiel definieren wir ein leeres `dict` zur Speicherung der Abbildung von Städten auf (ungefähre) Einwohnerzahlen entweder mit `{}` oder `dict()`:

```
>>> city_inhabitants_map = {}
>>> type(city_inhabitants_map)
<class 'dict'>
>>> city_inhabitants_map = dict()
```

Dictionary mit Werten erzeugen   Folgendermaßen definieren wir ein Dictionary mit einer fixen Menge von Abbildungen:

```
>>> bern_berlin_map = {"Bern" : 170_000, "Berlin" : 3_500_000}
>>> bern_berlin_map
{'Bern': 170000, 'Berlin': 3500000}
```

Werte hinzufügen

Wir fügen ein paar Städte und deren Einwohnerzahl mithilfe von Zuweisungen indiziert über den Schlüssel hinzu:

```
>>> city_inhabitants_map["Zürich"] = 400_000
>>> city_inhabitants_map["Hamburg"] = 2_000_000
>>> city_inhabitants_map["Kiel"] = 250_000
```

Mehrere Daten lassen sich in einem Rutsch durch Aufruf von `update()` hinzufügen:

```
>>> city_inhabitants_map.update({"Bern" : 170_000, "Berlin" : 3_500_000})
>>> city_inhabitants_map
{'Zürich': 400000, 'Hamburg': 2000000, 'Kiel': 250000, 'Bern': 170000, 'Berlin':
    3500000}
```

Prüfen, ob ein Eintrag existiert

Um zu prüfen, ob ein Schlüssel in einem `dict` existiert, verwenden Sie `in`. Dies liefert `True`, wenn der gesuchte Eintrag zu dem Schlüssel vorhanden ist, ansonsten `False`.

```
>>> "Zürich" in city_inhabitants_map
True
>>> "Bremen" in city_inhabitants_map
False
```

Prüfen, ob ein Wert existiert

Darüber hinaus ist es auch möglich, zu prüfen, ob ein spezieller Wert in einem Dictionary gespeichert ist. Dazu dient wieder der Operator `in`, allerdings in Kombination mit der Methode `values()`, die Zugriff auf die in einem Dictionary gespeicherten Werte liefert. Nachfolgend betrachten wir das einmal für den Wert 400.000, der zum Schlüssel Zürich gehört und daher `True` liefert. Da der Wert 1.234.567 jedoch keinem Schlüssel zugeordnet ist, erhalten wir hierfür `False`.

```
>>> 400_000 in city_inhabitants_map.values()
True
>>> 1_234_567 in city_inhabitants_map.values()
False
```

Zugriff über Schlüssel

Um mit den gespeicherten Werten arbeiten zu können, lassen sich diese mit dem jeweiligen Schlüssel mit `get()` auslesen – existiert jedoch kein Eintrag, so wird der Wert `None` zurückgegeben:

```
>>> city_inhabitants_map.get("Zürich")
400000
>>> city_inhabitants_map.get("X-STADT")
>>> print(city_inhabitants_map.get("X-STADT"))
None
```

Kürzer geht das Ganze mit der eckigen Klammerschreibweise – allerdings löst dann ein nicht vorhandener Eintrag einen `KeyError` aus.

```
>>> city_inhabitants_map["Zürich"]
400000
>>> city_inhabitants_map["X-STADT"]
Traceback (most recent call last):
  File "<stdin>", line 1, in <module>
KeyError: 'X-STADT'
```

Ein Vorteil von `get()` ist, dass man dort für den Fall, dass kein passender Eintrag gefunden wird, folgendermaßen einen Defaultwert angeben kann:

```
>>> city_inhabitants_map.get("X-STADT", 42_195)
42195
```

Modifikationen ausführen

Mitunter müssen Werte nachträglich geändert werden. Hier soll die Einwohnerzahl für Bern auf den Wert 180.000 korrigiert werden. Wir modifizieren den gespeicherten Wert mit der eckigen Klammersyntax:

```
>>> city_inhabitants_map["Bern"] = 180_000
>>> city_inhabitants_map
{'Zürich': 400000, 'Hamburg': 2000000, 'Kiel': 250000, 'Bern': 180000, 'Berlin':
    3500000}
```

Abbildung löschen

Ab und zu sind Werte aus dem Datenbestand zu löschen. Dazu dient die `pop()`-Methode, der man den Schlüssel übergibt und die den alten Wert liefert. Außerdem kann man mit `del` arbeiten.

Löschen wir zunächst einmal Bern und dann Kiel. Danach prüfen wir, ob diese Abbildungen aus dem Dictionary entfernt worden sind – in beiden Fällen wäre ein `KeyError` ausgelöst worden, wenn nicht vorhandene Schlüssel angegeben worden wären.

```
>>> del city_inhabitants_map["Bern"]
>>> city_inhabitants_map
{'Zürich': 400000, 'Hamburg': 2000000, 'Kiel': 250000, 'Berlin': 3500000}

>>> city_inhabitants_map.pop("Kiel")
250000
>>> city_inhabitants_map
{'Zürich': 400000, 'Hamburg': 2000000, 'Berlin': 3500000}
```

Anzahl an Einträgen ermitteln

Schließlich wollen wir wissen, wie viele Elemente nach unseren Aktionen noch in dem Dictionary verblieben sind, und rufen dazu `len()` auf:

```
>>> len(city_inhabitants_map)
3
```

Durch die Elemente iterieren

In Kapitel 2 Schnelleinstieg haben wir bereits einige Schleifenvarianten kennengelernt. Bei Dictionaries muss man etwas anders vorgehen, da man hier keinen indizierten Zugriff besitzt. Allerdings lassen sich die Abbildungen mit folgenden Methoden auslesen:

- **`items()`** – Erzeugt eine Liste, die alle Schlüssel-Wert-Paare des Dictionaries als Tupel enthält.
- **`keys()`** – Liefert eine Liste mit allen im Dictionary hinterlegten Schlüsseln.
- **`values()`** – Liefert eine Liste mit allen im Dictionary hinterlegten Werten.

Betrachten wir deren Aufrufe und Ausgaben:

```
>>> city_inhabitants_map.items()
dict_items([('Zürich', 400000), ('Hamburg', 2000000), ('Berlin', 3500000)])
>>> city_inhabitants_map.keys()
dict_keys(['Zürich', 'Hamburg', 'Berlin'])
>>> city_inhabitants_map.values()
dict_values([400000, 2000000, 3500000])
```

`for-in`-Schleife in drei Varianten   Nutzen wir dieses Wissen zur Ausgabe der Schlüssel, Werte und Schlüssel-Wert-Einträge wie folgt:

```
>>> for city in city_inhabitants_map.keys():
...     print(city)
...
Zürich
Hamburg
Berlin

>>> for inhabitant_count in city_inhabitants_map.values():
...     print(inhabitant_count)
...
400000
2000000
3500000

>>> for entry in city_inhabitants_map.items():
...     print(entry)
...
('Zürich', 400000)
('Hamburg', 2000000)
('Berlin', 3500000)
```

Schauen wir uns noch an, was passiert, wenn man die Iteration direkt auf dem Dictionary aufruft:

```
>>> for entry in city_inhabitants_map:
...     print(entry)
...
Zürich
Hamburg
Berlin
```

Alle Elemente löschen

Mitunter möchte man Berechnungsergebnisse verwerfen. Um den Inhalt eines Dictionaries zu löschen, rufen Sie `clear()` auf:

```
>>> city_inhabitants_map.clear()
>>> city_inhabitants_map
{}
```

5.2 Nächste Schritte

5.2.1 Comprehensions

Python bietet mit sogenannten *Comprehensions* eine elegante Möglichkeit, Datenstrukturen anhand von Berechnungsvorschriften zu erzeugen. Als List Comprehension bezeichnet man einen Ausdruck, der basierend auf einer Sequenz von Werten sowie einer Berechnungsvorschrift eine neue Ergebnisliste erzeugt. Das Ganze wird in eckigen Klammern notiert. Nachfolgend erzeugen wir eine Liste mit geraden Zahlen von 0 bis 10 (exklusive):

```
>>> even = [n for n in range(10) if n % 2 == 0]
>>> even
[0, 2, 4, 6, 8]
```

Es lassen sich auch komplexere Ausdrücke angeben, etwa die Erzeugung von Tupeln (hier zur Lesbarkeit etwas hübscher ausgerichtet):

```
>>> [(x, y) for x in range(3) for y in range(5)]
[(0, 0), (0, 1), (0, 2), (0, 3), (0, 4),
 (1, 0), (1, 1), (1, 2), (1, 3), (1, 4),
 (2, 0), (2, 1), (2, 2), (2, 3), (2, 4)]

>>> [(x, y, z) for x in range(3) for y in range(3) for z in range(3)]
[(0, 0, 0), (0, 0, 1), (0, 0, 2), (0, 1, 0), (0, 1, 1), (0, 1, 2),
 (0, 2, 0), (0, 2, 1), (0, 2, 2),
 (1, 0, 0), (1, 0, 1), (1, 0, 2), (1, 1, 0), (1, 1, 1), (1, 1, 2),
 (1, 2, 0), (1, 2, 1), (1, 2, 2),
 (2, 0, 0), (2, 0, 1), (2, 0, 2), (2, 1, 0), (2, 1, 1), (2, 1, 2),
 (2, 2, 0), (2, 2, 1), (2, 2, 2)]
```

Zudem hatten wir im initialen Beispiel die Angabe einer Bedingung gesehen. Generell sollte man die Komplexität nicht allzu groß werden lassen, um die Verständlichkeit und Wartbarkeit zu gewährleisten.

Unabhängig davon sind Comprehensions ein sehr mächtiges und hilfreiches Merkmal von Python, das Sie sicher beherrschen sollten.

Variante als Set und Dictionary Comprehension   Ähnliche Möglichkeiten existieren für Sets und Dictionaries, hier exemplarisch für die Ermittlung aller ungeraden Zahlen bis 10 als Menge und die Abbildung von geraden Zahlen auf deren Quadrat als Dictionary gezeigt:

```
>>> {i for i in range(10) if i % 2 != 0}
{1, 3, 5, 7, 9}

>>> {n: n ** 2 for n in range(10) if n % 2 == 0}
{0: 0, 2: 4, 4: 16, 6: 36, 8: 64}
```

5.2.2 Slicing – Zugriff auf Teilbereiche

Betrachten wir nun die mächtigen Slicing-Operationen, um einzelne Elemente, aber auch Teilbereiche oder sogar nicht zusammenhängende Bereiche extrahieren zu können. Unter anderem folgende Operationen sind definiert:

- **[index]** – `values[index]` führt zu einem indizierten Zugriff und liefert das i-te Element aus `values`. Im Speziellen kann man mit `[-1]` auf das letzte Element zugreifen.
- **[start:end]** – `values[start:end]` führt zu einem Slicing und liefert die Elemente von Position `start` bis exklusive `end` aus `values` als neue Sequenz. Dabei gibt es zwei interessante Varianten. Zum einen ist das `[:]` ohne Bereichsangabe, das zu einer Kopie der gesamten Sequenz führt. Zum anderen liefern `[start:]` und `[:end]` jeweils die Teile, beginnend bei `start` bis zum Ende bzw. vom Anfang bis zum Index `end` exklusive.
- **[start:end:step]** – `values[start:end:step]` führt zu einem Slicing und liefert die Elemente von Position `start` bis exklusive `end` mit einer Schrittweite von `step` aus `values` als neue Sequenz. Dabei gibt es als interessante Variante `[::-1]` ohne Bereichsangabe und mit negativer Schrittweite, wodurch eine neue Liste in umgekehrter Reihenfolge der Werte entsteht.

Beispiel

Schauen wir uns für diese Operationen ein Beispiel an, weil deren Verständnis wichtig für das alltägliche Programmieren in Python ist. Zunächst definieren wir eine Liste mit Namen und führen dann indizierte Zugriffe und Slicing darauf aus:

```
>>> names = ["Anne", "Barbara", "Jane", "Jennifer", "Lili", "Sophie", "Svenja"]
>>> names[1]
'Barbara'
>>> names[-1]
'Svenja'
>>> names[-2]
'Sophie'
>>> names[4:6]
['Lili', 'Sophie']
>>> names[-3:-1]
['Lili', 'Sophie']
```

Wir können nun noch die gesamte Reihenfolge umkehren oder mit einer Schrittweite von 2 arbeiten:

```
>>> names[::-1]
['Svenja', 'Sophie', 'Lili', 'Jennifer', 'Jane', 'Barbara', 'Anne']
>>> names[::2]
['Anne', 'Jane', 'Lili', 'Svenja']
>>> names[1::2]
['Barbara', 'Jennifer', 'Sophie']
```

5.2.3 Sortierung – `sort()` / `sorted()`

Mitunter ist es hilfreich, die in einer Liste gespeicherten Werte zu sortieren. Hier betrachten wir dies sowohl für textuelle Werte in Form von Städtenamen als auch für Zahlen. Listen bieten zum Sortieren die Methode `sort()`:

```
>>> city_names = ["Zürich", "Luzern", "Konstanz", "Bremen", "Kiel"]
>>> city_names.sort()
>>> city_names
['Bremen', 'Kiel', 'Konstanz', 'Luzern', 'Zürich']
>>>
>>> numbers = [1, 7, 8, 14, 2, 11, 4, 3]
>>> numbers.sort()
>>> numbers
[1, 2, 3, 4, 7, 8, 11, 14]
```

Absteigend sortieren   Um eine absteigende Sortierung vorzunehmen, übergibt man im benannten Parameter (vgl. Abschnitt 6.3) `reverse` den Wert `True`:

```
>>> city_names.sort(reverse=True)
>>> city_names
['Zürich', 'Luzern', 'Konstanz', 'Kiel', 'Bremen']
>>>
>>> numbers.sort(reverse=True)
>>> numbers
[14, 11, 8, 7, 4, 3, 2, 1]
```

Nach Kriterium sortieren   Bei Strings könnte beispielsweise eine Sortierung nach Länge gewünscht sein. Um eine alternative Sortierung auszuführen, kann man an `sort()` den benannten Parameter `key` übergeben. Für die Sortierung nach Länge lässt sich direkt die Funktion `len()` angeben:

```
>>> city_names.sort(key=len)
>>> city_names
['Kiel', 'Zürich', 'Bremen', 'Luzern', 'Konstanz']
```

Betrachten wir nun eine leicht ungewöhnliche Sortierung, nämlich eine nach dem letzten Buchstaben :-)

```
>>> def last_char(input):
...     return input[-1]
...
>>> city_names.sort(key=last_char)
>>> city_names
['Zürich', 'Kiel', 'Bremen', 'Luzern', 'Konstanz']
```

Für Zahlen ist eine derartige Sortierung gemäß der letzten Ziffer durchaus interessant. Dabei nutzen wir bereits einen Lambda, den wir später in Abschnitt 7.5 besprechen:

```
>>> numbers = [11, 2, 30, 333, 14, 4444, 100, 2222]
>>> numbers.sort(key=lambda x: str(x)[-1])
>>> print(numbers)
[30, 100, 11, 2, 2222, 333, 14, 4444]
```

Objekte sortieren

Objekte nach Kriterium sortieren – Operator < Für Personenobjekte wäre es denkbar, nach Alter zu sortieren. Beginnen wir mit der Definition einer einfachen Klasse und probieren mal einen Aufruf von `sort()` aus:

```
>>> class SimplePerson:
...     def __init__(self, name, age):
...         self.name = name
...         self.age = age
...
...     def __repr__(self):
...         return f"{self.name} {self.age}"
...
>>> persons = [SimplePerson("Mike", 50), SimplePerson("Jim", 7),
...            SimplePerson("Tim", 50), SimplePerson("John", 14),
...            SimplePerson("Peter", 50), SimplePerson("Fred", 14),
...            SimplePerson("Peter", 40), SimplePerson("Peter", 55)]
>>>
>>> persons.sort()
Traceback (most recent call last):
  File "<stdin>", line 1, in <module>
TypeError: '<' not supported between instances of 'SimplePerson' and '
    SimplePerson'
```

Wir sehen, dass sich Python beschwert, da es nicht weiß, wie es zwei `SimplePerson`-Objekte miteinander vergleichen soll. Dazu dient der Operator <, den wir geeignet implementieren können:

```
    def __lt__(self, other):
        return self.name < other.name or \
               (self.name == other.name and self.age < other.age)
```

Damit ist der Aufruf von `sort()` möglich und gibt Folgendes aus:

```
[Fred 14, Jim 7, John 14, Mike 50, Peter 40, Peter 50, Peter 55, Tim 50]
```

Objekte nach Kriterium sortieren – mit Key Alternativ können wir in `key` auch eine passende Extraktion eines Attributs, beispielsweise des Alters, vornehmen:

```
>>> def extract_age(person):
...     return person.age
...
>>> persons.sort(key=extract_age)
>>> persons
[Jim 7, John 14, Fred 14, Peter 40, Mike 50, Tim 50, Peter 50, Peter 55]
```

Objekte nach mehreren Kriterien sortieren Um die Sortierung nach mehreren Kriterien demonstrieren zu können, nutzen wir wieder unseren bestehenden, aber bereits passend gewählten Datenbestand:

```
>>> persons = [SimplePerson("Mike", 50), SimplePerson("Jim", 7),
...            SimplePerson("Tim", 50), SimplePerson("John", 14),
...            SimplePerson("Peter", 50), SimplePerson("Fred", 14),
...            SimplePerson("Peter", 40), SimplePerson("Peter", 55)]
```

Nun wollen wir nach Name und nach Alter sortieren und nutzen dazu folgende Varianten: erst alphabetisch und dann nach Alter sowie erst nach Alter und dann alphabetisch. Erneut greifen wir auf die in diesem Fall wohl intuitiv verständlichen Lambdas zurück, die wir später genauer in Abschnitt 7.5 besprechen:

```
>>> persons.sort(key=lambda person: [person.name, person.age])
>>> persons
[Fred 14, Jim 7, John 14, Mike 50, Peter 40, Peter 50, Peter 55, Tim 50]
>>>
>>> persons.sort(key=lambda person: [person.age, person.name])
>>> persons
[Jim 7, Fred 14, John 14, Peter 40, Mike 50, Peter 50, Tim 50, Peter 55]
```

Die Funktion `sorted()`

Bislang war das alles ja ziemlich einfach, jedoch haben wir beim Sortieren immer auf den Ausgangsdaten gearbeitet. Für viele Anwendungsfälle wollen wir unsere Originaldaten nicht durcheinanderwürfeln, nur weil die Sortierung gewechselt wird. Um eine neue sortierte Datenstruktur zu erhalten, gibt es die Funktion `sorted()`. Diese können wir analog zu `sort()` einsetzen, jedoch müssen wir hier die zu sortierende Liste und die Kriterien übergeben und erhalten als Ergebnis die entsprechend sortierte Liste – wiederum helfen uns Lambdas (vgl. Abschnitt 7.5).

```
>>> sorted_by_name_and_age = sorted(persons, key = lambda person: (person.name,
    person.age))
>>> sorted_by_name_and_age
[Fred 14, Jim 7, John 14, Mike 50, Peter 40, Peter 50, Peter 55, Tim 50]
>>>
>>> sorted_by_age_and_name = sorted(persons, key = lambda person: (person.age,
    person.name))
>>> sorted_by_age_and_name
[Jim 7, Fred 14, John 14, Peter 40, Mike 50, Peter 50, Tim 50, Peter 55]
```

5.2.4   Tauschen von Elementen – `swap()`

Eine gebräuchliche Funktionalität für Listen ist das Vertauschen von Elementen an zwei Positionen. Das ist nachfolgend visualisiert.

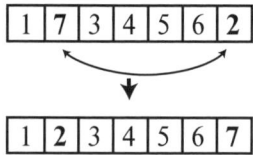

Abbildung 5-2 *Tauschen von Elementen*

Diese Funktionalität lässt sich einfach und lesbar in einer Methode `swap(values, first, second)` wie folgt schreiben:

```
def swap(values, first, second):
    value1 = values[first]
    value2 = values[second]

    values[first] = value2
    values[second] = value1
```

Man kann das Ganze auch mit nur drei Zuweisungen und einer temporären Variablen lösen, jedoch finde ich die vorherige Variante ein klein wenig verständlicher:

```
def swap(values, first, second):
    tmp = values[first]

    values[first] = values[second]
    values[second] = tmp
```

Mit der Python-Besonderheit des Tuple Unboxings kann man das Ganze noch kürzer wie folgt schreiben:

```
def swap_tuple(values, first, second):
    values[first], values[second] = values[second], values[first]
```

Experimentieren wir ein wenig mit der gerade erstellten Methode:

```
>>> numbers = [1, 2, 3, 4, 5, 6, 7, 8, 9]
>>> swap(numbers, 3, 5)
>>> swap(numbers, 2, 6)
>>> numbers
[1, 2, 7, 6, 5, 4, 3, 8, 9]
>>>
>>> swap(numbers, 1, 7)
>>> swap(numbers, 0, 8)
>>> numbers
[9, 8, 7, 6, 5, 4, 3, 2, 1]
```

Was haben wir gerade gelernt? Wir können mithilfe von `swap()` eine Funktionalität bauen, die den Inhalt einer Liste sukzessive in die umgekehrte Reihenfolge bringt.

Listen-Reverse mit `swap()`   Weil wir gerade so schön in Fahrt sind, wollen wir eine entsprechende Methode selbst realisieren. Als Schmankerl wollen wir in der Lage sein, auch nur innerhalb von Bereichen, gegeben durch die vordere und hintere Position, die Werte zu tauschen. Was benötigen wir? Zunächst einmal je einen Positionszeiger für vorne und hinten, die wir an `swap()` übergeben. Nach jedem Tauschvorgang wandern diese aufeinander zu. Was uns noch fehlt, ist eine Abbruchbedingung. Wir stoppen, wenn sich die Positionen überlappen. Damit bietet sich eine Realisierung mit einer `while`-Schleife an, die nach dem Tauschen der Elemente die Positionszeiger aufeinander zu bewegt:

```
def reverse(values, start, end):
    while start < end:
        swap(values, start, end)

        start += 1
        end -= 1
```

Alternativ können wir ausgehend von der Startposition auch einfach bis zur Mitte laufen und jeweils die korrespondierenden Elemente tauschen. Damit ergibt sich eine Variante mit der `for`-Schleife:

```
def reverse2(values, start, end):
    for i in range(((end-start) // 2)):
        swap(values, i + start, end - i)
```

Probieren wir das Ganze einmal aus:

```
>>> numbers = [1, 2, 3, 4, 5, 6, 7, 8, 9]
>>> reverse(numbers, 0, len(numbers) - 1)
>>> numbers
[9, 8, 7, 6, 5, 4, 3, 2, 1]
```

Das Allerbeste kommt zum Schluss: Dadurch, dass wir mit zwei Positionszeigern als Parametern arbeiten, können wir sogar nur Teilbereiche einer Liste in der Reihenfolge umkehren:

```
>>> numbers = [1, 2, 3, 4, 5, 6, 7, 8, 9]
>>> reverse(numbers, 2, 6)
>>> numbers
[1, 2, 7, 6, 5, 4, 3, 8, 9]
>>>
>>> reverse(numbers, 2, 6)
>>> numbers
[1, 2, 3, 4, 5, 6, 7, 8, 9]
```

Tipp: Rekursive Variante

Bei Rekursion geht es darum, die Lösungsfindung durch Selbstaufrufe zu realisieren. In diesem Fall tauschen wir jeweils ein Element und rufen dann die Methode erneut mit veränderten Grenzen auf. Details finden Sie später in Abschnitt 6.8.

```
>>> def reverse_rec(values, start, end):
...     if start < end:
...         swap(values, start, end)
...         reverse_rec(values, start + 1, end -1)
...
>>> reverse_rec(numbers, 2, 6)
>>> numbers
[1, 2, 7, 6, 5, 4, 3, 8, 9]
```

5.2.5   Reihenfolge umkehren – `reverse()` und `reversed()`

Gerade haben wir mithilfe des Elementtauschens und der Funktion `swap()` das Umkehren der Reihenfolge der Elemente in einer Liste realisiert. Praktischerweise geht es in Python einfacher, da es dafür eingebaute Funktionalitäten in Form der Methode `reverse()` und der Funktion `reversed()` gibt. Analog zum Pärchen `sort()` / `sorted()` arbeitet auch die Kombination `reverse()` / `reversed()`. Erstere ist eine Methode der Liste und dient dazu, deren Reihenfolge umzukehren. Mit `reversed()` wird eine neue Liste mit umgedrehter Reihenfolge erzeugt, genauer: ein Iterator, der dies produzieren kann.

```
>>> numbers = [1, 2, 7, 6, 5, 4, 3, 8, 9]
>>> numbers.reverse()
>>> numbers
[7, 6, 5, 4, 3, 2, 1]
>>>
>>> reversed(numbers)
<list_reverseiterator object at 0x102984f70>
>>> list(reversed(numbers))
[1, 2, 3, 4, 5, 6, 7]
```

Auch wenn man durch unsere spezielle Auswahl an Zahlen an eine Sortierung denken könnte, ist dies bei `reverse()` / `reversed()` nicht der Fall, wie es folgendes Beispiel nochmals verdeutlicht – es geht wirklich um die Reihenfolge der Elemente innerhalb der Liste, die sich umkehrt:

```
>>> elements = ["1st", "2nd", "3rd", "4th", "LAST"]
>>> elements.reverse()
>>> elements
['LAST', '4th', '3rd', '2nd', '1st']
```

5.2.6 Mehrdimensionale Listen

In diesem Abschnitt wollen wir uns kurz mit mehrdimensionalen Listen beschäftigen. Weil es in der Praxis häufiger vorkommt und weil man es sich auch visuell gut vorstellen kann, beschränken wir uns dabei auf zweidimensionale Listen. Zwar müssen diese nicht zwingend rechteckig sein, aber dies ist vermutlich der Normalfall.

Einführendes Beispiel

Eine zweidimensionale rechteckige Liste kann man etwa zur Modellierung eines Spielfelds, eines Sudoku-Rätsels oder einer Landschaft, repräsentiert durch Zeichen, nutzen. Zum besseren Verständnis und Einstieg betrachten wir ein Beispiel: Nehmen wir an, '#' stünde für eine Begrenzungsmauer, '$' für einen einzusammelnden Gegenstand und 'P' für den Spieler sowie 'X' für den Ausgang aus einem Level. Mit diesen Zeichen kann man ein Spielfeld wie folgt beschreiben:

```
################
##   P        ##
####    $ X ####
###### $  ######
################
```

In Python lässt sich zur Verarbeitung eine verschachtelte Liste folgendermaßen nutzen:

```
>>> world = [list("################"),
...          list("##   P        ##"),
...          list("####    $ X ####"),
...          list("###### $  ######"),
...          list("################")]
```

Wir sehen, dass eine mehrdimensionale Liste eine Liste ist, die eine oder mehrere Listen enthält. Die Anzahl an Dimensionen wird durch die Anzahl an eckigen Klammerpaaren bestimmt, etwa [] [] für zweidimensional oder [] [] [] für dreidimensional.

Beispiel

Die einzelnen Werte kann man wie gewohnt in eckigen Klammern notieren. Dabei enthält eine Liste wiederum Listen (hier gleicher Länge). Eine zweidimensionale Liste mit Zahlen erstellen wir demnach etwa folgendermaßen:

```
>>> twodim = [[1, 1, 1, 1],
...           [2, 2, 2, 2],
...           [3, 3, 3, 3],
...           [4, 4, 4, 4]]
>>> twodim
[[1, 1, 1, 1], [2, 2, 2, 2], [3, 3, 3, 3], [4, 4, 4, 4]]
```

Solche rechteckige Ausrichtungen findet man oft in der Praxis. Als Analogie kann man sich eine zweidimensionale Liste wie eine Schrankwand mit nummerierten Schubladen für Elemente vorstellen. Nachfolgend ist das für ein 5×3-Liste (5 Positionen in x-Richtung und 3 Reihen in y-Richtung) schematisch dargestellt.

	0	1	2	3	4
0	0,0	0,1	0,2	0,3	0,4
1	1,0	1,1	1,2	1,3	1,4
2	2,0	2,1	2,2	2,3	2,4

Abbildung 5-3 *Schubladendenkweise für eine zweidimensionale Liste*

Schauen wir uns an, wie einfach man eine Ausgabe gestalten kann:

```
>>> def print2d(values):
...     for line in values:
...         print(line)
...
```

Rufen wir die Methode einmal auf:

```
>>> print2d(twodim)
[1, 1, 1, 1]
[2, 2, 2, 2]
[3, 3, 3, 3]
[4, 4, 4, 4]
```

Verbesserungen in der Ausgabe

Betrachten wir auch noch das Spielfeld und seine Ausgabe, an der wir erkennen, dass der Aufruf von `list()` die textuellen Eingaben in jeweils einzelne Buchstaben aufgespalten hat:

```
>>> print2d(world)
['#', '#', '#', '#', '#', '#', '#', '#', '#', '#', '#', '#', '#', '#', '#', '#']
['#', '#', ' ', ' ', 'P', ' ', ' ', ' ', ' ', ' ', ' ', ' ', ' ', ' ', '#', '#']
['#', '#', '#', '#', ' ', ' ', ' ', '$', ' ', 'X', ' ', ' ', '#', '#', '#', '#']
['#', '#', '#', '#', '#', '#', ' ', '$', ' ', ' ', ' ', '#', '#', '#', '#', '#']
['#', '#', '#', '#', '#', '#', '#', '#', '#', '#', '#', '#', '#', '#', '#', '#']
```

Für das Spielfeld wäre eine Darstellung ohne eckige Klammern und Anführungszeichen wünschenswert. Mithilfe von `join()` können wir die Elemente einer Liste in eine Zeichenkette umwandeln:

```
>>> def print2dnice(values):
...     for line in values:
...         print("".join(line))
...
```

Schauen wir uns das Ergebnis einmal an:

```
>>> print2dnice(world)
################
##  P        ##
####   $ X ####
######  $ ######
################
```

Spezialfall: Nicht rechteckige Listen

Weil mehrdimensionale Listen als Listen von Listen in Python realisiert sind, lassen sich auch beliebig unterschiedliche Längen modellieren, wie hier eine dreieckige Ausrichtung:

```
>>> twodim_triangle = [[1],
...                     [2, 2],
...                     [3, 3, 3]]
```

Rufen wir die Methode zur Ausgabe einmal auf, um die Dreieckseigenschaft noch klarer zu sehen:

```
>>> print2(twodim_triangle)
[1]
[2, 2]
[3, 3, 3]
```

Machen wir es noch etwas konkreter für eine verschachtelte String-Liste namens personen. Das sieht dann in etwa so aus.

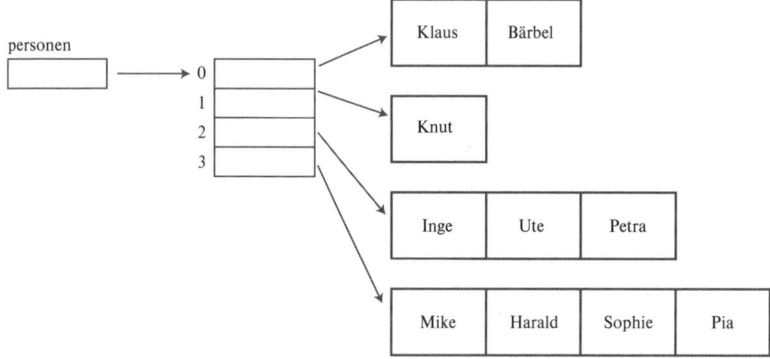

Abbildung 5-4 *Beispiel Personen-2D-Liste*

5.3 Praxisbeispiel: Einen Stack selbst realisieren

Ein Stack ist einem Stapel Papier bzw. einer Schreibtischablage nachempfunden, auf die man oben Dinge drauflegt und von der man jeweils Dinge nur von oben nehmen kann. Zudem ist ein Blick auf das oberste Element möglich. Darüber hinaus gibt es noch eine Größenangabe oder zumindest eine Prüfung, ob Elemente vorhanden sind.

5.3.1 Implementierung

Man kann einen Stack selbst implementieren, indem man eine Liste als Datenspeicher nutzt, jedoch nach außen keinen direkten Zugriff darauf bietet, sondern nur indirekt in Form der für einen Stack typischen Methoden:

1. `push(element)` – Ein Element oben hinzufügen.
2. `pop()` – Das oberste Element nehmen.
3. `peek()` – Einen Blick auf das oberste Element werfen.
4. `is_empty()` – Prüfen, ob der Stack leer ist.

Jeder Aufruf von `push(element)` fügt am Listenende ein Element hinzu. Auf diese Weise simuliert man den Stapel. Beim Zugriff auf das letzte Element wird jeweils geprüft, ob der Stack leer ist und in diesem Fall eine selbst definierte `StackIsEmptyException` (vgl. Kapitel 9) ausgelöst. Ansonsten wird das letzte Element zurückgegeben:

```python
class Stack:
    def __init__(self):
        self._values = []

    def push(self, elem):
        self._values.append(elem)

    def pop(self):
        if self.is_empty():
            raise StackIsEmptyException()

        return self._values.pop()

    def peek(self):
        if self.is_empty():
            raise StackIsEmptyException()

        return self._values[-1]

    def is_empty(self):
        return len(self._values) == 0


class StackIsEmptyException(Exception):
    pass
```

Erinnern wir uns: In Python gibt es das Schlüsselwort `pass`. Hier drückt es aus, dass die Exception keine weitere Implementierung besitzt.

Diskussion

Ein wenig verständlicher wäre wohl, Elemente am Anfang der Liste hinzuzufügen und auch von dort zu entnehmen. Das wäre aber bezüglich der Performance ungünstig, da ständige Umkopieraktionen der internen Daten der Liste erfolgen müssten.

Ergänzend könnte man noch einwenden, dass die Python-Onlinedokumentation unter `https://docs.python.org/3/tutorial/datastructures.html#using -lists-as-stacks` beschreibt, wie man Listen als Stacks nutzen kann. Das ist möglich, allerdings wird dann nicht das Interface auf die obigen Methoden eingeschränkt.

Prüfung

Den gerade implementierten Stack können wir mithilfe eines vordefinierten Ablaufs prüfen. Zunächst fügen wir zwei Elemente ein. Dann schauen wir mit `peek()` auf das oberste. Danach entnehmen wir mit `pop()` zweimal Elemente. Diese sollten in umgekehrter Reihenfolge zum Einfügen geliefert werden. Schließlich prüfen wir noch, ob der Stack leer ist. Weil dies der Fall ist, sollte eine nachfolgende Inspektion des obersten Elements eine `StackIsEmptyException` auslösen – hier auskommentiert:

```
def main():
    stack = Stack()
    stack.push("first")
    stack.push("second")

    print("PEEK: " + stack.peek())
    print("POP: " + stack.pop())
    print("POP: " + stack.pop())
    print("ISEMPTY: " + str(stack.is_empty()))
    # print("POP: " + stack.pop())
```

Damit kommt es zu folgenden Ausgaben:

```
PEEK: second
POP: second
POP: first
ISEMPTY: true
```

5.3.2   Stack im Einsatz

Wozu kann man nun einen Stack gewinnbringend einsetzen? Immer dann, wenn Sie Eingabedaten in ihrer Reihenfolge umkehren wollen, bietet sich ein Stack an. Praktischerweise besitzt Python für Listen bereits eine Methode `reverse()` bzw. die Funktion `reversed()` (vgl. Abschnitt 5.2.5). Nehmen wir für einen Moment an, wie hätten diese Funktionalität nicht im Zugriff. Wie könnte man das Umdrehen der Reihenfolge mit einem Stack lösen?

Man fügt einfach so lange Elemente dem Stack hinzu, wie es in den Originaldaten noch Elemente gibt. Zum Schluss liegt das letzte Element ganz oben. Nun nimmt man so lange das aktuelle oberste Element des Stacks und fügt dies einer Ergebnisliste hinzu, bis der Stack leer ist. Das implementiert man wie folgt:

```
def reverse_order(values):
    stack = Stack()
    for val in values:
        stack.push(val)

    result = []
    while not stack.is_empty():
        result.append(stack.pop())

    return result
```

5.4   Praxisbeispiel: Flächen füllen

Wir wollen das bislang gesammelte Wissen zu mehrdimensionalen Listen nun einsetzen, um eine Funktion `flood_fill(values2dim, start_x, start_y)` zu implementieren, die in einem Spielfeld, gegeben durch eine zweidimensional verschachtelte Liste, alle freien Felder mit einem bestimmten Wert befüllt.

Beispiel

Nachfolgend ist der Füllvorgang für das Zeichen '*' gezeigt. Das Füllen beginnt an einer vorgegebenen Position, etwa in der linken oberen Ecke, und wird dann so lange in alle vier Himmelsrichtungen fortgesetzt, bis die Grenzen der Liste oder eine Begrenzung in Form eines anderen Zeichens gefunden wird:

```
"   #  "      "***# "      "   #      #"      "  #******#"
"    #"       "****#"      "    #     #"      "  #******#"
"#   #"  =>   "#****#"     "#   #     #"  =>  "#  #******#"
" # # "       " #*# "      "   # #    #"      " # #******#"
"   # "       "  # "       "   #      #"      "  #******#"
```

Algorithmus

Um die Füllung zu realisieren, beginnen wir mit dem Startfeld. Ist das Feld leer, so fülle es und prüfe wiederum dessen vier Nachbarn in den vier Himmelsrichtungen. Erreichen wir die Grenzen oder ein gefülltes Feld, so stoppen wir:

```python
def flood_fill(values2dim, x, y):
    # rekursiver Abbruch
    if x < 0 or y < 0 or x >= len(values2dim[0]) or y >= len(values2dim):
        return

    if values2dim[y][x] == ' ':
        values2dim[y][x] = '*'
        # rekursiver Abstieg: fülle in alle 4 Richtungen
        flood_fill(values2dim, x, y - 1)
        flood_fill(values2dim, x + 1, y)
        flood_fill(values2dim, x, y + 1)
        flood_fill(values2dim, x - 1, y)
```

Prüfung

Nun wollen wir das einleitend gezeigte Muster als Ausgangsbasis definieren und dann eine Füllung von unterschiedlichen Positionen ausgehend vornehmen:

```python
second_world = [list("   #     # "),
                list("    #      #"),
                list("#   #     # "),
                list(" # #      # "),
                list("   #     # ")]
print2dnice(second_world)
print("-------- Filling ---------")
flood_fill(second_world, 5, 0)
print2dnice(second_world)
```

Zum leichteren Nachvollziehen wird die Ausgabemethode hier nochmals gezeigt:

```
def print2dnice(values):
    for line in values:
        print("".join(line))
```

Dadurch kommt es zu folgenden Ausgaben, die die korrekte Funktionalität des Flächen-
füllens zeigen:

```
    #     #
     #     #
 #   #     #
  # #      #
   #   #
-------- Filling ---------
   #******#
    #******#
 #   #******#
  # #******#
   #*****#
```

5.5   Aufgaben und Lösungen

5.5.1   Aufgabe 1: Tennisverein-Mitgliederliste

Nehmen wir an, wir verwalten die Mitglieder des Tennisvereins in Form einer Liste. Implementieren Sie folgenden Registrierungsprozess: Zunächst melden sich Michael, Tim und Werner an. Prüfen Sie, ob sich Jana schon angemeldet hat. Nun registriert sich Andreas. Schließlich melden sich Lili, Jana und Natalija an. Geben Sie die Anzahl der Mitglieder aus.

Lösung

Die Aufgabenstellung bietet schon den ersten Anhaltspunkt. Wir starten mit einer leeren Liste. Die jeweiligen Meldungen von mehreren Teilnehmern können wir auch als Listen modellieren. Um die so entstandenen temporären Listen der Mitgliederliste hinzuzufügen, nutzen wir +=, später `extend()`. Den Nachzügler Andreas als Einzeleintrag fügen wir mit `append()` hinzu. Ob sich Jana schon angemeldet hat, lässt sich durch einen Aufruf von `in` feststellen. Nun registrieren sich drei Damen. Diese werden mit `extend()` hinzugefügt. Schließlich ermitteln wir mit `len()` die Anzahl der Mitglieder:

```
>>> mitglieder_liste = []
>>> mitglieder_liste += [ "Michael", "Tim", "Werner" ]
>>> mitglieder_liste
['Michael', 'Tim', 'Werner']
>>>
>>> "Jana" in mitglieder_liste
False
>>>
>>> mitglieder_liste.append("Andreas")
>>> mitglieder_liste
['Michael', 'Tim', 'Werner', 'Andreas']
>>>
>>> mitglieder_liste.extend(["Lili", "Jana", "Natalija"])
>>> mitglieder_liste
['Michael', 'Tim', 'Werner', 'Andreas', 'Lili', 'Jana', 'Natalija']
>>>
>>> len(mitglieder_liste)
7
```

5.5.2 Aufgabe 2: Liste mit Farbnamen füllen und filtern

Als Aufgabe sollen Sie eine Liste mit Namen von Farben befüllen – seien Sie einfach kreativ oder verwenden Sie Rot, Grün, Blau, Violett und Gelb. Danach sollen für alle Farben, deren Name eine ungerade Länge besitzt, der Name inklusive Länge des Namens ausgegeben werden.

Lösung

Nach der Definition einer passenden Liste durchlaufen wir diese mit einer `for-in`-Schleife. Jeden Eintrag prüfen wir in `if` durch Aufruf von `len()` mithilfe des Modulo-Operators auf ungerade Länge. Ist dies der Fall, geben wir den Farbnamen und die Längeninformation aus:

```
>>> colors = [ "Red", "Green", "Blue", "Purple", "Yellow" ]
>>> for color in colors:
...     length = len(color)
...     if length % 2 != 0:
...         print(color, "has length", length)
...
Red has length 3
Green has length 5
```

5.5.3 Aufgabe 3: Duplikate entfernen – Variante 1

In dieser Aufgabe geht es im ersten Teil darum, aus einer Liste alle doppelten Einträge zu entfernen. Nehmen wir dazu eine Liste von Städten, die konsolidiert werden soll.

Lösung

Selbstverständlich gibt es diverse Möglichkeiten, Duplikate aus einer Liste zu entfernen. Die natürlichste und mit dem wenigsten eigenen Programmieraufwand verbundene Lösung ist die Überführung in ein Set durch Aufruf des passenden Konstruktors – eben weil ein Set keine Duplikate erlaubt und diese automatisch beim Erstellen entfernt werden. Benötigt man als Ergebnis eine Liste, so kann man `list(set(cities))` aufrufen.

```
>>> cities = [ "Kiel", "Hamburg", "Zürich", "Bremen",
...            "Hamburg", "Zürich", "Kiel", "Bremen" ]
>>>
>>> cities_set = set(cities)
>>> print(cities_set)
{'Kiel', 'Bremen', 'Zürich', 'Hamburg'}
```

5.5.4   Aufgabe 4: Duplikate entfernen – Variante 2

Im zweiten Teil der Aufgabe sollen die Buchstaben eines Texts derart reduziert werden, dass nur noch ein Exemplar jedes Buchstabens als einzelner Eintrag in einer Liste enthalten ist und die ursprüngliche Reihenfolge erhalten bleibt. Betrachten wir ein Beispiel. Es wird dort Folgendes erwartet:

```
"ABC_ABCD_ABCDE" => ['A', 'B', 'C', '_', 'D', 'E']
```

Lösung

Etwas anspruchsvoller und aufwendiger ist das Löschen von doppelten Buchstaben aus einem Text. Zwar könnten wir den String in eine Liste konvertieren und danach daraus ein Set erstellen. Dadurch würden wir aber fast immer die in der Aufgabenstellung geforderte Originalreihenfolge der Buchstaben verlieren – nur mit Zufall würde diese mit der Originalreihenfolge übereinstimmen.

Duplikate löschen mit Reihenfolge   Die eben angewendete Strategie mit einem Set als Datenspeicher führt uns zu der Idee, für jeden gefundenen Buchstaben eine Speicherung in einem Set vorzunehmen. Wir durchlaufen den String zeichenweise von vorne nach hinten und im Falle der Nichtexistenz in den bereits aufgefundenen Buchstaben fügen wir den aktuellen Buchstaben zur Ergebnisliste hinzu. Zudem muss er danach noch in die Menge der bereits gefundenen Buchstaben aufgenommen werden:

```python
def remove_duplicates(input):
    result = []
    already_seen = set()

    for ch in input:
        if ch not in already_seen:
            already_seen.add(ch)
            result.append(ch)

    return result


print(remove_duplicates("Dies ist der Eingabetext"))
print(remove_duplicates("ABC_ABCD_ABCDE"))
print(remove_duplicates("ABCABCDDEFFEGHHH"))
```

Es kommt zu folgenden Ausgaben:

```
['D', 'i', 'e', 's', ' ', 't', 'd', 'r', 'E', 'n', 'g', 'a', 'b', 'x']
['A', 'B', 'C', '_', 'D', 'E']
['A', 'B', 'C', 'D', 'E', 'F', 'G', 'H']
```

5.5.5   Aufgabe 5: Hauptstädte

In dieser Aufgabe sollen zu speziellen Länderkennungen, wie CH, DE oder GB, die jeweiligen Landeshauptstädte ermittelt werden. Existiert die Kennung nicht, so soll eine passende Information ausgegeben werden. Schreiben Sie dazu eine Funktion.

Lösung

Wir definieren zunächst eine Funktion `capital(available_mappings, state)`. Dort nutzen wir ein Dictionary, das wir zuvor mit einigen Werten befüllt haben. Zur Abfrage rufen wir `[]` auf. Diese Funktion liefert uns entweder den korrekten Eintrag, sofern dieser zu dem gewünschten Schlüssel existiert, oder aber den angegebenen Fallback-Wert, hier den Text `"UNKNOWN STATE: "`, sowie den Schlüssel:

```
def capital(available_mappings, state):
    return available_mappings.get(state, "UNKNOWN STATE: " + state)


capital_cities = {"CH" : "Bern", "DE" : "Berlin", "GB" : "London"}

print(capital(capital_cities, "CH"))
print(capital(capital_cities, "US"))
```

Es kommt zu folgenden Ausgaben:

```
Bern
UNKNOWN STATE: US
```

5.5.6   Aufgabe 6: Häufigkeiten von Namen

Stellen Sie sich vor, es wäre eine Liste mit Namen gegeben. Nun wollen Sie wissen, welcher Name am häufigsten vorkommt bzw. genauer, für alle Namen deren Anzahl ermitteln.

Lösung

Gegeben seien beispielsweise folgende Namen:

```
>>> names = ["Tim", "Tom", "Mike", "Jim", "Tim", "Mike", "James", "Mike"]
```

Überlegen wir kurz, wie wir die Aufgabenstellung sinnvoll umsetzen können. Zum Aufbereiten des Resultats bietet sich ein Dictionary an, hier als eine Abbildung von Name auf Anzahl:

```
>>> name_to_count_map = {}
```

Nun durchlaufen wir die Liste von vorne nach hinten und schauen für jeden Namen nach, ob dieser bereits im Dictionary hinterlegt ist. Falls dies der Fall ist, addieren wir den Wert 1 auf den aktuellen Zählerstand. Gab es noch keinen Eintrag für den Namen, so fügen wir initial den Wert 1 per Zuweisung und eckiger Klammersyntax hinzu:

```
for name in names:
    if name not in name_to_count_map:
        name_to_count_map[name] = 1
    else:
        name_to_count_map[name] += 1

print(name_to_count_map)
```

Es kommt zu folgender Ausgabe:

```
{'Tim': 2, 'Tom': 1, 'Mike': 3, 'Jim': 1, 'James': 1}
```

5.5.7   Aufgabe 7: Objekte mit Dictionary selbst gebaut

Wir haben bereits Klassen zur Modellierung und Strukturierung von Daten kennenge-lernt. Probieren Sie einmal aus, wie man ein Dictionary für die Datenhaltung nutzen könnte, wenn es keine Klassen dafür gäbe.

Definieren Sie für zwei Personen deren Namen, einen Geburtstag sowie einen Wohnort in Form von Einträgen. Seien Sie bezüglich der Werte kreativ. Ermitteln Sie dann den Wohnort der ersten Person und den Geburtstag der zweiten. Für den Geburts-tag verwenden Sie bitte die Klasse `date` aus dem Modul `datetime` (vgl. Kapitel 10).

Lösung

Wir definieren zwei Variablen, hier namens `michael` und `tim`. Die entsprechenden Werte modellieren wir in Form von Schlüssel-Wert-Paaren. Hilfreich ist dazu die direk-te Definition in geschweiften Klammern, mit der das Ganze schnell und einfach von der Hand geht. Nun ist lediglich ein Zugriff mit `[]` und passender Angabe des Schlüssels vonnöten:

```
import datetime

michael = {"name": "Michael",
           "birthday": datetime.date(1971, 2, 7),
           "city": "Zürich"}

tim = {"name": "Tim",
       "birthday": datetime.date(1971, 3, 27),
       "city": "Kiel"}

print(michael.get("city"))
print(tim.get("birthday"))
```

Es kommt zu folgender Ausgabe:

```
Zürich
1971-03-27
```

5.5.8   Aufgabe 8: Rotation um eine oder mehrere Positionen

In dieser Aufgabe besteht die Problemstellung im Rotieren einer Liste um n Positionen nach links bzw. rechts. Dabei sollen die Elemente zyklisch am Anfang bzw. Ende nachgeschoben werden. Das gewünschte Vorgehen ist nachfolgend für eine Rotation um eine Positionen visualisiert, wobei die mittlere Liste die Ausgangsbasis bildet:

| 2 | 3 | 4 | 1 | $\Leftarrow$ | 1 | 2 | 3 | 4 | $\Rightarrow$ | 4 | 1 | 2 | 3 |

Lösung

Der Algorithmus für eine Rotation um ein Element nach rechts ist simpel: Merke dir das letzte Element und kopiere dann wiederholt jeweils das in Rotationsrichtung eins weiter vorne liegende Element in das dahinter.

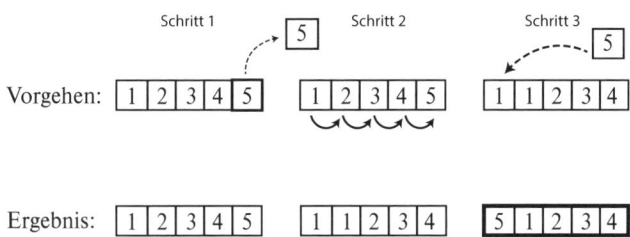

Abbildung 5-5 *Rotieren von Elementen*

Abschließend wird das zwischengespeicherte letzte Element an vorderster Position eingefügt. Im Fall von weniger als zwei Elementen sind keine Aktionen nötig.

```
>>> def rotate_right(values):
...     if len(values) < 2:
...         return
...
...     end_pos = len(values) - 1
...     temp = values[end_pos]
...
...     for i in range(end_pos, 0, -1):
...         values[i] = values[i - 1]
...
...     values[0] = temp
...
```

Die Rotation nach links arbeitet analog. Hier merken wir uns das vorderste Element. Dann kopieren wir jeweils die dahinterliegenden um eine Position nach vorne und schließlich ersetzen wir das Element an letzter Position mit dem zwischengespeicherten ehemals vordersten Element:

```
>>> def rotate_left(values):
...     if len(values) < 2:
...         return
...
...     end_pos = len(values) - 1
...     temp = values[0]
...
...     for i in range(end_pos):
...         values[i] = values[i + 1]
...
...     values[end_pos] = temp
...
```

Probieren wir das Ganze einmal aus:

```
>>> numbers = [1, 2, 3, 4, 5, 6, 7]
>>> rotate_right(numbers)
>>> numbers
[7, 1, 2, 3, 4, 5, 6]
>>> rotate_left(numbers)
>>> numbers
[1, 2, 3, 4, 5, 6, 7]
```

Rotation um n Positionen   Eine naheliegende Erweiterung ist das Rotieren um eine bestimme Anzahl an Positionen. Das kann man dadurch lösen, dass man die gerade entwickelte Funktionalität n Mal aufruft:

```
>>> def rotate_right_by_n_simple(values, n):
...     for i in range(n):
...         rotate_right(values)
...
>>> rotate_right_by_n_simple(numbers, 3)
>>> numbers
[5, 6, 7, 1, 2, 3, 4]
```

Diese Lösung ist grundsätzlich akzeptabel, wenn auch durch die häufigen Kopier-aktionen nicht performant. Wie es effizienter geht, erkläre ich in meinem Buch »Python Challenge« [4].

Tipp: Optimierung bei großen Werten für n

Zudem gibt es noch eine Besonderheit zu bedenken: Ist nämlich n größer als die Länge der Liste, so muss man nicht ständig rotieren, sondern kann die Anzahl der Rotationen durch die Modulo-Operation `i < n % len(values)` auf das tatsäch-lich benötigte Maß begrenzen.

5.5.9   Aufgabe 9: Dreieckige Liste: Upside Down

Bei dieser Aufgabe sei eine verschachtelte Liste mit dreieckiger Form gegeben. In dieser Liste sollen alle Zeilen bis zur Mitte mit den jeweils unteren getauscht werden. Schreiben Sie eine Methode `upside_down(values)`, um diese Funktionalität bereitzustellen.

Gehen wir von folgender einfachen dreieckigen Listenstruktur aus:

```
>>> original = [["ONE"],
...             ["TWO", "TWO"],
...             ["THREE", "THREE", "THREE"]]
```

Dann soll ein Aufruf von `upside_down(original)` folgendes Resultat liefern:

```
[["THREE", "THREE", "THREE"],
 ["TWO", "TWO"],
 ["ONE"]]
```

Zunächst muss man wohl etwas überlegen und wie nahezu immer gibt es verschiedene Lösungswege. Schauen wir uns ein paar mögliche an.

Lösung: Brute Force mit neuer Liste und viel Kopieren

Eine Idee ist es, eine neue verschachtelte Liste gleicher Länge zu erzeugen und dann von hinten durch die Originalliste zu laufen und mit den jeweiligen Werten zu befüllen:

```
>>> def upside_down_V1(values):
...     result = [[] for i in range(len(values))]
...
...     result_pos = 0
...     for i in range(len(values) - 1, -1, -1):
...         result[result_pos] = values[i]
...         result_pos += 1
...
...     return result
...
```

Prüfen wir dies kurz nach:

```
>>> original = [["ONE"],
...             ["TWO", "TWO"],
...             ["THREE", "THREE", "THREE"]]
>>>
>>> print(upside_down_V1(original))
[['THREE', 'THREE', 'THREE'], ['TWO', 'TWO'], ['ONE']]
```

Tatsächlich erhalten wir das gewünschte Ergebnis, das wir folgendermaßen noch etwas schöner ausgeben:

```
>>> for line in upside_down_V1(original):
...     print(line)
...
['THREE', 'THREE', 'THREE']
['TWO', 'TWO']
['ONE']
```

Anmerkungen So weit funktioniert das Ganze gut. Die gewünschte Funktionalität ist korrekt umgesetzt. Wie sieht es mit der Effizienz aus? Mittelprächtig, weil wir nochmals zumindest die äußere Liste erstellen, um das Resultat aufzunehmen. Glücklicherweise verweisen die Daten dann auf die Originale, wodurch es speichertechnisch in Ordnung ist.

Pythonic Way Mit der mächtigen Slicing-Operation `[::-1]` ist es eleganter und viel kürzer möglich – alternativ wäre auch `list(reversed(original))` denkbar.

```
>>> original[::-1]
[['THREE', 'THREE', 'THREE'], ['TWO', 'TWO'], ['ONE']]
```

Aber: Wie könnten wir es noch effizienter machen? Wie wäre es möglich, die Aufgabenstellung ohne die Erzeugung einer neuen Liste umzusetzen?

Lösung: Tricky Inplace mit Referenztausch

Tatsächlich ist das machbar. Dabei nutzen wir aus, dass die verschachtelten Listen wiederum Listen enthalten, die man ganz einfach tauschen kann. Gemäß dieser Idee müssen wir nun von oben bis zur Hälfte laufen und jeweils die Werte an der ersten und letzten Position tauschen und dies für die nächstinneren Positionen wiederholen, eben bis man die Mitte erreicht:

```
>>> def upside_down_inplace(values):
...     for i in range(len(values) // 2):
...         tmp = values[i]
...
...         end_pos = len(values) - 1 - i
...         values[i] = values[end_pos]
...         values[end_pos] = tmp
...
```

Da wir hier auf den eigentlichen Daten arbeiten, gibt es nun keinen Rückgabewert mehr.

Auch hier prüfen wir die Funktionalität kurz nach:

```
>>> original = [["ONE"],
...             ["TWO", "TWO"],
...             ["THREE", "THREE", "THREE"]]
>>>
>>> upside_down_inplace(original)
>>> for line in original:
...     print(line)
...
['THREE', 'THREE', 'THREE']
['TWO', 'TWO']
['ONE']
>>>
>>> upside_down_inplace(original)
>>> for line in original:
...     print(line)
...
['ONE']
['TWO', 'TWO']
['THREE', 'THREE', 'THREE']
```

6 Ergänzendes Wissen

In diesem Kapitel schauen wir uns einige Themen wie Benutzereingaben, Zufallszahlen, Besonderheiten bei Parameterübergaben sowie den Ternary-Operator an und erweitern unsere Python-Kenntnisse etwa zu `break` und `continue` in Schleifen sowie der dynamischen Auswertung von Ausdrücken. Den Abschluss bildet dann die Beschreibung einer »Rekursion« genannten Technik, mit der sich diverse Problemstellungen elegant lösen lassen.

6.1 Benutzereingaben `input()`

Programme verarbeiten in der Regel diverse Daten. Diese können etwa aus Dateien eingelesen werden (vgl. Kapitel 8) oder aber aus grafischen Benutzeroberflächen oder Datenbanken stammen.[1] Im einfachsten Fall können zu verarbeitende Daten vom Benutzer auf der Kommandozeile eingegeben werden. Dafür besitzt Python die Funktion `input()`, die wir nun kennenlernen wollen.

Beispiel

Der Funktion `input()` gibt man eine Zeichenkette mit, die den Benutzer zur Eingabe auffordert. Der zurückgelieferte Wert ist ein String. Im folgenden Beispiel erfragen wir zunächst den Namen und dann das Alter. Dieses wandeln wir mit `int()` in eine Ganzzahl, um Berechnungen anstellen zu können, hier, um den Wert 10 zu addieren:

```
name = input("Wie heißen Sie? ")
age = input("Wie alt sind Sie? ")

age_plus_10 = int(age) + 10
print("Herzlich willkommen", name + "!")
print("In 10 Jahren sind Sie", age_plus_10, "Jahre alt?")
```

Auf der Konsole sieht das Ganze in etwa so aus:

```
Wie heißen Sie? Michael
Wie alt sind Sie? 50
Herzlich willkommen Michael!
In 10 Jahren sind Sie 60 Jahre alt?
```

---

[1]Benutzeroberflächen und Datenbanken sowie der Zugriff darauf sind fortgeschrittenere Themen, die in diesem Buch nicht behandelt werden.

Typumwandlung   Oftmals sieht man eine Typumwandlung direkt bei der Eingabe
wie folgt:

```
zahl = int(input("Bitte geben Sie eine Zahl ein: "))
print(zahl)
```

Tipp: Unsichtbare Eingabe etwa für Passwörter

Manchmal möchte man die Benutzereingabe nicht lesbar auf der Konsole durchführen, beispielsweise um geheime Informationen wie Passwörter auch geheim zu
halten. Dabei hilft das Modul `getpass` und die Funktion `getpass()`:

```
from getpass import getpass

user = input("User: ")
pwd = getpass("Password: ")

print("Nutzername", user)
print("Kennwort", pwd)
```

Innerhalb des Terminals von PyCharm funktioniert die versteckte Eingabe jedoch
nicht – mit dem Python-Kommandozeileninterpreter dagegen schon.

6.2   Zufallswerte und das Modul `random`

Das Modul `random` bietet einige Funktionalitäten zur Erzeugung von Zufallszahlen.
Schauen wir uns zum Einstieg ein paar Aufrufe auf der Konsole an. Im Anschluss gehe
ich dann auf die einzelnen Möglichkeiten etwas genauer ein.

```
>>> import random
>>>
>>> random.random()
0.16364941375885966
>>>
>>> random.randint(1, 49)
33
>>>
>>> random.randrange(10, 100)
13
>>>
>>> random.randrange(10, 100, 20)
70
>>>
>>> random.choice(["Wasser", "Wein", "Bier", "Apfelschorle", "Cola"])
'Cola'
>>>
>>> values = ["AB", "BC", "CD", "DE"]
>>> random.shuffle(values)
>>> values
['DE', 'CD', 'AB', 'BC']
```

Zufallswerte im Bereich 0 bis 1

Die Funktion `random.random()` gibt eine Zufallszahl zwischen 0,0 (inklusive) und 1,0 (exklusive) zurück: Um mehr Kontrolle über den Wertebereich der Zufallszahl zu bekommen, z. B. wenn Sie nur eine Zufallszahl zwischen 0 und 100 benötigen, können Sie die folgende Formel verwenden:

$$zufallszahl = random.random() * 100$$

Zufallswerte aus einem Bereich

Manchmal benötigt man Zufallszahlen aus einem fixen Wertebereich mit unterer und oberer Grenze. Dazu bietet Python die Funktion `random.randrange()`:

```
>>> random.randrange(10, 100)
24
>>> random.randrange(10, 100)
63
>>> random.randrange(10, 100)
41
```

Dabei kann man optional noch eine Schrittweite mitgeben. Dann werden ausgehend vom Startwert nur Zufallswerte mit der angegebenen Schrittweite erstellt:

```
>>> random.randrange(200, 5000, 100)
2900
>>> random.randrange(200, 5000, 100)
4000
>>> random.randrange(200, 5000, 100)
2800
```

Werte aus Liste zufällig wählen

Immer mal wieder ist es praktisch, aus einem Datenbestand einen Wert zufällig zu wählen. Dafür bietet sich die Funktion `choice()` an:

```
>>> random.choice(["Napoli","Funghi","Diavolo"])
'Funghi'
>>> random.choice(["Napoli","Funghi","Diavolo"])
'Diavolo'
>>> random.choice(["Napoli","Funghi","Diavolo"])
'Napoli'
```

Das Ganze funktioniert natürlich auch mit Listen von Zahlen. Nachfolgend wählen wir dreimal zufällig eine Zahl aus den Primzahlen bis 20:

```
>>> random.choice([2,3,5,7,11,13,17,19])
2
>>> random.choice([2,3,5,7,11,13,17,19])
13
>>> random.choice([2,3,5,7,11,13,17,19])
5
```

Listen durcheinanderwürfeln

Ab und an möchte man einen bestehenden Datenbestand durcheinanderwürfeln bzw. mischen, etwa bei einem Kartenspiel. Dazu bietet Python praktischerweise die Funktion `shuffle()`. Im Beispiel werden die Zahlen von 1 bis 15 durcheinandergewürfelt:

```
>>> numbers = [1,2,3,4,5,6,7,8,9,10,11,12,13,14,15]
>>> random.shuffle(numbers)
>>> numbers
[2, 8, 13, 12, 5, 10, 1, 15, 6, 3, 7, 11, 14, 4, 9]
```

6.3   Besonderheiten von Parametern

Wir haben bereits diverse Funktionen aufgerufen und dort auch Parameter übergeben. Tatsächlich haben wir sogar schon einen benannten Parameter benutzt, nämlich `end` bei `print()`. Schauen wir uns nachfolgend noch ein paar Details zur Parameterübergabe in Python an.

6.3.1   Normale Parameter mit Position bzw. Name

Gehen wir von der folgenden einfachen Funktion aus, die zwei Parameter entgegennimmt und deren Wert ausgibt:

```
>>> def parameter_example(first, second):
...     print("first:", first)
...     print("second:", second)
...
```

Bekanntermaßen und wie gewohnt lässt sich diese Funktion auf folgende Weise aufrufen:

```
>>> parameter_example(1, 22)
first: 1
second: 22
```

Als Variation ermöglicht Python auch eine Parameterübergabe per Name auf folgende Art:

```
>>> parameter_example(second = 22, first = 1)
first: 1
second: 22
```

Man kann also Werte entweder positionsorientiert oder aber basierend auf deren Namen angeben. Bei Letzterem ist die Reihenfolge egal. Zwar lassen sich die Angaben nicht beliebig mixen, aber man kann einige Werte erst positionsbasiert und danach die restlichen namensbasiert übergeben. Betrachten wir dazu folgende Funktion:

```
>>> def parameter_example(first, second, third):
...     print("first: ", first)
...     print("second: ", second)
...     print("third: ", third)
...
```

Diese Funktion lässt sich dann auf folgende Weisen aufrufen:

```
>>> # positionsbasiert
>>> parameter_example(1, 22, 333)
first:  1
second:  22
third:  333
>>>
>>> # namensbasiert
>>> parameter_example(second = 22, first = 1, third = 333)
first:  1
second:  22
third:  333
>>>
>>> # erst positionsbasiert, dann namensbasiert
>>> parameter_example(1, third = 333, second = 22)
first:  1
second:  22
third:  333
```

6.3.2 Parameter mit Defaultwert

Eine oftmals praktische Sache ist es, wenn man Parametern vordefinierte Werte zuweisen kann, wodurch optionale Parameter entstehen. Das erlaubt es Aufrufern, für diese optionalen Parameter entsprechende Angaben wegzulassen oder zu spezifizieren.

Betrachten wir wiederum ein Beispiel mit drei Parametern, wobei der letzte eine optionale Information transportieren kann:

```
>>> def parameter_with_default(x, y, opt_info = ""):
...     print("(%d, %d)" % (x,y))
...     if opt_info:
...         print("Info:", opt_info)
...
```

Diese Funktion lässt sich dann auf folgende Weisen aufrufen:

```
>>> parameter_with_default(2, 7)
(2, 7)
>>> parameter_with_default(2, 7, "Special Info")
(2, 7)
Info: Special Info
```

6.3.3   Var Args – variable Anzahl an Argumenten

Mitunter ist es hilfreich, eine beliebige Anzahl an Werten an eine Funktion übergeben zu können. Dafür bietet Python die sogenannten Var Args als Kurzform für Variable Arguments. Dazu wird vor dem Parameter ein Stern, etwa `*args`, angegeben. Das bedeutet, dass man als Aufrufer beliebig viele Werte übergeben kann. Demnach muss man beim Schreiben der Funktion nicht wissen, wie viele Argumente übergeben werden.

Tatsächlich kennen wir bereits eine Funktion, die eine solche variable Anzahl an Argumenten unterstützt! Mehrmals haben wir nun im Verlaufe des Buchs schon die Funktion `print()` mit einer kommaseparierten Aufzählung von Werten aufgerufen. Schauen wir uns nun an, wie man eine derartige Funktion unter Verwendung des Sterns vor dem Parameternamen selbst definieren und dann flexibel nutzen kann:

```
>>> def flexi_print(*values):
...     print(*values)
...
>>> flexi_print("ONE")
ONE
>>> flexi_print("ONE", "TWO")
ONE TWO
>>> flexi_print("ONE", "TWO", "THREE")
ONE TWO THREE
```

Offensichtlich ist das lediglich ein Beispiel zum Einstieg und leichteren Verständnis.

Sinnvoller ist es wohl, wenn man auf den übergebenen Parameterwerten eine Aktion ausführt. Nachfolgend ist dies für eine Summenberechnung inklusive der Ausgabe einer Meldung vor dem Ergebnis gezeigt. Die einzelnen Werte lassen sich praktischerweise sehr leicht mit einer `for-in`-Schleife durchlaufen:

```
>>> def var_args_sum(info, *args):
...     result = 0
...     for num in args:
...         result += num
...     return info + str(result)
...
>>> var_args_sum("Summe: ", 1,2,3,4,5,6,7)
'Summe: 28'
```

Am Beispiel sieht man, dass neben den Var Args weitere Parameter möglich sind. Allerdings muss der Var-Arg-Parameter am Ende stehen.

Trickreiche Nutzung

Manchmal existiert für den Fall einer leeren Eingabe im Gegensatz zum Beispiel der Summe kein sinnvoller Defaultwert. Das ist etwa der Fall, wenn man das Minimum oder Maximum einer leeren Wertemenge berechnen möchte.

Um eine aufwendige Spezialbehandlung zu vermeiden, bietet es sich an, die Funktionalität so zu definieren, dass diese einen erforderlichen Parameter und danach eine variable Argumentliste erhält:

```
>>> def my_min(firstvalue, *othervalues):
...     min_ = firstvalue
...     for val in othervalues:
...         if val < min_:
...             min_ = val
...     return min_
...
```

Schauen wir uns kurz eine Verwendung an – eine leere Parameterliste wird von Python (natürlich) direkt beim Aufruf zurückgewiesen.

```
>>> my_min()
Traceback (most recent call last):
  File "<stdin>", line 1, in <module>
TypeError: my_min() missing 1 required positional argument: 'firstvalue'
>>> my_min(47)
47
>>> my_min(47, 25, 17, 7, 50)
7
```

Bitte beachten Sie noch folgende zwei Punkte:

1. Eine Berechnung des Minimums sollten Sie nicht selbst vornehmen, da es dazu bereits vorgefertigte Funktionalität in Python gibt – hier dient das nur der Demonstration von notwendigen und optionalen Argumenten inklusive einer variablen Anzahl an Parametern.
2. Weil der Name min schon in Python definiert ist, empfiehlt es sich, bei einem derartigen Namenskonflikt einer Variablen ein _ hinten anzufügen.

Tipp: Besonderheiten

Man kann sogar eine variable Anzahl an Schlüssel-Wert-Paaren mit ** vor den Parametern als Übergabe wie folgt definieren:

```
>>> def process_values(**kwargs):
...     for key, value in kwargs.items():
...         print("{0} = {1}".format(key, value))
...
>>> programmer_languages = { "Tim": ["Java"], "Michael" : ["Java", "Python"
    ], "Peter" : ["C#"]}
>>>
>>> process_values(**programmer_languages)
Tim = ['Java']
Michael = ['Java', 'Python']
Peter = ['C#']
```

Diese Art der Parameterübergabe ist allerdings ein fortgeschritteneres Thema und wird hier daher nicht weiter vertieft.

6.4 Ternary-Operator

Manchmal ist eine Kombination aus `if` und `else` etwas ungelenk bzw. etwas länglich. Als Abhilfe gibt es eine Kurzform, die als ternärer Operator bekannt ist. Ternär, weil das Ganze aus drei Teilen besteht:

```
variable = expressionTrue if condition else expressionFalse
```

Damit wird es möglich, mehrere Zeilen einer `if`-/`else`-Konstruktion durch eine einzige Zeile zu ersetzen.

Beispiel

Das folgende Konstrukt

```
>>> time = 20
>>> if time < 18:
...     print("Good day")
... else:
...     print("Good evening")
...
Good evening
```

kann wie folgt vereinfacht werden:

```
>>> time = 20
>>> result = "Good day" if time < 18 else "Good evening"
>>> print(result)
Good evening
```

Schauen wir uns ein weiteres Beispiel an:

```
>>> age = 49
>>> "old enough" if age >= 18 else "too young"
'old enough'
```

Im Beispiel ist die 49 größer gleich der 18 und damit die Bedingung erfüllt, somit wird »old enough« ausgegeben. Wäre der Wert von `age` beispielsweise 7, dann würde die Bedingung zu `False` ausgewertet und »too young« ausgegeben.

Tipp: Der ternäre Operator in der Praxis

Obwohl es verlockend ist, Platz zu sparen, bedenken Sie für eine gute Lesbarkeit und Verständlichkeit Folgendes: Sie sollten sich wirklich auf einfache Abfragen beschränken, sonst wird der ternäre Operator recht schnell unleserlich.

6.5 Aufzählungen mit Enum

Für diverse Anwendungsfälle gibt es einige vordefinierte, zusammengehörende Werte, etwa Jahreszeiten (Frühling, Sommer, Herbst, Winter) oder T-Shirt-Größen (XS, S, M, L, XL, XXL).

Erste Idee: Listen mit fixen Werten

Überlegen wir kurz: Wie würden wir Derartiges mit unserem bisherigen Wissen implementieren? Eine ziemlich naheliegende Idee wäre es, dafür Listen mit fixen Werten wie folgt zu definieren:

```
>>> jahreszeiten = [ "Frühling", "Sommer", "Herbst", "Winter" ]
>>> tshirt_sizes = [ "XS", "S", "M", "L", "XL", "XXL" ]
```

Betrachten wir mal einen Einsatz:

```
>>> print(jahreszeiten[0])
Frühling
>>> print("Ich mag den", jahreszeiten[1])
Ich mag den Sommer
```

Fallstricke Das Ganze wirkt noch etwas unhandlich. Aber Moment! Es birgt auch richtige Fallstricke – man kann nämlich unerwartet in der Liste ändern:

```
>>> jahreszeiten[1] = "Zürich"
>>> print("Ich mag den", jahreszeiten[1])
Ich mag den Zürich
```

Das ist unerwünscht und sicher nicht gewollt. Als Abhilfe und Alternative könnte man die unveränderlichen Tupel nutzen:

```
>>> jahreszeiten = ( "Frühling", "Sommer", "Herbst", "Winter" )
>>> tshirt_sizes = ( "XS", "S", "M", "L", "XL", "XXL" )
```

Eine (versehentliche) Zuweisung wird dann folgendermaßen mit einem TypeError (vgl. Kapitel 9) unterbunden:

```
>>> jahreszeiten[1] = "Zürich"
Traceback (most recent call last):
  File "<stdin>", line 1, in <module>
TypeError: 'tuple' object does not support item assignment
```

Der unschöne Indexzugriff verbleibt aber auch bei Tupeln als Manko. Schauen wir uns nun an, wie man das mit Enums lösen kann.

Aufzählungen mit `Enum` als Abhilfe

Gerade haben wir mit Listen und Tupeln mit fixen Werten etwas getrickst, aber diese Modellierungsvarianten offenbaren schnell ihre Nachteile. Besser wäre es doch, wenn wir die Werte fix definieren und in Form eines Typs bereitstellen könnten. Dabei helfen Aufzählungen. Eine solche erstellt man mithilfe des Basistyps `Enum` und der Definition der einzelnen Konstanten in jeweils eigenen Zeilen. Damit die Konstanten automatisch eindeutige Werte erhalten, bietet sich ein Aufruf von `auto()` an. Beachten Sie, dass die Konstanten per Konvention in Großbuchstaben geschrieben werden sollten:

```
>>> from enum import Enum, auto
>>>
...
>>> class Jahreszeiten(Enum):
...     FRÜHLING = auto()
...     SOMMER = auto()
...     HERBST = auto()
...     WINTER = auto()
...
>>> class Size(Enum):
...     XS = auto()
...     S = auto()
...     M = auto()
...     L = auto()
...     XL = auto()
...     XXL = auto()
...
```

In allen Fällen entsteht jeweils ein eigener Typ, hier namens `Jahreszeiten` und `Size`. Die dort vorgegebenen Werte können nicht mehr modifiziert werden und es können auch keine Aufzählungswerte ergänzt oder umdefiniert werden. Eine Aufzählung ist somit eine geordnete Sammlung konstanter Werte.

Möchte man eine solche Konstante verwenden, so geschieht das durch Angabe des Typnamens und des Konstantennamens etwa wie folgt:

```
shirt_size = Size.XL
shirt_size
<Size.XL: 5>
```

Der Enum-Typ lässt sich mit einer `for`-Schleife durchlaufen und jede Enum-Konstante erhält durch `auto()` einen numerischen Wert, der per `value` zugreifbar ist:

```
>>> for name in Jahreszeiten:
...     print(name)
...     print(name.value)
...
Jahreszeiten.FRÜHLING
1
Jahreszeiten.SOMMER
2
Jahreszeiten.HERBST
3
Jahreszeiten.WINTER
4
```

Besonderheit von `Enum`: Werte für Konstanten

Manchmal ist es wünschenswert, nicht nur den Namen der Konstanten, sondern auch beschreibende Eigenschaften vorgeben zu können. Das lernen wir am Beispiel der Modellierung von Himmelrichtungen kennen. Diese begegnen uns insbesondere im Kontext von zweidimensionalen Datenstrukturen. Dann trägt es zur Lesbarkeit und Verständlichkeit bei, wenn in der Aufzählung neben allen wesentlichen Himmelsrichtungen auch Offsets in x- und y-Richtung definiert sind. Dazu verwenden wir statt `auto()` ein passendes Tupel:

```
class Direction(Enum):
    N = (0, -1)
    NE = (1, -1)
    E = (1, 0)
    SE = (1, 1)
    S = (0, 1)
    SW = (-1, 1)
    W = (-1, 0)
    NW = (-1, -1)
```

Greifen wir einmal auf die Werte zu:

```
>>> print(Direction.NE.value)
(1, -1)
>>> ne = Direction.NE
>>> print(ne.value[0], "/", ne.value[1])
1 / -1
```

Das war zwar schon ein guter Schritt, jedoch lässt sich das Ganze mithilfe von Named Tuples (vgl. Abschnitt 7.4) noch lesbarer und verständlicher gestalten:

```
from collections import namedtuple

dxdy = namedtuple('dxdy', ['dx', 'dy'])

class DirectionV2(Enum):
    N = dxdy(0, -1)
    NE = dxdy(1, -1)
    E = dxdy(1, 0)
    SE = dxdy(1, 1)
    S = dxdy(0, 1)
    SW = dxdy(-1, 1)
    W = dxdy(-1, 0)
    NW = dxdy(-1, -1)
```

Greifen wir wieder auf die Werte zu, dann erkennen wir, dass wir statt indexbasiert nun verständlicher per Name zugreifen können:

```
>>> print(DirectionV2.NE.value)
dxdy(dx=1, dy=-1)
>>> ne = DirectionV2.NE
>>> print(ne.value.dx, "/", ne.value.dy)
1 / -1
```

6.6 break, continue und else in Schleifen

In diesem Abschnitt wollen wir uns mit break und continue als zwei Möglichkeiten, Schleifendurchläufe abzubrechen bzw. zu überspringen, beschäftigen.[2] Zudem stelle ich mit else in Kombination mit Schleifen eine Python-Besonderheit vor.

6.6.1 Funktionsweise von break und continue

Die break-Anweisung dient dazu, aus einer Schleife beim Eintreten einer bestimmten Bedingung herauszuspringen. Mithilfe von continue wird der aktuelle Durchlauf einer Schleife abgebrochen und diese wird mit der Prüfung im Schleifenkopf fortgeführt.

break in for

Schauen wir uns als Beispiel für ein break eine for-Schleife von 0 bis 10 an. Durch das if und das anschließende break springt man aus der Schleife (wird diese nicht weiter durchlaufen), hier, wenn die Variable i den Wert 4 erreicht:

```
>>> for i in range(10):
...     if i == 4:
...         break
...     print(i)
...
```

Dadurch kommt es zu folgenden Ausgaben:

```
0
1
2
3
```

continue in for

Mit continue bricht man die aktuelle Iteration (einen Durchlauf) der Schleife ab. Das geschieht oftmals in Kombination mit if, also, wenn eine bestimmte Bedingung eintritt. Alle Anweisungen des Schleifenrumpfes nach continue werden übersprungen (nicht mehr ausgeführt) und die Schleife wird mit der nächsten Iteration fortgesetzt.

Wir nutzen wieder eine for-Schleife von 0 bis 10. Durch das if und das continue erfolgt keine Ausgabe für die Werte 2, 4, 6 und 8:

```
>>> for i in range(10):
...     if i == 2 or i == 4 or i == 6 or i == 8:
...         continue
...     print(i)
...
```

---

[2]Beides besitzt den Hang zum schlechten Stil.

Dadurch kommt es zu folgenden Ausgaben:

```
0
1
3
5
7
9
```

break in while

Konsistenterweise kann man break und continue auch in while-Schleifen verwenden. Während break analog wie bei for-Schleifen arbeitet, gibt es bei continue einen kleinen Unterschied, den wir am Beispiel sehen werden.

Beginnen wir wieder mit dem break für den Wert 4 wie folgt:

```
>>> i = 0
>>> while i < 10:
...     print(i)
...     i += 1
...     if i == 4:
...         break
...
```

Dadurch kommt es erwartungsgemäß zu folgenden Ausgaben:

```
0
1
2
3
```

Als Besonderheit existiert die Endlosschleife – bei dieser stellt break ein geeignetes Mittel dar, die Schleife zu beenden.[3]

```
while True:
    # Anweisungen
    if condition
        break
```

continue in while

Wir nutzen wieder eine Schleife von 0 bis 10. Durch das if und das continue erfolgt keine Ausgabe für die Werte 2, 4, 6 und 8:

```
>>> i = 0
>>> while i < 10:
...     if i == 2 or i == 4 or i == 6 or i == 8:
...         i += 1
...         continue
...     print(i)
...     i += 1
...
```

---

[3]Tatsächlich kann man dies auch durch Auslösen einer Exception erreichen – Details finden Sie in Kapitel 9.

Dadurch kommt es erwartungsgemäß zu folgenden Ausgaben:

```
0
1
3
5
7
9
```

Bitte beachten Sie, dass `continue` den aktuellen Schleifendurchlauf sofort abbricht. Wenn Sie also eine Schleifenvariable hochzählen wollen, dann müssen Sie das explizit vor dem `continue` manuell erledigen, weil bei `while` das Inkrementieren oder Dekrementieren der Schleifenvariablen im Gegensatz zur `for`-Schleife nicht automatisch erfolgt.

Welcher Implementierungsfehler passiert schnell bei `continue`?   Schnell ist aber folgender Implementierungsfehler gemacht – hier ist zur Verdeutlichung die Veränderung des Schleifenzählers noch als Kommentar verblieben:

```
>>> i = 0
>>> while i < 10:
...     if i == 2 or i == 4 or i == 6 or i == 8:
...         # fehlendes Inkrement
...         # i += 1
...         continue
...     print(i)
...     i += 1
...
```

Es kommt dann zu folgender Ausgabe, weil Python in einer Endlosschleife verharrt – die Variable `i` verweilt ewig beim Wert 2. Es hilft nur noch ein Programmabbruch.

```
0
1
```

6.6.2   Wie macht man es besser?

Wenn man sich die Konstrukte anschaut, bergen diese doch Potenzial für Missverständnisse. Für das `break` und das `continue` kann man zumindest für die `while`-Schleife eine deutliche Vereinfachung erzielen. Schauen wir uns das Vorgehen an.

Beim `break`

Beim `break` wird die Schleife abgebrochen. Falls es sich um eine einfache Abfrage handelt, bietet es sich an, die obere Grenze der Schleife anzupassen, also die Schleifenabbruchbedingung passend zu korrigieren:

```
>>> i = 0
>>> while i < 2:
...     print(i)
...     i += 1
...
```

Für die for-Schleife gilt diese Anpassung der oberen Grenze analog:

```
>>> for i in range(2):
...     print(i)
...
```

Beim continue

Ebenso kann man im Fall von continue die Prüfung invertieren und damit auf das continue verzichten. Bedenken Sie, dass beim Invertieren aus or dann and und natürlich aus == dann != wird.

Die ursprüngliche Bedingung lautete:

```
if i == 2 or i == 4 or i == 6 or i == 8:
```

Diese ändert sich dann zu:

```
if i != 2 and i != 4 and i != 6 and i != 8:
```

Setzen wir dies in die ursprüngliche Schleife ein und entfernen auch das continue wie folgt:

```
>>> i = 0
>>> while i < 10:
...     if i != 2 and i != 4 and i != 6 and i != 8:
...         print(i)
...     i += 1
...
```

Wir sehen, wie die Implementierung an Klarheit gewinnt.

Lassen Sie uns das Ganze einmal ausprobieren: Dann erhalten wir die korrekten Ausgaben, haben aber die Logik in der Schleife vereinfachen und damit leichter nachvollziehbar gestalten können.

```
0
1
3
5
7
9
```

Verbleibt noch for und continue: Hier lässt sich kein Gewinn durch eine Umformung erzielen.

6.6.3   Besonderheit: `else` in Schleifen

In Python gibt es für Schleifen die Möglichkeit, mit dem Schlüsselwort `else` einen Block anzugeben, der ausgeführt wird, sofern die Schleife nicht mit `break` verlassen wurde.

Schauen wir uns dazu ein Beispiel an:

```
>>> for i in range(1, 7):
...     print(i)
... else:  # Executed because no break in for
...     print("No Break")
...
```

Es kommt dann zu folgender Ausgabe:

```
1
2
3
4
5
6
No Break
```

Nun integrieren wir ein `break` in die Schleife:

```
>>> for i in range(1, 7):
...     print(i)
...     if i == 4:
...         break
... else: # Not executed as there is a break
...     print("No Break")
...
```

Es kommt dann zu folgender Ausgabe:

```
1
2
3
4
```

Das Ganze gilt übrigens auch für `while`-Schleifen:

```
>>> count = 0
>>> while count < 7:
...     count = count + 1
...     print(count)
...     if count == 4:
...         break
... else:
...     print("No Break")
...
1
2
3
4
```

6.7 Ausdrücke mit `eval()` auswerten

Python bietet die Funktion `eval()` zum dynamischen Auswerten von einfachen Ausdrücken. Somit kann man innerhalb eines Python-Programms wiederum Python ausführen, nämlich den Sourcecode, den man an `eval()` als Parameter übergibt:

```
>>> eval("2 + 5")
7
>>> eval("7 > 42")
False
```

Es ist ebenfalls möglich, eingebaute Funktionalität wie `min()` oder wie nachfolgend `sum()` aufzurufen, hier mit einer Liste von Argumenten:

```
>>> eval("sum([2, 3, 5, 8])")
18
```

Interessant wird das Ganze, wenn man auch noch Variablen miteinbezieht:

```
>>> x = 14
>>> y = 2
>>> eval("x / y")
7.0
```

Das geht natürlich auch in Kombination:

```
>>> eval("min(x, y)")
2
```

Und sogar wie folgt:

```
>>> eval("print('Minimum: ', min(x, y))")
Minimum:  2
```

Ergänzend kann man Variablen auch in Form eines Dictionaries übergeben:

```
>>> eval("x + y + z", {"x": 1, "y": 2, "z": 3})
6
```

Abschließend noch ein Wort der Warnung: Bitte bedenken Sie, dass durch die Ausführung beliebigen Sourcecodes natürlich auch Sicherheitsrisiken entstehen. Nutzen Sie `eval()` daher sofern nicht anders möglich (im Notfall) und nur im lokalen Kontext mit Werten, die Sie unter Kontrolle haben.

> **Tipp: Was passiert unter der Motorhaube?**
>
> Um einen als String gegebenen Ausdruck auszuwerten, führt `eval()` folgende Schritte aus:
>
> 1. Ausdruck parsen (analysieren und in Bestandteile zerlegen)
> 2. In Bytecode (eine für die Ausführung optimierte Repräsentation) wandeln
> 3. Ausdruck auswerten und Ergebnis zurückliefern

6.8 Rekursion

Rekursion ist eine Methode, bei der eine Funktion sich selbst aufruft. Diese Vorgehensweise ermöglicht es, komplizierte Probleme in einfachere Teilprobleme zu zerlegen, die leichter zu lösen sind.

Rekursion ist möglicherweise anfangs ein wenig schwierig zu verstehen. Der beste Weg zur Erkenntnis ist, damit zu experimentieren.

Einführendes Beispiel

Die Berechnung der Fakultät ist ein Beispiel für eine einfache rekursive Definition. Mathematisch ist die *Fakultät* für eine positive Zahl n als das Produkt (also die Multiplikation) aller natürlichen Zahlen von 1 bis einschließlich n definiert. Zur Notation wird das Ausrufezeichen der entsprechenden Zahl nachgestellt. Beispielsweise steht 5! für die Fakultät der Zahl 5:

$$5! = 5 * 4 * 3 * 2 * 1 = 120$$

Dies lässt sich wie folgt verallgemeinern:

$$n! = n * (n - 1) * (n - 2) * ... * 2 * 1$$

Basierend darauf ergibt sich die rekursive Definition:

$$n! = \begin{cases} 1, & n = 0, n = 1 \\ n \cdot (n - 1)!, & \forall n > 1 \end{cases}$$

Dabei steht das umgedrehte »A« ($\forall$) für »für alle«.

Dies lässt sich ziemlich direkt in Python übertragen:

```
>>> def fac(n):
...     if n == 0 or n == 1:
...         return 1
...     print("calling fac(" + str(n - 1) + ")")
...     return n * fac(n - 1)
...
```

Rufen wir das mal für den Wert 5 auf und vollziehen die Selbstaufrufe anhand der Konsolenausgaben nach:

```
>>> fac(5)
calling fac(4)
calling fac(3)
calling fac(2)
calling fac(1)
120
```

Was passiert unter der Motorhaube? Wenn `fac()` aufgerufen wird, dann wird der aktuelle Wert mit der Fakultät für den um eins verringerten Wert multipliziert. Damit ergeben sich etwa folgende Schritte:

```
5 * fac(4)
5 * 4 * fac(3)
...
5 * 4 * 3 * 2 * fac(1)
5 * 4 * 3 * 2 * 1
```

Beispiel: Fibonacci-Zahlen

Auch die **Fibonacci-Zahlen** lassen sich hervorragend rekursiv definieren, wobei die Formel schon ein klein wenig komplexer ist:

$$fib(n) = \begin{cases} 1, & n = 1 \\ 1, & n = 2 \\ fib(n-1) + fib(n-2), & \forall n > 2 \end{cases}$$

Es ergibt sich für die ersten n folgender Werteverlauf:

n	1	2	3	4	5	6	7	8
fib(n)	1	1	2	3	5	8	13	21

Wenn man sich die Berechnungsvorschrift grafisch verdeutlicht, dann wird schnell klar, wie weit sich der Baum der Selbstaufrufe potenziell aufspannt – für größere n wäre der Aufrufbaum viel ausladender, wie es durch die gestrichelten Pfeile angedeutet ist:

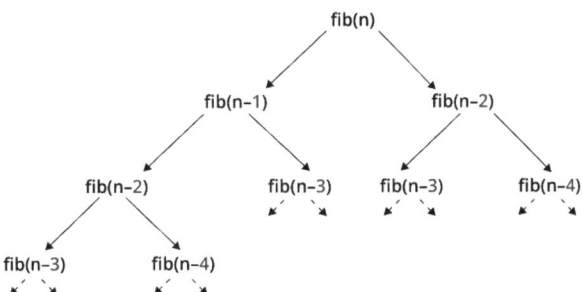

Abbildung 6-1 *Fibonacci rekursiv*

Selbst bei diesem exemplarischen Aufruf erkennt man, dass diverse Aufrufe mehrmals erfolgen, etwa für $fib(n-4)$ und $fib(n-2)$, aber insbesondere dreimal für $fib(n-3)$. Das führt sehr schnell zu aufwendigen und langwierigen Berechnungen. Wie wir dies optimieren können, erfahren Sie in meinem Buch »Python Challenge« [4]. Dieses Buch behandelt die Thematik sehr detailliert und zeigt neben einführenden Beispielen auch richtig vertrackte Problemstellungen und wie man diese mit Rekursion lösen kann.

Tipp: Abweichende Definition mit null als Startwert

Es sei noch angemerkt, dass es eine Abwandlung gibt, die beim Wert 0 startet. Dann gilt $fib(0) = 0$ und $fib(1) = 1$ und danach gemäß der rekursiven Definition $fib(n) = fib(n-1) + fib(n-2)$. Dies produziert die gleiche Zahlenfolge wie die obige Definition, nur um den Wert für die 0 ergänzt.

Beispiel: Lineal

Mit Rekursion lassen sich auch Grafiken erzeugen. Nachfolgend wird eine grafisch simple Variante ausgegeben, die den Unterteilungen eines Lineals nachempfunden ist:

```
-
==
-
===
-
==
-
```

Tatsächlich lässt sich das unter Zuhilfenahme der String-Multiplikation leicht rekursiv wie folgt formulieren, wobei zweimal ein rekursiver Abstieg erfolgt:

```
>>> def fractal_generator(n):
...     if n < 1:
...         return
...     if n == 1:
...         print("-")
...     else:
...         fractal_generator(n - 1)
...         print("=" * n)
...         fractal_generator(n - 1)
...
```

6.9 Aufgaben und Lösungen

6.9.1 Aufgabe 1: Würfelspiel

In dieser Aufgabe soll ein einfaches Würfelspiel nachgebildet werden. Es soll in einer Schleife jeweils ein Würfelwurf simuliert werden. Die Schleife soll beim Würfeln einer 6 abgebrochen und die Anzahl an Versuchen protokolliert werden. Damit das Ganze schön lesbar bleibt, beginnen Sie bitte damit, eine Hilfsfunktion `roll_dice()` zu schreiben, die den zufälligen Ausgang eines Wurfs modelliert. Für die Lösung nehmen wir an, dass wir keine boolesche Variable zum Schleifenabbruch nutzen dürfen, sondern lediglich `break`.

Lösung

Wie in der Aufgabenstellung gewünscht, implementieren wir zunächst die Funktion zum Simulieren eines Würfelwurfs. Dabei greifen wir auf die Funktion `randrange()` aus dem Modul `random` zurück. Beachten müssen wir, dass der obere Wert exklusive ist, deswegen wird hier der Wert 7 als obere Grenze gewählt. Dadurch erhalten wir einen Zufallswert im Bereich von 1 bis 6:

```
>>> def roll_dice():
...     return random.randrange(1, 7)
...
>>> roll_dice()
5
>>> roll_dice()
3
```

Machen wir uns nun an die Modellierung der Würfelrunden.

Wir führen die Aktionen innerhalb einer Endlosschleife aus. Um den Abbruch für das Würfeln bei einer 6 umzusetzen, nutzen wir eine passend gewählte Prüfung mit `if` sowie ein `break`:

```
>>> counter = 0
>>> while True:
...     number = roll_dice()
...     counter += 1
...
...     if number == 6:
...         print("It took", counter, "tries")
...         break
...
It took 6 tries
```

6.9.2   Aufgabe 2: Temperaturumrechnung

Gegeben seien folgende Formeln, um Temperaturangaben in Fahrenheit und Celsius jeweils in das andere Format umrechnen zu können:

$$\text{Temperatur in } °\text{F} = \text{Temperatur in } °\text{C} \times 1,8 + 32$$

$$\text{Temperatur in } °\text{C} = (\text{Temperatur in } °\text{F} - 32)/1,8$$

Schreiben Sie zwei Funktionen, die diese Berechnungen realisieren. Gegeben sei noch folgende `Enum`-Aufzählung:

```
>>> from enum import Enum, auto
>>>
>>> class TempConv(Enum):
...     F2C = auto()
...     C2F = auto()
...
```

Schreiben Sie zur Umrechnung eine Funktion `convert(convmethod, temp)`, die die Umrechnung abhängig von Enum passend mit ternärem Operator aufruft.

Lösung

Zuerst implementieren wir die beiden Berechnungsfunktionen analog zu der jeweiligen gegebenen mathematischen Formel wie folgt:

```
>>> def fahrenheit_to_celsius(temp_fh):
...     return (temp_fh - 32) / 1.8
...
>>> def celsius_to_fahrenheit(temp_cs):
...     return temp_cs * 1.8 + 32
...
```

Basierend auf diesen beiden Hilfsfunktionen und dem schon gegebenen `Enum` kann man die Konvertierung ganz einfach mit einem Ternary-Operator folgendermaßen implementieren:

```
>>> def convert(convmethod, temp):
...     return celsius_to_fahrenheit(temp) if convmethod == TempConv.C2F else \
...         fahrenheit_to_celsius(temp)
...
```

Probieren wir das Ganze einmal für einige Temperaturangaben aus:

```
>>> convert(TempConv.C2F , 35)
95.0
>>> convert(TempConv.F2C , 95)
35.0
>>> convert(TempConv.C2F , 40)
104.0
>>> convert(TempConv.F2C , 104)
40.0
```

6.9.3　Aufgabe 3: Palindrom-Prüfung mit Rekursion

Testen Sie für eine textuelle Eingabe, ob diese unabhängig von Groß- und Kleinschreibung ein Palindrom darstellt, also ob der Text von vorne nach hinten und von hinten nach vorne gelesen gleich ist. Beispiele sind »Otto« oder »DrehMalAmHerd«. Nutzen Sie eine rekursive Funktion.

Lösung

Die erste Lösungsidee besteht darin, für einen String zu schauen, ob er kürzer oder ein Zeichen lang ist. Dann haben wir per Definition ein Palindrom. Ist der String länger, so müssen wir die äußeren beiden Buchstaben auf Übereinstimmung prüfen. Sofern diese gegeben ist, verkürzen wir den String um je ein Zeichen vorne und hinten durch passenden Aufruf von Slicing und testen diesen verkürzten String erneut. Das wiederholt sich, bis wir bei einem String der Länge 0 oder 1 ankommen oder aber vorher eine Abweichung gefunden haben.

```
>>> def is_palindrome_rec(input):
...     if len(input) <= 1:
...         return True
...
...     end_pos = len(input) - 1
...     lower_input = input.lower()
...     if lower_input[0] == lower_input[end_pos]:
...         return is_palindrome_rec(input[1 : end_pos])
...
...     return False
...
>>> is_palindrome_rec("Otto")
True
>>> is_palindrome_rec("Michael")
False
>>> is_palindrome_rec("DrehMalAmHerd")
True
```

Etwas ungeschickt ist dabei, dass ständig neue (jeweils vorne und hinten um ein Zeichen verkürzte) Strings erzeugt werden und ständig `lower()` aufgerufen wird, obwohl das nach dem ersten Mal überflüssig ist, da dann ja sicher schon eine Umwandlung stattgefunden hat.

Bleiben wir bei der grundsätzlichen Idee des positionsweisen Vergleichs, aber anstatt ständig neue Strings zu erzeugen, lässt sich das Ganze viel eleganter mithilfe von zwei Positionsmarkern lösen. Wir teilen die Aufgabe noch in eine steuernde Funktion und eine Hilfsfunktion. In der ersten sorgen wir für die korrekte Parametrierung und wandeln den String zudem in Kleinbuchstaben um. Die eigentliche Arbeit erfolgt dann in der Hilfsfunktion `is_palindrome_helper()`. Dort werden wieder die jeweiligen Buchstaben so lange verglichen, wie diese übereinstimmen und sich die Positionsmarker nicht überlappen:

```
>>> def is_palindrome_rec_v2(input):
...     return is_palindrome_helper(input.lower(), 0, len(input) - 1)
...
>>> def is_palindrome_helper(input, start, end):
...     if start >= end:
...         return True
...
...     if input[start] == input[end]:
...         return is_palindrome_helper(input, start + 1, end - 1)
...
...     return False
...
```

Rufen wir diese Version wieder mit den Eingaben von zuvor auf:

```
>>> is_palindrome_rec_v2("Otto")
True
>>> is_palindrome_rec_v2("Michael")
False
>>> is_palindrome_rec_v2("DrehMalAmHerd")
True
```

6.9.4   Aufgabe 4: Einarmiger Bandit

In dieser Aufgabe sollen die zufälligen Ziehungen eines Spielautomats mit drei Rollen mit Symbolen verglichen werden. Sind alle drei Symbole gleich, so gewinnt man den Jackpot, sind paarweise zwei Symbole gleich, so erhält man ein DOUBLE. Ansonsten hat man verloren und kann sein Glück nochmals versuchen.

Lösung

Zur Implementierung greifen wir auf die Funktion choice() zurück, um eine zufällige Wahl eines Symbols zu realisieren. Bei den Symbolen können Sie ein wenig kreativ werden, oftmals findet man CHERRY, BANANA und APPLE. Ob damit der Jackpot erreicht wird, prüfen wir in einem if. Im Anschluss prüfen wir für das DOUBLE jeweils paarweise, ob zwei Symbole gleich sind. Damit ergibt sich folgende Realisierung:

```
import random

symbols = ["CHERRY", "APPLE", "66", "BANANA", "MELON", "$$$", "GOLD", "MONEY"]

result1 = random.choice(symbols)
result2 = random.choice(symbols)
result3 = random.choice(symbols)

print(result1, result2, result3, sep=" --- ")

if result1 == result2 and result2 == result3:
    print("JACKPOT")
elif result1 == result2 or result2 == result3 or result1 == result3:
    print("DOUBLE")
else:
    print("YOU LOOSE! TRY AGAIN!")
```

Aufstieg

7   Collections Advanced

Dieses Kapitel beschreibt diverse Funktionalitäten rund um Collections. Dort gehen wir beispielsweise auf sequenzielle Datentypen, Iteratoren und Generatoren ein. Spezielle benannte Datencontainer lassen sich mit Named Tuples erzeugen. Schließlich schauen wir uns noch einführend Lambdas an.

7.1   Sequenzielle Datentypen

In Python existieren als Basis für verschiedene Datencontainer wie Listen, Tupel und Strings die sogenannten sequenziellen Datentypen. Der Name leitet sich davon ab, dass diese Datencontainer Folgen von Elementen zusammenfassen, d. h., innerhalb des sequenziellen Datentyps haben die Elemente eine definierte Reihenfolge und können über einen Index adressiert werden. Unter anderem sind folgende Operationen definiert:

- **in** – `elem in values` prüft, ob sich das Element im Datencontainer befindet.
- **not in** – `elem not in values` prüft, ob das Element *nicht* im Datencontainer vorhanden ist.
- **+ / +=** – Die Aufrufe `values1 + values2` und `values1 += values2` fügen die Sequenz `values2` an die Sequenz `values1` an und liefern eine neue Sequenz.
- ***** – Wiederholt die Sequenz n Mal.
- **[index]** – `values[index]` führt zu einem indizierten Zugriff und liefert das i-te Element aus `values`. Im Speziellen kann man mit `[-1]` auf das letzte Element zugreifen.
- **[start:end]** – `values[start:end]` führt zu einem sogenannten *Slicing* und liefert die Elemente von Position `start` bis exklusive `end` aus `values` als neue Sequenz. Dabei gibt es zwei interessante Varianten. Zum einen ist das `[:]` ohne Bereichsangabe, das zu einer Kopie der gesamten Sequenz führt. Zum anderen liefern `[start:]` und `[:end]` jeweils die Teile, beginnend bei `start` bis zum Ende bzw. vom Anfang bis zum Index `end` exklusive.
- **[start:end:step]** – `values[start:end:step]` führt zu einem Slicing und liefert die Elemente von Position `start` bis exklusive `end` mit einer Schrittweite von `step` aus `values` als neue Sequenz. Dabei gibt es als interessante Variante `[::-1]` ohne Bereichsangabe und mit negativer Schrittweite, wodurch eine neue Sequenz in umgekehrter Reihenfolge der Originalsequenz entsteht.

- **len()** – len(values) gibt die Größe, also die Anzahl an Elementen im Datencontainer, zurück.
- **min() / max()** – Aufrufe von min(values) bzw. max(values) ermitteln das Element mit dem kleinsten bzw. größten Wert aus values.
- **sum()** – sum(values) summiert die Werte aus values.

Beispiel

Schauen wir uns für einige dieser Operationen ein Beispiel an, weil deren Verständnis wichtig für das alltägliche Programmieren ist. Zunächst definieren wir zwei Listen mit Namen, addieren diese und führen dann indizierte Zugriffe und Slicing darauf aus:

```
names1 = ["Micha", "Tim", "Tom", "Willi"]
names2 = ["Marcello", "Karthi", "Michael"]
names = names1 + names2

print("All:", names)
print("Last:", names[-1])
print("Reversed:", names[::-1])
print("Every 2nd:", names[::2])
print("len: %d, min: %s, max: %s" % (len(names), min(names), max(names)))
```

Das führt zu folgenden Ausgaben:

```
All: ['Micha', 'Tim', 'Tom', 'Willi', 'Marcello', 'Karthi', 'Michael']
Last: Michael
Reversed: ['Michael', 'Karthi', 'Marcello', 'Willi', 'Tom', 'Tim', 'Micha']
Every 2nd: ['Micha', 'Tom', 'Marcello', 'Michael']
len: 7, min: Karthi, max: Willi
```

7.2   Iteratoren

Für Listen und Sets haben wir verschiedene Varianten zum Durchlaufen kennengelernt. Als Vereinheitlichung kam dabei unsichtbar ein Iterator zum Einsatz. Er wird »Iterator« genannt, weil »Iterieren« der Fachbegriff für Schleifendurchläufe ist.

Iteratoren in Python

Iteratoren werden in Python vielfach verwendet, etwa für for-Schleifen, Comprehensions usw. Ein Iterator ist eine Art Zeiger, der auf das aktuelle Element verweist und das nächste Element eines Datencontainers liefern kann. Dazu muss ein Iterator-Objekt in Python zwei spezielle Methoden implementieren, nämlich __iter__() und __next__(). Diese bilden zusammen das *Iterator-Protokoll*.

Man bezeichnet ein Objekt als Iterable, wenn man von diesem einen Iterator erhalten kann. Dazu dient die Funktion iter(), die intern __iter__() aufruft. Die Eigenschaft Iterable gilt für die meisten eingebauten Container in Python wie list und set, aber auch für String mit dem Typ str.

Iteration durch einen Iterator

Betrachten wir das Ganze, indem wir uns einen Iterator von einer Liste durch Aufruf von `iter()` besorgen. Wir verwenden die Funktion `next()`, um manuell durch alle Elemente eines Iterators zu iterieren. Wenn wir das Ende erreichen und keine weiteren Daten mehr vorhanden sind, wird eine Exception vom Typ `StopIteration` ausgelöst.

Schauen wir uns ein Beispiel für ein erstes Verständnis an:

```
>>> some_numbers = [1,2,3]
>>> list_iter = iter(some_numbers)
>>> next(list_iter)
1
>>> next(list_iter)
2
>>> next(list_iter)
3
>>> next(list_iter)
Traceback (most recent call last):
  File "<stdin>", line 1, in <module>
StopIteration# next(obj) is same as obj.__next__()
```

Eine elegantere Art der automatischen Iteration ist die Verwendung einer `for-in`-Schleife. Dort geschehen die Iteration sowie die Aufrufe von `next()` ohne unser Zutun:

```
>>> for element in some_numbers:
...     print(element)
...
1
2
3
```

Hintergrundwissen: Funktionsweise der `for`-Schleife für Iteratoren

Praktischerweise versteckt die `for`-Schleife die Details der Iteration. Blicken wir hinter die Kulissen und schauen uns an, wie die allgemeine `for`-Schleife

```
for element in iterable:
    # do something with element
```

tatsächlich in Python unter der Motorhaube umgesetzt ist, nämlich als Endlosschleife basierend auf `while`:

```
# Holen eines Iterators
iter_obj = iter(iterable)

# Endlosschleife
while True:
    try:
        # Zugriff auf nächstes Element
        element = next(iter_obj)
        # do something with element
    except StopIteration:
        # Abbruch im Falle einer StopIteration
        break
```

Innerhalb der `while`-Schleife wird wiederholt `next()` aufgerufen, um das nächste Element zu erhalten. Dann werden die Anweisungen des Schleifenkörpers der `for`-Schleife ausgeführt. Das Ganze endet, wenn es keine weiteren zu konsumierenden Elemente mehr gibt. Als Folge wird eine `StopIteration` ausgelöst. Diese wird intern behandelt und die `while`-Schleife mit `break` abgebrochen. Jede andere mögliche Art von Exception wird weiterpropagiert (vgl. Kapitel 9 zum Thema Fehlerbehandlung mit Exceptions).

Eigenen Iterator erstellen

In diesem Abschnitt schauen wir uns an, wie man einen eigenen Iterator bereitstellen kann. Dazu müssen wir lediglich die Methoden `__iter__()` und `__next__()` implementieren. Dabei liefert die Methode `__iter__()` das Iterator-Objekt selbst zurück. Die Methode `__next__()` muss das nächste Element des Datenbestands zurückgeben. Beim Erreichen dessen Endes und bei nachfolgenden Aufrufen muss `__next__()` eine `StopIteration` auslösen.

Als Beispiel soll die *Fakultät* mithilfe eines Iterators berechnet werden. Mathematisch ist die Fakultät für eine positive Zahl n als das Produkt (also die Multiplikation) aller natürlichen Zahlen von 1 bis einschließlich n definiert. Zur Notation wird das Ausrufezeichen der entsprechenden Zahl nachgestellt. Beispielsweise steht 5! für die Fakultät der Zahl 5:

$$5! = 5 * 4 * 3 * 2 * 1 = 120$$

Dies lässt sich wie folgt verallgemeinern:

$$n! = n * (n - 1) * (n - 2) * ... * 2 * 1$$

Wir wollen diese Berechnung mithilfe eines Iterators beschreiben. Dazu benötigen wir den Wert der aktuellen Iteration, die Maximalanzahl und einen Zwischenspeicher für das Resultat. Der Iterator wird dann folgendermaßen implementiert:

```python
class FactorialIterator:
    def __init__(self, n=0):
        self.n = n
        self.result = 1
        self.iteration = 1

    def __iter__(self):
        return self

    def __next__(self):
        if self.iteration > self.n:
            raise StopIteration

        self.result *= self.iteration
        self.iteration += 1
        return self.result
```

Den so erstellten Iterator können wir basierend auf seinem Protokoll low-level folgendermaßen nutzen:

```
# Erzeuge einen Iterator
numbers = FactorialIterator(5)

# Erzeuge das Iterable
i = iter(numbers)

# Durchlaufe die Werte mit next()
print(next(i))
print(next(i))
print(next(i))
print(next(i))
print(next(i))
```

Dabei kommt es zu folgenden Ausgaben:

```
1
2
6
24
120
```

Einfacher ist es natürlich mit einer `for-in`-Schleife wie folgt:

```
>>> for i in FactorialIterator(5):
...     print(i)
...
1
2
6
24
120
```

7.3   Generatoren

Es ist etwas Arbeit, einen Iterator in Python zu erstellen. Wie gesehen, müssen wir dazu in einer Klasse die beiden Methoden `__iter__()`- und `__next__()` implementieren. Zudem wird eine interne Datenhaltung benötigt, ebenso wie das Auslösen einer `StopIteration`, wenn es keine Werte mehr zurückzugeben gibt.

Wenn man es noch etwas einfacher haben möchte, dann sind Generatoren eine einfache Möglichkeit, Iteratoren zu erstellen. Praktischerweise werden dann die zuvor beschriebenen und bei der Implementierung des eigenen Iterators kennengelernten Aktionen in Python automatisch von Generatoren erledigt.

Vereinfacht gesprochen ist ein Generator eine Funktion, die ein Objekt liefert, über das wir iterieren können. Betrachten wir das einmal an einem Beispiel.

Beispiel: Generator implementieren

Tatsächlich ist es in Python sehr einfach, einen Generator zu erstellen: Man muss nämlich lediglich eine normale Funktion definieren, die jedoch bei der Rückgabe der Werte
statt `return` die `yield`-Anweisung nutzt:

```python
def my_first_generator():
    n = 1
    print('before first')
    yield n

    n *= 2
    print('before second')
    yield n

    n *= 3
    print(before third and last')
    yield n
```

Schauen wir uns den Generator im Einsatz an:

```python
gen = my_first_generator()

# Vom Generator erzeugte Werte mit next() durchlaufen
print(next(gen))
print(next(gen))
```

Es kommt zu folgenden Ausgaben:

```
before first
1
before second
2
```

Schauen wir uns das Ganze wieder im Kontext einer `for-in`-Schleife an:

```python
>>> for item in my_first_generator():
...     print(item)
...
before first
1
before second
2
before third and last
6
```

> **Tipp: Unterschied `yield` und `return`**
>
> Eine Funktion wird automatisch zu einer Generatorfunktion, falls sie mindestens ei-
> ne `yield`-Anweisung enthält. Aber worin besteht der Unterschied zwischen `yield`
> und `return`, wenn beide doch zur Rückgabe eines Werts aus einer Funktion die-
> nen. Bekanntermaßen beendet ein Aufruf von `return` die Abarbeitung der Funktion
> vollständig. Dagegen gibt `yield` zwar den Wert zurück und auch die Kontrolle an
> den Aufrufer, aber mit folgender Besonderheit:

Innerhalb der Funktion werden alle ihre Zustände (also die Wertebelegungen der Variablen) gespeichert. Bei späteren Aufrufen wird dann basierend darauf an dieser Stelle weitergearbeitet.

Unterschiede zwischen Generatorfunktion und Iterator

Eine Generatorfunktion unterscheidet sich wie folgt von einem Iterator:

- Eine Generatorfunktion enthält eine oder mehrere `yield`-Anweisungen.
- Eine Generatorfunktion gibt einen Iterator zurück.
- Die Methoden `__iter__()` und `__next__()` werden ohne unser Zutun automatisch implementiert. Wie vom Iterator bekannt, können wir mit `next()` durch die Elemente iterieren.
- Sobald die Funktion einen Wert mit `yield` zurückliefert, wird die Ausführung der Generatorfunktion pausiert und die Kontrolle an den Aufrufer übergeben.
- Lokale Variablen und ihre Zustände werden zwischen aufeinanderfolgenden Aufrufen gemerkt.
- Am Ende wird automatisch eine `StopIteration` ausgelöst.

Mit diesen Vorbetrachtungen schauen wir nochmals auf unseren `FactorialIterator` und danach auf die wesentlich kürzere und prägnantere Umsetzung mithilfe einer Generatorfunktion:

```python
class FactorialIterator:
    def __init__(self, n=0):
        self.n = n
        self.result = 1
        self.iteration = 1

    def __iter__(self):
        return self

    def __next__(self):
        if self.iteration > self.n:
            raise StopIteration

        self.result *= self.iteration
        self.iteration += 1
        return self.result
```

Weil Generatoren die oben besprochenen Details automatisch im Blick behalten, lässt sich die Implementierung deutlich übersichtlicher und viel sauberer gestalten:

```python
def fac_generator(n = 0):
    iteration = 1
    result  = 1
    while iteration <= n:
        yield result

        iteration += 1
        result *= iteration
```

7.4   Datencontainer mit `namedtuple`

Tupel gehören zu grundlegenden und auch häufig verwendeten Datenstrukturen in Python. Noch besser ist es, dass es mit Named Tuples eine praktische Erweiterung gibt. Diese benannten Tupel (*Named Tuples*) sind im Grunde einfach zu erstellende, leichtgewichtige Objekttypen.

Benannte Tupel bieten das Beste aus Dictionary und Tupeln (und sogar Klassen!), da sie sowohl positions- als auch die namensbasierte Zugriffe unterstützen. Das bedeutet, dass auf die Attribute im Named Tuple sowohl über ihren Schlüssel (Namen) als auch über ihren Index zugegriffen werden kann.

Einführendes Beispiel

Das Modul `collections` bietet eine Factory-Funktion namens `namedtuple()`. Damit können Sie unveränderliche Sequenztypen erstellen, auf deren Werte Sie mit sprechenden Attributnamen und der Punktnotation statt mit fehlerträchtigen, weil eher unklaren Zahlen-Indizes zugreifen können.

Zum Beispiel ist es üblich, einen Punkt als Tupel (x, y) darzustellen. Dies führt zu indiziert zugreifendem Sourcecode wie dem folgenden:

```
>>> pt1 = (1.0, 5.0)
>>> pt2 = (2.5, 1.5)
>>>
>>> from math import sqrt
>>> def line_length(pt1, pt2):
...     return sqrt((pt1[0] - pt2[0]) ** 2 + (pt1[1] - pt2[1]) ** 2)
...
```

Im lokalen Kontext mag das noch einigermaßen verständlich sein, es bietet sich jedoch an, die Modellierung der Punkte durch ein Named Tuple zu verbessern:

```
>>> from collections import namedtuple
>>> Point = namedtuple('Point', 'x y')
>>> pt1 = Point(1.0, 5.0)
>>> pt2 = Point(2.5, 1.5)
>>>
>>> from math import sqrt
>>> def line_length(pt1, pt2):
...     return sqrt((pt1.x - pt2.x) ** 2 + (pt1.y - pt2.y) ** 2)
...
```

Man sieht, dass das Tupel einen Namen trägt und die Attribute aus einem String hergeleitet werden, hier x und y.

Ein simpler Datencontainer zur Modellierung von Personendaten, bestehend aus Name, Alter und Geschlecht, könnte folgendermaßen aussehen:

```
>>> Person = namedtuple('Person', 'name age gender')
```

Besonderheiten

Variante in der Definition der Attribute   Es ist alternativ möglich, die Attribute nicht als String, sondern als Liste zu übergeben:

```
>>> from collections import namedtuple
>>> Person = namedtuple('Person',['name', 'age', 'gender'])
>>>
>>> mike = Person('Michael', '50', 'MALE')
>>> mike
Person(name='Michael', age='50', gender='MALE')
```

Problematische Definitionen   Wenn man vielleicht etwas unaufmerksam ist, dann verwendet man für den Namen eines der Attribute möglicherweise ein reserviertes Schlüsselwort oder gibt das Attribut mehrmals an. Beides ist im nachfolgenden Beispiel gezeigt und wird während der Definition erkannt und zurückgewiesen:

```
import collections

try:
    collections.namedtuple('Person', 'name class age gender')
except ValueError as err:
    print(err)

try:
    collections.namedtuple('Person', 'name age gender age')
except ValueError as err:
    print(err)
```

Dann kommt es zu folgenden Ausgaben:

```
Type names and field names cannot be a keyword: 'class'
Encountered duplicate field name: 'age'
```

Abwärtskompatibilität   Praktischerweise sind benannte Tupel abwärtskompatibel mit normalen Tupeln, sodass sowohl Indexzugriffe als auch Tuple Unpacking funktionieren:

```
Point = namedtuple('Point', 'x y')
pt1 = Point(1.0, 5.0)
pt2 = Point(2.5, 1.5)

from math import sqrt

# Zugriff über den Index
line_length = sqrt((pt1[0]-pt2[0])**2 + (pt1[1]-pt2[1])**2)

# Tuple Unpacking
x1, y1 = pt1
```

Tipp: Einsatzgebiete für Named Tuples

Generell sind Named Tuples eine enorme Bereicherung und Sie sollten sie bevorzugt dann einsetzen, wenn der Sourcecode dadurch an Klarheit und Verständlichkeit gewinnt. Nahezu immer ist der Einsatz von Named Tuples »pythonischer« (oder auch »pythonic« genannt), als Tupel zu verwenden. Selbst einfache Datencontainer oder auch gewöhnliche unveränderliche Klassen, die keine Funktionen, sondern nur Attribute besitzen, kann man problemlos durch Named Tuples ersetzen. Es ist sogar möglich, Named Tuples als Basisklassen zu verwenden. Sie sehen, dass es diverse Einsatzgebiete gibt, und nun liegt es an Ihnen, diese auch zu nutzen.

7.5   Einstieg in Lambdas

Dieser Abschnitt stellt Lambda-Ausdrücke (kurz *Lambdas*) einführend vor. Das Sprachkonstrukt Lambda kommt aus der *funktionalen Programmierung*. Ein *Lambda* ist vereinfacht gesprochen ein Behälter für etwas Sourcecode oder auch eine anonyme Funktion, also eine solche ohne Funktionsnamen. Zwar können Lambdas vielfältig eingesetzt werden, allerdings leidet mitunter die Lesbarkeit und Verständlichkeit. Deswegen spricht sich der Styleguide von Python (PEP 8) nicht unbedingt für Lambdas aus – daher zeige ich ergänzend zu Lambdas ab und zu lesbare Alternativen.

7.5.1   Syntax von Lambdas

Lambdas ähneln Funktionen, besitzen im Gegensatz dazu jedoch keinen Namen, kein `return` und müssen auch nicht mit `def` eingeleitet werden. Damit ergibt sich eine noch kürzere, auf das Wesentliche reduzierte Schreibweise mit folgender Syntax – wobei nur Ausdrücke erlaubt sind, jedoch nicht Anweisungen:

```
lambda Parameterliste: Ausdruck
```

Ein paar einfache Beispiele für Lambdas sind die Addition von zwei Zahlen, die Multiplikation mit dem Faktor 2 bzw. zweier Zahlen sowie die Berechnung der Potenz. Diese Aktionen kann man als Lambdas wie folgt schreiben:

```
>>> add_one = lambda x: x + 1
>>> double_it = lambda x: x * 2
>>> mult = lambda a, b : a * b
>>> power_of = lambda x, y: x ** y
```

Exemplarisch führen wir eine Verdopplung sowie eine Potenzierung aus:

```
>>> double_it = lambda x: x * 2
>>> power_of = lambda x, y: x ** y
>>> print(double_it(7))
14
>>> print(power_of(2,8))
256
```

Tatsächlich sehen diese Lambdas recht unspektakulär aus, und insbesondere wird klar, dass ein Lambda lediglich ein kleines Stück ausführbarer Sourcecode ist. Schauen wir uns zur Abgrenzung für die ersten beiden Beispiele noch mal die korrespondierenden Funktionsdefinitionen an:

```
def add_one(x):
    return x + 1
```

```
def double_it(x)
    return x * 2
```

7.5.2 Lambdas im Einsatz mit `filter()`, `map()` und `reduce()`

Wir haben mittlerweile ein erstes Gespür für Lambdas entwickelt und wissen, dass man Lambdas anstelle einer Funktion zur Realisierung kleinerer Funktionalitäten nutzen kann. Das gilt vor allem im Zusammenspiel mit den in Python integrierten Funktionen `filter()` und `map()` sowie `reduce()`, wobei letztere aus dem Modul `functools` stammt.

Die folgenden Beispiele sind jeweils Illustrationen für die Verwendung dieser Funktionen mit Lambda-Ausdrücken.

Kombination mit `filter()`

Die eingebaute Funktion `filter()` stellt ein klassisches funktionales Konstrukt dar. Sie erhält eine Filterbedingung, auch Prädikat genannt, als erstes Argument und ein Iterable als zweites. Dadurch entsteht ein Iterator, der alle Elemente des Iterable enthält, die die Prädikatsfunktion erfüllen. Nachfolgend zeige ich ein Beispiel, das alle geraden Zahlen in einer gegebenen Liste von ganzen Zahlen filtert:

```
>>> sample_numbers = [1, 5, 4, 6, 8, 11, 3, 12]
>>> is_even = lambda x: (x % 2 == 0)
>>> only_even_numbers = list(filter(is_even, sample_numbers))
>>> only_even_numbers
[4, 6, 8, 12]
```

Als weiteres Beispiel betrachten wir das Anwenden einer anderen Filterbedingung auf eine Liste von Zahlen:

```
>>> numbers_list = [1, 6, 8, 10, 14, 2, 11, 7, 0, 3, 2, 1]
>>> filtered_list = list(filter(lambda num: (num > 5), numbers_list))
>>> filtered_list
[6, 8, 10, 14, 11, 7]
```

Beachten Sie, dass `filter()` einen Iterator zurückgibt! Daher ist es notwendig, durch Aufruf von `list()` aus dem Iterator einer Liste zu konstruieren.

Man kann das Ganze natürlich auch ein wenig komplexer machen, jedoch lassen sich keine `if` oder andere Anweisungen im Lambda nutzen – boolesche Verknüpfungen mit `and` und `or` sind dagegen möglich:

```
>>> list(filter(lambda name: 'm' in name, ['tim', 'tom', 'mike', "KARL"]))
['tim', 'tom', 'mike']

>>> list(filter(lambda name: 'm' in name or name.startswith("K"), ['tim', 'tom',
    'mike', "KARL"]))
['tim', 'tom', 'mike', 'KARL']
```

Kombination mit `map()`

Die Funktion `map()` erhält als erstes Argument eine Aktion als Funktion bzw. Lambda und wendet diese(s) auf jedes der Elemente ihres zweiten Arguments, eines Iterable, an. Genauso wie `filter()` gibt `map()` einen Iterator zurück, der dem transformierten Iterable entspricht.

Wenn Sie beispielsweise eine Liste von Zeichenketten in eine neue Liste umwandeln möchten, in der jede Zeichenkette mit Großbuchstaben geschrieben wird, könnten Sie `map()` wie folgt verwenden:

```
>>> list(map(lambda str: str.upper(), ['tim', 'tom', 'jim']))
['TIM', 'TOM', 'JIM']
```

Auch hier müssen Sie wieder `list()` aufrufen, um den von `map()` zurückgegebenen Iterator in eine Liste umzuwandeln, die im Python-Kommandozeileninterpreter angezeigt werden kann.

Im nachfolgenden Beispiel nutzen wir `map()`, um für Elemente der Liste den Wert zu verdoppeln bzw. zu quadrieren:

```
>>> sample_numbers = [1, 2, 3, 4, 5, 6, 7, 8, 9, 10]
>>> doubled_numbers = list(map(lambda x: x * 2, sample_numbers))
>>> doubled_numbers
[2, 4, 6, 8, 10, 12, 14, 16, 18, 20]
>>>
>>> squared_numbers = list(map(lambda x: x * x, sample_numbers))
>>> squared_numbers
[1, 4, 9, 16, 25, 36, 49, 64, 81, 100]
```

Lambda vs. List Comprehension   Einleitend erwähnte ich, dass es durchaus elegante Alternativen zum Einsatz von Lambdas gibt. Oftmals ist eine List Comprehension deutlich besser verständlich und es entfällt die Notwendigkeit, die Lambda-Funktion zu definieren und aufzurufen:

```
>>> list(map(lambda x: x.capitalize(), ['tim', 'tom', 'jim']))
['TIM', 'TOM', 'JIM']
>>>
>>> [x.capitalize() for x in ['tim', 'tom', 'jim']]
['TIM', 'TOM', 'JIM']
```

Kombination mit `reduce()`

Seit Python 3 ist die Funktion `reduce()` nicht mehr Bestandteil der eingebauten Funktionen, sondern im Modul `functools` beheimatet. Ebenso wie bei `filter()` und `map()` sind die ersten beiden Argumente eine Funktion bzw. ein Lambda und ein Iterable. Ergänzend kann `reduce()` als drittes Argument einen Anfangswert für die Berechnungen erhalten. Die Arbeitsweise ist folgendermaßen: Für jedes Element des Iterable wendet `reduce()` die als Funktion bzw. Lambda übergebene Aktion an und akkumuliert das Ergebnis, bis keine Werte mehr im Iterable unbehandelt geblieben sind.

Nachfolgend setzen wir `reduce()` ein, um eine Liste von Strings durch Pipe separiert aufzubereiten. Dabei ist in `acc` das momentane Zwischenresultat gespeichert und `x` wird jeweils aus den Elementen der Liste befüllt:

```
>>> import functools
>>> functools.reduce(lambda acc, x: acc + ' | ' + x, ['this', 'is', 'a', '
    message'])
'this | is | a | message'
```

Eleganz von Lambda vs. List Comprehension / Generatorausdruck   Vergleichen wir erneut den Einsatz von Lambdas mit einer List Comprehension als Alternative: Um `reduce()` auf eine Liste von Paaren anzuwenden und die Summe des ersten Elements eines jeden Paares zu berechnen, könnten Sie Folgendes schreiben:

```
>>> import functools
>>> pairs = [(1, 'FIRST'), (2, 'SECOND'), (3, 'THIRD')]
>>> functools.reduce(lambda acc, pair: acc + pair[0], pairs, 0)
6
>>> functools.reduce(lambda acc, pair: acc + pair[1], pairs, "")
'FIRSTSECONDTHIRD'
```

Hier sehen wir auch den Einsatz des Startwerts als dritten Parameter, damit entweder die Addition auf Zahlen oder auf Strings erfolgt.

Mithilfe eines Generatorausdrucks (das Pendant zur List Comprehension, aber mit runden Klammern und verzögerter Wertebereitstellung) als Argument für `sum()`, die die Summe auf einem Iterable berechnet, kann man das wie folgt schreiben:

```
>>> pairs = [(1, 'FIRST'), (2, 'SECOND'), (3, 'THIRD')]
>>> sum(x[0] for x in pairs)
6
```

Allerdings ist nun die Stringverknüpfung nicht mehr so leicht möglich.

Es gibt noch eine etwas andere und möglicherweise sauberere Lösung, die zudem ohne indizierten Zugriff auskommt, nämlich mithilfe von Tuple Unpacking:

```
>>> pairs = [(1, 'FIRST'), (2, 'SECOND'), (3, 'THIRD')]
>>> sum(x for x, _ in pairs)
6
```

Die Verwendung des Unterstrichs (_) ist eine Python-Konvention, die anzeigt, dass Sie den zweiten Wert des Paares ignorieren können.

Die Vorteile werden insbesondere dann sichtbar, wenn wir die Berechnungen ein wenig komplexer machen, nämlich die Summe der Multiplikationen der Werte im jeweiligen Paar bzw. Triple:

```
>>> pairs = [(1, 2), (3, 4), (5, 6)]
>>> functools.reduce(lambda acc, pair: acc + pair[0] * pair[1], pairs, 0)
44
>>> triples = [(1, 2, 3), (3, 4, 5), (5, 6, 7)]
>>> functools.reduce(lambda acc, triples: acc + triples[0] * triples[1] *
      triples[2], triples, 0)
276
```

Das schreiben wir mit Tuple Unpacking wirklich deutlich lesbarer wie folgt:

```
>>> pairs = [(1, 2), (3, 4), (5, 6)]
>>> sum(x * y for x, y in pairs)
44
>>> triples = [(1, 2, 3), (3, 4, 5), (5, 6, 7)]
>>> sum(x * y * z for x, y, z in triples)
276
```

7.5.3 Lambdas im Einsatz mit `sort()`

Bekanntermaßen können Sie beim Aufruf von `sort()` den benannten Parameter `key` nutzen, um die Sortierung zu steuern (vgl. Abschnitt 5.2.3).

Zum Einstieg schauen wir uns eine Liste von Zahlen an. Zunächst sortieren wir diese gemäß ihrer natürlichen Ordnung, danach wandeln wir sie mit `str()` in Strings um und sortieren diese nach der Länge (mit `len()`):

```
>>> numbers = [11, 2, 30, 333, 14, 4444, 100, 2222]
>>> numbers.sort()
>>> print(numbers)
[2, 11, 14, 30, 100, 333, 2222, 4444]
>>>
>>> numbers = [11, 2, 30, 333, 14, 4444, 100, 2222]
>>> numbers.sort(key=lambda x: len(str(x)))
>>> print(numbers)
[2, 11, 30, 14, 333, 100, 4444, 2222]
```

Führen wir das Ganze mit einem praxisnäheren Beispiel fort. Stellen wir uns einen Datenbestand vor, der textuelle Werte enthält, die mit dem Präfix `id` starten. Wir wollen aber nun nicht nach dem Alphabet, sondern rein auf den Zahlen sortieren. Dazu müssen wir die ersten zwei Zeichen abschneiden und den Rest in eine Zahl umwandeln.

Für diese Aufgabe können wir einen Lambda verwenden, sodass die Sortierung nur für die mit der ID verbundenen Nummer (die Ziffern, die auf den Text `id` folgen) geschieht:

```
>>> ids = ['id1', 'id2', 'id30', 'id3', 'id12', 'id22', 'id100']
>>> print(sorted(ids))
['id1', 'id100', 'id12', 'id2', 'id22', 'id3', 'id30']
>>>
>>> sorted_ids = sorted(ids, key=lambda x: int(x[2:])) # Nach Zahlen sortieren
>>> print(sorted_ids)
['id1', 'id2', 'id3', 'id12', 'id22', 'id30', 'id100']
```

7.5.4   Lambdas im Einsatz mit `groupby()`

Die Funktion `groupby()` ist eine weitere interessante Funktionalität, die auf Listen arbeitet. Dabei werden alle Einträge durchlaufen und daraus Schlüssel-Wert-Paare erstellt. Zum Bestimmen des Schlüssels muss eine Funktion angegeben werden. Jedes Mal, wenn sich der Wert des Schlüssels ändert, wird neu gestartet bzw. eine neue Gruppe erstellt. Die zurückgegebene Gruppe ist selbst ein Iterator. Allerdings ist bei einem Gruppenwechsel die vorherige Gruppe nicht mehr sichtbar. Sofern die Daten später benötigt werden, sollten sie als Liste gespeichert werden.

Nach dieser doch etwas grauen Theorie schauen wir uns ein paar Beispiele an. Dazu definieren wir uns einen Ausgangsdatenbestand, der verschiedene Tier- und Sportarten sowie Fahrzeuge bereitstellt. Einige gleichartige Elemente stehen direkt hintereinander, sonst sind die Daten aber gemischt. Dies dient der Verdeutlichung der Arbeitsweise von `groupby()`.

```
things = [("animal", "Bear"), ("sport", "Golf"), ("sport", "Karate"),
          ("sport", "Bowling"), ("vehicle", "Bicycle"), ("animal", "Dog"),
          ("vehicle", "Car"), ("animal", "Tiger")]
```

Nun wollen wir die Daten ablaufen. Dabei sehen wir, dass die Gruppe ein Tupel ist, bestehend aus Schlüssel und einem Wert, genauer ist es bei mehreren aufeinanderfolgenden Einträgen sogar eine Liste von Tupeln:

```
import itertools

for key, group in itertools.groupby(things, lambda entry: entry[0]):
    for entry in group:
        print("%s is a %s. (Key: %s)" % (entry[1], entry[0], key))
    print("")
```

Das Gesagte wird etwas klarer, wenn man sich die Konsolenausgabe und die Gruppierung anschaut:

```
Bear is a animal. (Key: animal)

Golf is a sport. (Key: sport)
Karate is a sport. (Key: sport)
Bowling is a sport. (Key: sport)

Bicycle is a vehicle. (Key: vehicle)

Dog is a animal. (Key: animal)

Car is a vehicle. (Key: vehicle)

Tiger is a animal. (Key: animal)
```

Besser ist wie erwähnt eine Kombination mit einer vorherigen Sortierung gemäß den
Schlüsseln:

```python
import itertools

sorted_things = sorted(things, key = lambda entry: entry[0])
for key, group in itertools.groupby(sorted_things, lambda entry: entry[0]):
    for entry in group:
        print("%s is a %s. (Key: %s)" % (entry[1], entry[0], key))
    print("")
```

Dann werden die Einträge zusammen nach Key aufgeführt:

```
Bear is a animal. (Key: animal)
Dog is a animal. (Key: animal)
Tiger is a animal. (Key: animal)

Golf is a sport. (Key: sport)
Karate is a sport. (Key: sport)
Bowling is a sport. (Key: sport)

Bicycle is a vehicle. (Key: vehicle)
Car is a vehicle. (Key: vehicle)
```

Aufbereitungsalternativen

Allerdings wäre es doch wünschenswert, nicht mehrere Zeilen, sondern eine kumulierte
Aufbereitung zu erhalten. Das realisieren wir durch folgende Abwandlung:

```python
import itertools

sorted_things = sorted(things, key = lambda entry: entry[0])
for key, group in itertools.groupby(sorted_things, lambda x: x[0]):
    listOfThings = " and ".join([thing[1] for thing in group])
    print(key + "s: " + listOfThings + ".")
```

Man erhält folgende Ausgaben:

```
animals:  Bear and Dog and Tiger.
sports:   Golf and Karate and Bowling.
vehicles: Bicycle and Car.
```

Für die weitere Verarbeitung wäre es noch ein wenig praktischer, wenn die Daten zu
einem Dictionary zusammengefasst würden. Das erreicht man wie folgt:

```python
import itertools

result = {}
sorted_things = sorted(things, key = lambda entry: entry[0])
for key, group in itertools.groupby(sorted_things, lambda x: x[0]):
    result[key] = list(group)

print(result)
```

Man erhält folgende Ausgaben:

```
{'animal': [('animal', 'Bear'), ('animal', 'Dog'), ('animal', 'Tiger')], 'sport'
    : [('sport', 'Golf'), ('sport', 'Karate'), ('sport', 'Bowling')], 'vehicle'
    : [('vehicle', 'Bicycle'), ('vehicle', 'Car')]}
```

Möchte man den ursprünglichen Key nicht in den Werten aufführen, so schreibt man
das Ganze wie folgt:

```python
import itertools

result = {}
sorted_things = sorted(things, key = lambda entry: entry[0])
for key, group in itertools.groupby(sorted_things, lambda x: x[0]):
    result[key] = [thing[1] for thing in group]

print(result)
```

Man erhält folgende Ausgaben:

```
{'animal': ['Bear', 'Dog', 'Tiger'], 'sport': ['Golf', 'Karate', 'Bowling'], '
    vehicle': ['Bicycle', 'Car']}
```

Spezialfall – Partitionierung

Manchmal hat man den Spezialfall, dass die Gruppierung durch ein Kriterium auf den
Daten bestimmt wird, etwa dass ein bestimmter Teilstring enthalten ist oder ein Wort
mit einem gewissen Begriff startet, etwa mit »Obst«:

```python
>>> words = ["Salami", "Obstkorb", "Käsekuchen", "Obstkuchen", "Obstsalat"]
```

Wir gruppieren dies wie folgt:

```python
import itertools

result = {}
extract_category = lambda entry:  entry.startswith("Obst")
for key, group in itertools.groupby(words, extract_category):
    members = result.get(key, []) + \
                 list([entry for entry in group])
    result.update({key: members})

print(result)
```

Das liefert folgendes Ergebnis:

```python
{False: ['Salami', 'Käsekuchen'], True: ['Obstkorb', 'Obstkuchen', 'Obstsalat']}
```

7.6   Aufgaben und Lösungen

7.6.1   Aufgabe 1: Obstkorb

Modellieren Sie einen Obstkorb, der mehrere Früchte enthält. Dabei soll eine Frucht mithilfe eines Named Tuple `Fruit` implementiert werden. Eine Frucht soll Attribute für den Namen der Obstsorte, Gewicht und Größe besitzen. Stellen Sie einen Obstkorb in Form einer Liste zusammen. Berechnen Sie das Gesamtgewicht der enthaltenen Früchte.

Lösung

Basierend auf der Aufgabenstellung implementieren wir folgendes Named Tuple `Fruit`:

```
>>> from collections import namedtuple
>>> Fruit = namedtuple('Fruit', 'name weight size')
```

Damit sind die einfachen Vorarbeiten abgeschlossen und wir machen uns an das Erstellen des Obstkorbs:

```
>>> fruits = [Fruit("Apple", 150, "MEDIUM"),
...           Fruit("Melon", 1500, "LARGE"),
...           Fruit("Lemon", 70, "SMALL")]
```

Als Letztes verbleibt noch das Berechnen des Gesamtgewichts. Dazu definieren wir eine Variable `total_weight` mit 0 als Startwert. Nun nutzen wir eine `for-in`-Schleife, um alle Früchte zu durchlaufen. Mithilfe von `weight` erhalten wir das jeweilige Gewicht und addieren dieses zum Ergebnis hinzu:

```
>>> total_weight = 0
>>> for fruit in fruits:
...     total_weight += fruit.weight
...
>>> total_weight
1720
```

7.6.2   Aufgabe 2: Erwachsene aus Personenliste extrahieren

Nehmen wir an, es wären Personen in Form eines Named Tuple modelliert. Zudem werden einige Personen als Liste wie folgt bereitgestellt:

```
>>> from collections import namedtuple
>>>
>>> Person = namedtuple('Person', 'name age')
>>>
>>> persons = [Person("Mike", 37), Person("Tim", 49),
...            Person("Tom", 5), Person("Michael", 50),
...            Person("Jim", 7), Person("James", 17)]
```

Ihre Aufgabe besteht nun darin, alle Personen älter als 17 Jahre zu ermitteln. Finden Sie eine möglichst kurze Lösung, die eine passende Methode sowie einen Lambda nutzt.

Lösung

Beginnen wir mit der Formulierung der Bedingung, die grob `age >= 18` lauten könnte. Da wir aber auf einer Liste von `Person`-Objekten arbeiten, müssen wir die Person auf das Alter abbilden und dieses abfragen. Als Lambda schreibt man das folgendermaßen:

```
>>> is_adult = lambda person: person.age >= 18
```

Nun kann man auf die Methode `filter()` zurückgreifen:

```
>>> list(filter(is_adult, persons))
[Person(name='Mike', age=37), Person(name='Tim', age=49), Person(name='Michael',
    age=50)]
```

7.6.3   Aufgabe 3: Eigene Implementierung von `rindex()`

Eine nützliche Funktionalität, die man leider nur in Strings, nicht aber in sequenziellen Containern findet, ist die Suche vom Ende mit `rindex()`. Realisieren Sie dies und nutzen Sie dazu etwa folgende Basisdaten:

```
>>> values = ['Start', 'End', 'Mid', 'End']
```

Lösung

Die gewünschte Funktionalität kann man sich einfach als Funktion oder Lambda wie folgt selbst implementieren, indem man den sequenziellen Container umdreht und danach mit der Standardfunktion `index()` die Position ermittelt und ein wenig Mathematik betreibt, um dies geeignet umzurechnen:

```
>>> def rindex(values, item):
...     reversed_values = values[::-1]
...     return len(values) - reversed_values.index(item) - 1
...
>>> last_index = lambda values, item: len(values) - values[::-1].index(item) - 1
```

Betrachten wir dies im Einsatz:

```
>>> values = ['Start', 'End', 'Mid', 'End']
>>> values.index("End")
1
>>> rindex(values, "End")
3
>>> last_index(values, "End")
3
>>> rindex(values, "Start")
0
```

7.6.4   Aufgabe 4: Elemente eines Dictionaries allgemeingültig filtern

Mitunter möchte man alle Schlüssel-Wert-Abbildungen ermitteln, deren Werte eine gewisse Bedingung erfüllen. Es sollen zwei Funktionen geschrieben werden, nämlich `filter_dict()` und `filter_by_value()`.

Um die Anforderungen besser zu verstehen, schauen wir uns als Beispiel eine Abbildung von Städten auf (ungefähre) Einwohnerzahlen und als Filterbedingung die Extraktion von größeren Städten zwischen 200.000 und 700.000 Einwohnern an. Die allgemeine Filterung erlaubt den Zugriff auf Schlüssel und Wert und inkludiert auch noch eine Prüfung des Schlüssels auf Kiel und Köln wie folgt:

```
cities_sizes = {"Köln": 1_000_000, "Kiel": 250_000, "Bremen": 550_000,
                "Zürich": 400_000, "Oldenburg": 170_000}

print(filter_dict(cities_sizes, lambda entry: entry[0] in ["Kiel", "Köln"] or
                                200_000 <= entry[1] <= 700_000))

print(filter_by_value(cities_sizes,
                      lambda size: 200_000 <= size <= 700_000))
```

Die Aufrufe sollten zu folgenden Ausgaben führen:

```
{'Köln': 1000000, 'Kiel': 250000, 'Bremen': 550000, 'Zürich': 400000}
{'Kiel': 250000, 'Bremen': 550000, 'Zürich': 400000}
```

Beispiel 2   Um die Anforderungen an Filterungen noch etwas besser zu verstehen, betrachten wir ein Beispiel von Personen und Hobbys. Zunächst filtern wir alle Personen, die Java als Hobby haben oder James heißen. Dazu benötigen wir Zugriff auf Schlüssel und Wert wie folgt:

```
person_hobbies = {"Tim": ["Java", "Music"],
                  "Peter": ["Python", "Movies"],
                  "Michael": ["Java", "Python", "Reading"],
                  "James": ["Music", "Movies"]}

print(filter_dict(person_hobbies, lambda entry: entry[0] in ["James"] or
                                  "Java" in entry[1]))
```

Eine reine Filterung auf die Werte, insbesondere alle Personen, die mindestens eines der Hobbys Music oder Movies haben oder keins davon, schreiben wir mithilfe von Set-Operationen folgendermaßen:

```
print(filter_by_value(person_hobbies,
                      lambda hobbies: (set(hobbies) & {"Music", "Movies"}) !=
                      set()))

print(filter_by_value(person_hobbies,
                      lambda hobbies: (set(hobbies) & {"Music", "Movies"}) ==
                      set()))
```

Dabei soll es zu folgenden Ausgaben kommen:

```
{'Tim': ['Java', 'Music'], 'Michael': ['Java', 'Python', 'Reading'], 'James': ['
    Music', 'Movies']}
{'Tim': ['Java', 'Music'], 'Peter': ['Python', 'Movies'], 'James': ['Music', '
    Movies']}
{'Michael': ['Java', 'Python', 'Reading']}
```

Lösung

Das lässt sich allgemeingültig und elegant für die spätere Wiederverwendung programmieren, indem man das Dictionary elementweise durchläuft und mit einem Filter für Schlüssel und Wert bestimmt, ob der Eintrag in das Resultat aufgenommen wird, also die übergebene Bedingung erfüllt. In dem Fall fügen wir die aktuelle Schlüssel-Wert-Kombination dem Ergebnis hinzu:

```python
def filter_dict(input_dict, key_value_condition):
    filtered_dict = dict()
    for key, value in input_dict.items():
        if key_value_condition((key, value)):
            filtered_dict[key] = value
    return filtered_dict
```

Die einfachere Variante besteht darin, lediglich auf den Werten zu arbeiten. Dazu greifen wir auf die gerade geschriebene Funktionalität zurück und erhalten so eine spezifische direkt auf Wertfilterung ausgelegte Funktion:

```python
def filter_by_value(input_dict, value_condition):
    filtered_result = filter_dict(input_dict,
                                  lambda entry: value_condition(entry[1]))
    return filtered_result
```

Erinnern wir uns: Bei Einträgen in ein Dictionary, die wir als Tupel erhalten, entspricht der Index `[0]` dem Schlüssel und `[1]` dem Wert.

Damit könnte man der Vollständigkeit halber und als Kür die Filterung nach Schlüssel wie folgt realisieren:

```python
def filter_by_key(input_dict, key_condition):
    filtered_result = filter_dict(input_dict,
                                  lambda entry: key_condition(entry[0]))
    return filtered_result
```

Das könnten wir etwa folgendermaßen einsetzen:

```python
print(filter_by_key(person_hobbies,
                    lambda name: name in ["James", "Tim"]))
```

Dadurch kommt es zu folgenden Ausgaben:

```
{'Tim': ['Java', 'Music'], 'James': ['Music', 'Movies']}
```

7.6.5   Aufgabe 5: Every-N-th-Iterator

Implementieren Sie einen Iterator namens `EveryNth`, der jedes n-te Element durch-läuft. Also für die Eingabe `[1, 2, 3, 4, 5, 6, 7, 8, 9, 10, 11, 12]` bei-spielsweise folgende Werte ausgibt:

- Schrittweite 3: 1, 4, 7 ,10
- Schrittweite 5: 1, 6, 11

Lösung

Zunächst einmal benötigen wir die zu durchlaufenden Daten, eine Startposition (initial 0) sowie die Schrittweite. Wir nutzen für Letztere einen Defaultwert von 1. Nun müs-sen wir `__iter__()` und `__next__()` implementieren. Dabei liefert `__iter__()` nur `self` zurück. In `__next__()` prüfen wir, ob es noch Daten gibt. Falls die aktuelle Position größer gleich der Länge der Daten ist, lösen wir eine `StopIteration` aus. Ansonsten lesen wir den Wert an der aktuellen Position aus und erhöhen dann die Posi-tion um die Schrittweite. Als Letztes geben wir den ausgelesenen Wert zurück. Damit ergibt sich folgende Implementierung:

```
class EveryNth:
    def __init__(self, values, step=1):
        self.values = values
        self.step = step
        self.pos = 0

    def __iter__(self):
        return self

    def __next__(self):
        if self.pos >= len(self.values):
            raise StopIteration

        result = self.values[self.pos]
        self.pos += self.step
        return result
```

Probieren wir dies einmal für die Zahlen und die Schrittweiten aus der Einleitung aus:

```
>>> numbers = [1, 2, 3, 4, 5, 6, 7, 8, 9, 10, 11, 12]
>>>
>>> for num in EveryNth(numbers, 3):
...     print(num)
...
1
4
7
10
>>> for num in EveryNth(numbers, 5):
...     print(num)
...
1
6
11
```

Kür: Mit Offset zum Überspringen von Elementen am Anfang

Als Kür implementieren wir einen Iterator `EveryNthWithOffset`, der jedes n-te Element durchläuft, aber die ersten m Elemente überspringt.

```python
class EveryNthWithOffset:
    def __init__(self, values, step=1, offset=0):
        self.values = values
        self.step = step
        self.pos = offset

    def __iter__(self):
        return self

    def __next__(self):
        if self.pos >= len(self.values):
            raise StopIteration

        result = self.values[self.pos]
        self.pos += self.step
        return result
```

Probieren wir das einmal für folgende Nutzdaten aus, die exemplarisch mit zwei unwichtigen Startkennungen beginnen, die zu überspringen sind:

```python
>>> payload = ["XYZ", "XYZ", "DATA-1", "DATA-2", "DATA-3", "DATA-4", "DATA-5"]
>>> for data in EveryNthWithOffset(payload, 1, 2):
...     print(data)
...
DATA-1
DATA-2
DATA-3
DATA-4
DATA-5
>>>
>>> for data in EveryNthWithOffset(payload, 3, 2):
...     print(data)
...
DATA-1
DATA-4
```

7.6.6   Aufgabe 6: Greeting-Generator

In dieser Aufgabenstellung sollen Sie einen einfachen Generator schreiben, der lediglich bei jedem Aufruf einen neuen Gruß ausgibt, etwa die Abfolge Hallo, Hello, Moin und Grüezi.

Lösung

Ein Generator, der eine fixe Folge von Werten zurückliefern soll, lässt sich ganz unspektakulär als Folge von `yield`-Anweisungen wie folgt schreiben:

```
def greet_generator():
    yield "Hallo"
    yield "Hello"
    yield "Moin"
    yield "Grüezi"
```

Probieren wir das einmal aus:

```
greetings = greet_generator()
print(next(greetings))
print(next(greetings))
print(next(greetings))
print(next(greetings))
```

Es kommt zu folgenden Ausgaben:

```
Hallo
Hello
Moin
Grüezi
```

Diese würde man auch durch folgende `for-in`-Schleife erhalten:

```
for greet in greet_generator():
    print(greet)
```

Achtung: Flüchtigkeitsfehler

Wenn man ein ganz klein wenig unkonzentriert oder noch nicht so vertraut mit Generatoren ist, so könnte man fehlerhafterweise die Aufrufe wie folgt gestalten, was aber nicht zum gewünschten Erfolg führt, weil immer wieder neue Generatoren erzeugt werden, die jeweils wieder von vorne anfangen:

```
print(next(greet_generator()))
print(next(greet_generator()))
print(next(greet_generator()))
print(next(greet_generator()))
```

7.6.7   Aufgabe 7: Fibonacci-Generator

Die *Fibonacci-Zahlen* lassen sich rekursiv wie folgt definieren:

$$ fib(n) = \begin{cases} 1, & n = 1 \\ 1, & n = 2 \\ fib(n-1) + fib(n-2), & \forall n > 2 \end{cases} $$

Es ergibt sich für die ersten n folgender Werteverlauf:

n	1	2	3	4	5	6	7	8
fib(n)	1	1	2	3	5	8	13	21

Eine natürliche, wenn auch nicht performante Umsetzung ist die rein rekursive wie folgt:

```
def fib(n):
    if n == 1 or n == 2:
        return 1

    return fib(n-1) + fib(n-2)
```

Modifizieren Sie das Ganze so, dass diese Werte durch eine Generatorfunktion berechnet werden.

Lösung

Die Umsetzung der Berechnung der Fibonacci-Zahlen startet mit zwei `yield`-Anweisungen. Danach definieren wir zwei Hilfsvariablen `fib_1` und `fib_2`, die jeweils der Fibonacci-Zahl für $n-1$ und $n-2$ entsprechen. Initial also für die dritte Fibonacci-Zahl jeweils den Wert 1 besitzen. Die nächste Fibonacci-Zahl ergibt sich aus deren Summe und wird in einer Variablen `fib` gehalten und mit `yield` propagiert. Nun müssen die Variablen nur geeignet neu zugewiesen werden. Damit ergibt sich folgende Implementierung:

```
def fib_gen():

    yield 1
    yield 1

    fib1 = 1
    fib2 = 1

    while True:
        fib = fib1 + fib2
        yield fib

        fib2 = fib1
        fib1 = fib
```

Interessanterweise finden wir hier keine Abbruchbedingung. Es wird also ein unendlicher Datenstrom produziert und somit ist es Aufgabe des Aufrufers, die Iteration abzubrechen.

Betrachten wir die Generierung der ersten 10 Fibonacci-Zahlen mit eine Schleife – hierbei nutzen wir die Python-Besonderheit, in einer Schleife keinen Variablennamen anzugeben, sondern _. Damit wird ausgedrückt, dass dieser Wert im weiteren Verlauf nicht mehr benutzt wird:

```
gen = fib_gen()
for _ in range(10):
    print(next(gen))
```

Das gibt folgende Ausgaben:

```
1
1
2
3
5
8
13
21
34
55
```

7.6.8   Aufgabe 8: Sortieren und Gruppieren

Bereiten Sie alle Hobbys und Musikrichtungen so auf, dass für den folgenden Ausgangsdatenbestand

```
things = [("hobby", "Bowling"), ("music", "Rock"), ("hobby", "Karate"),
          ("music", "Jazz"), ("music", "Pop"), ("hobby", "Cycling"),
          ("hobby", "Programming"), ("music", "Hard Rock")]
```

eine Gruppierung nach Kategorie sowie eine Verknüpfung der gesamten darunterfallenden Werte erfolgt und eine Ausgabe wie die folgende erscheint:

```
Category hobby with values: Bowling and Karate and Cycling and Programming
Category music with values: Rock and Jazz and Pop and Hard Rock
```

Eine Konsolenausgabe ist schon gut, aber zur Weiterverarbeitung ist eine Aufbereitung in einem Dictionary wünschenswert. Als Kür soll folgendes Ergebnis produziert werden:

```
{'hobby': ['Bowling', 'Karate', 'Cycling', 'Programming'], 'music': ['Rock', '
    Jazz', 'Pop', 'Hard Rock']}
```

Lösung

Um die Aufgabenstellung zu lösen, erinnern wir uns an die Funktion `groupby()` aus dem Modul `itertools` sowie den Hinweis, die Daten vorab möglichst sortiert aufzubereiten. Mit diesem Wissen laufen wir die Elemente ab und fassen dann alle Gruppeninformationen mit `join()` und dem Text `and` zusammen. Diese Info geben wir dann für den Schlüssel aus:

```
>>> import itertools
>>>
>>> sorted_things = sorted(things, key = lambda entry: entry[0])
>>> for key, group in itertools.groupby(sorted_things, lambda entry: entry[0]):
...     list_of_things = " and ".join([entry[1] for entry in group])
...     print("Category", key, "with values:", list_of_things)
...
Category hobby with values: Bowling and Karate and Cycling and Programming
Category music with values: Rock and Jazz and Pop and Hard Rock
```

Für die Kür müssen wir die Aufbereitung leicht abwandeln. Zudem benötigen wir eine Ergebnisdatenstruktur:

```
>>> import itertools
>>>
>>> result = {}
>>> extract_category = lambda entry: entry[0]
>>> sorted_things = sorted(things, key = extract_category)
>>> for key, group in itertools.groupby(sorted_things, extract_category):
...     result[key] = [entry[1] for entry in group]
...
>>> print(result)
{'hobby': ['Bowling', 'Karate', 'Cycling', 'Programming'], 'music': ['Rock', '
    Jazz', 'Pop', 'Hard Rock']}
```

Ohne Sortierung ist das Ganze aufwendiger, aber auch machbar. In diesem Fall ist es wichtig, die Daten aus dem Ergebnis mit `get()` auszulesen, da ein Zugriff über `[]` auf einen nicht existenten Key eine Exception auslöst:

```
>>> import itertools
>>>
>>> result = {}
>>> extract_category = lambda entry: entry[0]
>>> for key, group in itertools.groupby(things, extract_category):
...     members = result.get(key, []) + \
...             list([entry[1] for entry in group])
...     result.update({key: members})
...
>>> print(result)
{'hobby': ['Bowling', 'Karate', 'Cycling', 'Programming'], 'music': ['Rock', '
    Jazz', 'Pop', 'Hard Rock']}
```

8 Verarbeitung von Dateien

Ein wichtiger Bestandteil vieler Anwendungen ist die Verarbeitung von Informationen aus Dateien, die das dauerhafte Speichern von Daten ermöglichen. Darüber hinaus müssen die meisten Programme mit anderen Applikationen interagieren und dabei manchmal auch Daten mithilfe von Dateien austauschen.

Python besitzt das Modul `os`, das uns viele nützliche Funktionalitäten zur Verfügung stellt, um mit Verzeichnissen (und auch Dateien) zu arbeiten. Einige weitere Funktionalitäten werden durch das Modul `shutil` bereitgestellt.

Bitte beachten Sie, dass es bei der Kommunikation und Ein- und Ausgabe immer auch zu Fehlern oder zumindest Problemen kommen kann, etwa dass eine Datei nicht vorhanden ist oder nicht in sie geschrieben werden kann. Aus Gründen der Übersichtlichkeit und weil wir das Thema Fehlerbehandlung erst später in Kapitel 9 vertiefen, wird in den nachfolgenden Beispielen zur Ein- und Ausgabe auf eine ansonsten notwendige Fehlerbehandlung weitestgehend verzichtet.

8.1 Schnelleinstieg

Um die nachfolgenden Aktionen sinnvoll ausführen zu können, wollen wir die folgende Verzeichnisstruktur als Grundlage für weitere Aktionen anlegen und dabei gleich die passenden Funktionalitäten aus dem Modul `os` kennenlernen – den dazu notwendigen Import werde ich nur einmal am Anfang zeigen.

```
files-examples-dir
|-- example-data.csv
|-- example-file.txt
|-- rename-dir
|-- subdir1
`-- subdir2
```

8.1.1 Anlegen von Dateien und Verzeichnissen

Genau wie für unser Beispiel zur Dateiverarbeitung müssen auch in der Praxis immer mal wieder Dateien oder Verzeichnisse angelegt werden.

Erzeugen neuer Verzeichnisse

Wir können ein neues Verzeichnis mit der Funktion `mkdir()` erstellen. Als Parameter übergibt man den Pfad des neuen Verzeichnisses. Dabei kann entweder ein vollständiger Pfad angegeben werden oder aber nur ein Verzeichnis. Im letzteren Fall wird dieses im aktuellen Arbeitsverzeichnis erstellt.

Im nachfolgenden Beispiel legen wir das Hauptverzeichnis für das Beispiel neu an. Danach erstellen wir noch drei Unterverzeichnisse:

```
>>> import os
>>>
>>> os.mkdir('files-examples-dir')
>>> os.mkdir('files-examples-dir/rename-dir')
>>> os.mkdir('files-examples-dir/subdir1')
>>> os.mkdir('files-examples-dir/subdir2')
```

Erzeugen neuer Dateien

Zum Erzeugen von Dateien gibt es keinen separaten Funktionsaufruf, sondern dies wird über das Öffnen und einen speziellen Modus realisiert. Legen wir zunächst einmal die Datei `example-data.csv` inklusive Angabe des Verzeichnisses an:

```
>>> new_csv_file = open("files-examples-dir/example-data.csv", "x")
```

Sofern die Datei allerdings existiert, kommt es zu einem `FileExistError`, falls man den gezeigten Ablauf wiederholt. In Abschnitt 8.1.7 zeige ich ein paar Varianten.

8.1.2 Aktuelles Verzeichnis wechseln

Um die weiteren Aktionen innerhalb des zuvor angelegten Hauptverzeichnisses auszuführen, wollen wir dorthin wechseln. Vom aktuellen Verzeichnis lässt sich mit `chdir()` auf das angegebene Verzeichnis wechseln:

```
>>> os.chdir("files-examples-dir")
```

Nun können wir noch die verbliebene zu erzeugende Datei anlegen, diesmal benötigt es keine Angabe des Verzeichnisses mehr, da wir gerade dorthin gewechselt sind:

```
>>> new_txt_file = open("example-file.txt", "x")
```

8.1.3   Aktuelles Verzeichnis und absoluten Pfad ermitteln

Das aktuelle Verzeichnis lässt sich mit `getcwd()` wie folgt abfragen:

```
>>> print(os.getcwd())
/Users/michaelinden/files-examples-dir
```

An der Ausgabe sehen wir den absoluten Pfad – bisher haben wir ja immer relativ zu dem aktuellen Verzeichnis gearbeitet.

Alternativ zu `getcwd()` lässt sich mithilfe von `abspath()` auch der absolute Pfad für ein Verzeichnis ermitteln, hier für das aktuelle und das übergeordnete Verzeichnis mit den beiden üblichen Abkürzungen `.` und `..` gezeigt:

```
>>> print("abspath", os.path.abspath("."))
abspath /Users/michaelinden/files-examples-dir
>>>
>>> print("abspath", os.path.abspath(".."))
abspath /Users/michaelinden
```

8.1.4   Inhalt eines Verzeichnisses auflisten

Die Funktion `listdir()` aus dem Modul `os` liefert den Inhalt eines Verzeichnisses. Nehmen wir die gezeigte Verzeichnisstruktur an, dann sollte folgender Aufruf das gezeigte Ergebnis liefern:

```
>>> os.listdir()
['example-file.txt', 'rename-dir', 'subdir2', 'example-data.csv', 'subdir1']
```

8.1.5   Pfad ist Datei oder Verzeichnis?

An der von `listdir()` gelieferten Auflistung sehen wir nicht direkt und zweifelsfrei, ob es sich bei einem Pfadnamen um eine Datei oder ein Verzeichnis handelt. Dabei können die Funktionen `isdir()` und `isfile()` hilfreich sein.

```
>>> dircontent = os.listdir()
>>> for path in dircontent:
...     if os.path.isdir(path):
...         print(path, "is a directory")
...     if os.path.isfile(path):
...         print(path, "is a file")
...
example-file.txt is a file
rename-dir is a directory
subdir2 is a directory
example-data.csv is a file
subdir1 is a directory
```

8.1.6   Auf Existenz prüfen

Für einige Anwendungsfälle ist es wichtig, zu wissen, ob eine Datei oder ein Verzeichnis schon existiert oder nicht. Dazu dient die Funktion `exists()`:

```
>>> os.listdir()
['example-file.txt', 'rename-dir', 'subdir2', 'example-data.csv', 'subdir1']
>>>
>>> def check_existence(path):
...     if os.path.exists(path):
...         print("File", path, "exists")
...     else:
...         print("No such file", path)
...
>>> check_existence("example-file.txt")
File example-file.txt exists
>>> check_existence("UNKNOWN.txt")
No such file UNKNOWN.txt
```

8.1.7   Informationen in Dateien schreiben und daraus lesen

Nachfolgend lernen wir das Schreiben und Lesen von Texten in und aus Dateien kennen. Um mit den Informationen aus Dateien zu arbeiten, erfolgen gewöhnlich drei Schritte:

1. Datei mit `open()` öffnen
2. Aktionen (Lesen und/oder Schreiben)
3. Datei mit `close()` schließen

Schauen wir uns nun kurz ein paar weitere Details dazu an.

Öffnen von Dateien

Um eine Datei zu öffnen, gibt es die `open()`-Funktion, der man einen relativen oder absoluten Pfad übergibt:

```
>>> file = open("test.txt") # Datei im aktuellen Verzeichnis öffnen
>>> file = open("C:/Data/README.txt") # Angabe des vollständigen Pfads
```

Diese Funktion gibt ein Dateiobjekt zurück, mit dem die Datei entsprechend gelesen oder verändert werden kann. Beim Öffnen lässt sich ein Verarbeitungsmodus angeben. Dabei spezifiziert `r` den Lesemodus, `w` den Schreibmodus und `a` den Anhängemodus. Darüber hinaus kann man die Datei im Textmodus oder im Binärmodus öffnen, wobei standardmäßig vom Textmodus ausgegangen wird. Der Binärmodus ist beispielsweise für die Verarbeitung von Bildern usw. wichtig, stellt aber ein fortgeschritteneres Thema dar, das außerhalb des Fokus dieses Buchs liegt.

Betrachten wir exemplarisch einige Aufrufe:

```
file_to_read = open("test.txt")          # Standard 'r'
file_to_write = open("test.txt",'w')     # Schreibmodus
binary_file_rw = open("img.bmp",'r+b')   # Lesen und Schreiben im Binärmodus
```

Schließen von Dateien

Wenn wir mit der Durchführung von Dateiaktionen fertig sind, sollten wir die Datei wieder schließen, um Systemressourcen freizugeben. Dazu dient die `close()`-Methode.

Betrachten wir das folgende gebräuchliche Muster:

```
file = open("test.txt", encoding = 'utf-8')
# File-Aktionen ausführen
file.close()
```

Das Ganze birgt aber ein Problem: Tritt während des Zugriffs auf die Datei ein Fehler auf und wird eine Exceptions ausgelöst, so wird die Datei nicht mehr ordnungsgemäß geschlossen, da `close()` nicht mehr ausgeführt wird.

Sichere Variante Eine bessere Variante besteht in der Kombination mit einer in Kapitel 9 beschriebenen Fehlerbehandlung mit `try` und `finally`. Beides werden wir im genannten Kapitel genauer besprechen. Hier reicht es, zu verstehen, dass der Block im `try` ausgeführt wird und in jedem Fall auch die Anweisungen des Blocks im `finally` – selbst wenn es zuvor zu einem Fehler kam und eine Exception ausgelöst wurde:

```
file = open("test.txt", encoding='utf-8')
try:
    # File-Aktionen ausführen
    pass
finally:
    file.close()
```

Auf ein Detail möchte ich noch hinweisen: Wird in `open()` im Lesemodus eine nicht existente Datei angegeben, so kommt es – wie auch im Sourcecode-Beispiel von zuvor – zu einem `FileNotFoundError`.

Elegante Variante Es gibt eine elegantere und kürzere Variante mit `with`, die folgendermaßen aussieht:

```
with open("test.txt", encoding = 'utf-8') as file:
    # File-Aktionen ausführen
    pass
```

Praktischerweise wird `close()` passend aufgerufen, wir müssen es nicht mehr explizit schreiben – der Aufruf erfolgt intern (vgl. Abschnitt 9.3).

Schreiben in Dateien

Um Daten in eine Datei schreiben zu können, muss diese im Modus `w` oder `a` für Schreiben bzw. Anhängen geöffnet werden. Zudem existiert noch der kurz vorab schon besprochene Modus `x`, der eine neue Datei zum Schreiben erzeugt. Existiert die Datei allerdings bereits, so kommt es zu einem `FileExistsError`. Die anderen vorher genannten Modi ermöglichen in dem Fall einfach das Scheiben in die Datei. Die Auswirkungen der Modi verdeutliche ich im Anschluss in Abschnitt 8.1.8.

Für das Schreiben von Daten gibt es die Methode `write()`, die die Anzahl der in die Datei geschriebenen Zeichen zurückgibt.

Als Beispiel wollen wir eine simple Personenliste schreiben und denken dabei an die Angabe des Zeilenumbruchs, um die Daten später sauber wieder einlesen zu können:

```
>>> with open("personenListe.txt", 'w', encoding = 'utf-8') as file:
...     file.write("Person1: Michael\n")
...     file.write("Person2: Peter\n")
...     file.write("This file contains three lines\n")
...
17
15
31
```

Es entsteht eine neue Datei mit dem Namen `personenListe.txt` im aktuellen Verzeichnis, wenn sie nicht existiert. Wenn sie existiert, wird sie überschrieben.

Einlesen aus Datei

Gerade haben wir Daten geschrieben. Um diese wieder einzulesen, müssen wir die Datei im Lesemodus `r` öffnen.

Zum Einlesen dient die Methode `read()`, der man optional eine Anzahl an Bytes übergeben kann. Ohne diese Angabe wird die gesamte Datei eingelesen:

```
>>> with open("personenListe.txt", 'r', encoding = 'utf-8') as file:
...     content = file.read()
...     print(content)
...
Person1: Michael
Person2: Peter
This file contains three lines
```

Tatsächlich ist das noch leicht unhandlich und erfordert eine Nacharbeit, um an die einzelnen Informationen bzw. Zeilen zu kommen. Alternativ erfüllt eine Datei auch das Iterator-Protokoll (vgl. Abschnitt 7.2), sodass wir eine `for-in`-Schleife folgendermaßen nutzen können:

```
>>> with open("personenListe.txt", 'r', encoding = 'utf-8') as file:
...     # Zeilenweises Lesen
...     for line in file:
...         print(line, end='')
...
Person1: Michael
Person2: Peter
This file contains three lines
```

Weil die Zeilen in der Datei selbst ein Zeilenumbruchzeichen (`\n`) enthalten, nutzen wir den Parameter `end` der Funktion `print()`, um doppelte Zeilenumbrüche bei der Ausgabe zu vermeiden.

Zeilenweises Einlesen mit `readline()` bzw. `readlines()`   Alternativ zu dem eben gezeigten Ansatz kann man alle Zeilen in Form einer Liste mithilfe von `readlines()` einlesen:

```
>>> with open("personenListe.txt", 'r', encoding = 'utf-8') as file:
...     lines = file.readlines()
...     print("Lines", lines)
...
Lines ['Person1: Michael\n', 'Person2: Peter\n', 'This file contains three lines
    \n']
```

Bei sehr großen Dateien kann es speichertechnisch günstiger sein, immer nur wenige Zeilen einzulesen und zu verarbeiten. Dabei unterstützt die Methode `readline()`. Nachfolgend lesen wir die Datei zeilenweise ein und protokollieren Zeile für Zeile die eingelesenen Informationen:

```
>>> with open("personenListe.txt", 'r', encoding = 'utf-8') as file:
...     count = 1
...     line_content = file.readline()
...     while line_content:
...         print("Line", count, ":", line_content, end ="")
...         line_content = file.readline()
...         count += 1
...
Line 1 : Person1: Michael
Line 2 : Person2: Peter
Line 3 : This file contains three lines
```

Tipp: Walross-Operator `:=`

Weil das Muster erst Daten lesen und dann in der `while`-Schleife nochmals neue Daten lesen und auf das Ende vergleichen ein gebräuchlicher Anwendungsfall ist, bietet Python seit Version 3.8 hier den speziellen Walross-Operator `:=` (Assignment-Expression, also Zuweisung und Aktion in einem). Damit vereinfacht sich das Ganze wie folgt:

```
>>> with open("personenListe.txt", 'r', encoding = 'utf-8') as file:
...     count = 1
...     while line_content := file.readline():
...         print("Line", count, ":", line_content, end ="")
...         count += 1
...
Line 1 : Person1: Michael
Line 2 : Person2: Peter
Line 3 : This file contains three lines
```

8.1.8   Einfluss der Verarbeitungsmodi

Nachfolgend präsentiere ich ein paar Beispiele, wie sich die Verarbeitungsmodi beim
Öffnen der Datei auswirken.

Modus x – Erzeugen

Beim Modus x wird eine neue Datei erzeugt, die beschrieben werden kann. Existiert
die Datei allerdings bereits, so kommt es zu einem FileExistsError. Das Verhalten
kann man sich folgendermaßen verdeutlichen:

```
>>> path = "TO_BE_CREATED.txt"
>>> check_existence(path)
No such file TO_BE_CREATED.txt
>>>
>>> with open(path, 'x') as file:
...     # Aktionen
...     pass
...
>>> check_existence(path)
File TO_BE_CREATED.txt exists
```

Dabei kommt die bereits in Abschnitt 8.1.6 entwickelte und hier nochmals zum leichteren Nachvollziehen dargestellte Funktion check_existence() zum Einsatz:

```
>>> def check_existence(path):
...     if os.path.exists(path):
...         print("File", path, "exists")
...     else:
...         print("No such file", path)
```

Modus w – Überschreiben

Beim Modus w wird eine neue Datei erzeugt oder geöffnet, die beschrieben werden
kann. Existiert die Datei bereits, so geht der gesamte Inhalt verloren. Das Verhalten
kann man sich folgendermaßen verdeutlichen:

```
>>> path = "OVERWRITE.txt"
>>> check_existence(path)
No such file OVERWRITE.txt
>>>
>>> with open(path, 'w') as file:
...     file.write("create_if_not_exists_else_overwrite\n")
...
36
>>> check_existence(path)
File OVERWRITE.txt exists
>>>
>>> with open(path, 'w') as file:
...     file.write("pure-overwrite\n")
...
15
```

Modus a – Anhängen

Beim Modus a wird eine Datei erzeugt bzw. bei Existenz zum Anhängen von Daten geöffnet. Existiert die Datei bleibt der bisherige Inhalt erhalten. Das Verhalten kann man sich folgendermaßen verdeutlichen:

```
>>> path = "APPEND.txt"
>>> check_existence(path)
No such file APPEND.txt
>>>
>>> with open(path, 'w') as file:
...     file.write("APPEND-1\n")
...
9
>>> with open(path, 'a') as file:
...     file.write("APPEND-2\n")
...
9
>>> with open(path, 'r') as file:
...     print(file.readlines())
...
['APPEND-1\n', 'APPEND-2\n']
```

8.1.9 Diverse Informationen ermitteln

Neben den bisher kennengelernten zentralen Aktionen benötigt man immer mal wieder Informationen zu gewissen Dingen.

Dateigröße bestimmen

Mitunter ist man an der Größe einer Datei oder eines Verzeichnisses im Dateisystem interessiert. Diese Informationen liefert die Methode getsize(), sofern die Datei bzw. das Verzeichnis existiert. Allerdings ist das Ganze für Verzeichnisse komplizierter zu bestimmen. Zudem entsprechen die Informationen nicht immer 100 % der tatsächlichen Größe im Dateisystem (sondern sind eine Angabe in Bytes), weil Dateisysteme speziell aufgebaut sind. Zudem weicht die Angabe von Betriebssystem zu Betriebssystem ab:

```
>>> path = "APPEND.txt"
>>> print("size '" + path + "':", os.path.getsize(path))
size 'APPEND.txt': 18
>>>
>>> print("size '.'", os.path.getsize("."))
size '.' 256
>>>
>>> print("size '..'", os.path.getsize(".."))
size '..' 288
```

Berechtigungen

Ab und zu muss man ermitteln können, ob in die Datei geschrieben werden darf oder ob nur Lesezugriff erlaubt ist. Dabei helfen die Funktionen `writable()` und `readable()`.

```
>>> with open(path, 'r') as file:
...     print(path, "is readable", file.readable())
...     print(path, "is writable", file.writable())
...
APPEND.txt is readable True
APPEND.txt is writable False
```

Zeitpunkte

Auch die Zeitpunkte der Erstellung, des letzten Zugriffs bzw. der letzten Änderungen können mit passenden Funktionen abgefragt werden. Da diese Werte als Sekunden seit 1970 bereitgestellt werden, bietet sich die Definition einer Umrechnungsmethode folgendermaßen an – mehr zum Thema Datumsverarbeitung finden Sie in Kapitel 10.

```
>>> import datetime
>>> def seconds_to_time(seconds):
...     return datetime.datetime.fromtimestamp(seconds)
...
```

Setzen wir diese nun in Kombination mit den geeigneten Abfragen ein:

```
>>> print("created", seconds_to_time(os.path.getctime("APPEND.txt")))
created 2021-06-30 23:43:45.564718
>>> print("modified", seconds_to_time(os.path.getmtime("APPEND.txt")))
modified 2021-06-30 23:43:45.564718
>>> print("accessed", seconds_to_time(os.path.getatime("APPEND.txt")))
accessed 2021-06-30 23:43:46.860756
```

Achtung: Nur unter Windows liefert `getctime()` den Erstellungszeitpunkt. Unter unixartigen Betriebssystemen wird die Zeit der letzten Änderung der Metadaten geliefert.

8.1.10 Kopieren

Das Kopieren ist eine speziellere High-Level-Aktion und wird im Modul `shutil` bereitgestellt. Für das Kopieren von Dateien nutzt man die Funktion `copy()` unter Angabe von Quelle und Ziel folgendermaßen:

```
>>> os.listdir()
['example-file.txt', 'rename-dir', 'subdir2', 'example-data.csv', 'subdir1', '
    OVERWRITE.txt', 'TO_BE_CREATED.txt', 'APPEND.txt']
>>>
>>> import shutil
>>> shutil.copy('APPEND.txt', "copy_of_APPEND.txt")
'copy_of_APPEND.txt'
>>>
>>> os.listdir()
['example-file.txt', 'rename-dir', 'subdir2', 'example-data.csv', 'subdir1', '
    OVERWRITE.txt', 'TO_BE_CREATED.txt', 'copy_of_APPEND.txt', 'APPEND.txt']
```

Wir wollen das Beispiel ausbauen und nun auch zwischen verschiedenen Verzeichnissen kopieren. In diesem Fall kopieren wir die Datei `example-file.txt` zweimal in das Unterverzeichnis `subdir2`:

```
>>> path_dest1 = "subdir2/example-file1.txt"
>>> path_dest2 = "subdir2/example-file2.txt"

>>> shutil.copy("example-file.txt", path_dest1)
'subdir2/example-file1.txt'
>>> shutil.copy("example-file.txt", path_dest2)
'subdir2/example-file2.txt'
```

Auch das prüfen wir kurz folgendermaßen nach:

```
>>> os.chdir("subdir2")
>>> os.listdir()
['example-file1.txt', 'example-file2.txt']
>>> os.chdir("..")
```

8.1.11 Umbenennen

Mithilfe der Funktion `rename()` lässt sich eine Datei oder ein Verzeichnis umbenennen. Dazu übergibt man den ursprünglichen Namen sowie den gewünschten Namen als Parameter. Nachfolgend nennen wir die Datei `to-be-renamed.txt` in `renamed.txt` um bzw. andersherum, je nach Existenz der Dateien.

Wir beginnen mit dem Wechsel in das passende Verzeichnis und dem initialen Anlegen der Datei:

```
>>> os.chdir("rename-dir")
>>> initial_file = open("to-be-renamed.txt", "w")
>>> os.listdir()
['to-be-renamed.txt']
```

Nun kann man das Umbenennen in folgender Funktion definieren und aufrufen:

```
>>> def rename_file():
...     if os.path.exists("to-be-renamed.txt"):
...         os.rename('to-be-renamed.txt', 'renamed.txt')
...     elif os.path.exists("renamed.txt"):
...         os.rename('renamed.txt','to-be-renamed.txt')
...
>>> rename_file()
>>> os.listdir()
['renamed.txt']
>>>
>>> rename_file()
>>> os.listdir()
['to-be-renamed.txt']
```

Die Ausgabe wechselt hin und her.[1]

---

[1]Natürlich nur, wenn man nicht von Hand die Dateien umbenennt oder löscht. :-)

8.1.12   Löschen

Wir beginnen mit ein paar Vorarbeiten, nämlich dem initialen Anlegen eines Verzeichnisses und zweier Dateien:

```
>>> os.mkdir("dir-to-be-deleted")
>>>
>>> file_to_be_deleted_1 = open("dir-to-be-deleted/to-be-deleted-1.txt", "x")
>>> os.chdir("dir-to-be-deleted")
>>>
>>> file_to_be_deleted_2 = open("to-be-deleted-2.txt", "x")
>>> os.listdir()
['to-be-deleted-1.txt', 'to-be-deleted-2.txt']
```

Löschen einer Datei

Eine Datei kann mit der Methode `remove()` entfernt (gelöscht) werden. Im Listing sehen wir das Löschen der ersten Datei:

```
>>> os.remove('to-be-deleted-1.txt')
>>> os.listdir()
['to-be-deleted-2.txt']
```

Löschen eines Verzeichnisses

Wie wir gesehen haben, kann man eine Datei mit der Funktion `remove()` löschen. Analog dazu entfernt die Methode `rmdir()` ein leeres Verzeichnis.

```
>>> os.mkdir("new_and_empty")
>>> os.listdir()
['to-be-deleted-2.txt', 'new_and_empty']
>>>
>>> os.rmdir('new_and_empty')
>>> os.listdir()
['to-be-deleted-2.txt']
```

Wie gerade erwähnt, kann man mit `rmdir()` jedoch nur leere Verzeichnisse löschen. Das ist manchmal unpraktisch. Deshalb gibt es im Modul `shutil` die Funktion `rmtree()`, mit der sich auch Verzeichnisse löschen lassen, die noch Dateien oder Verzeichnisse enthalten, wie dies für unser Verzeichnis `dir-to-be-deleted` der Fall ist.

Wechseln wir ins darüber liegende Verzeichnis und versuchen das Löschen einmal erfolglos mit `rmdir()` und danach erfolgreich mit `rmtree()`:

```
>>> os.chdir("..")
>>>
>>> os.rmdir("dir-to-be-deleted")
Traceback (most recent call last):
  File "<stdin>", line 1, in <module>
OSError: [Errno 66] Directory not empty: 'dir-to-be-deleted'
>>>
>>> shutil.rmtree("dir-to-be-deleted")
```

8.2   Praxisbeispiel: Directory-Baum darstellen

In diesem Praxisbeispiel geht es darum, eine grafische Ausgabe eines Verzeichnisbaums zu erzeugen. In der ersten Ausbaustufe sollen Dateien und Verzeichnisse pro Verzeichnisebene um je 4 Zeichen eingerückt werden, wodurch sich die Struktur optisch gut nachvollziehen lässt. Das ergibt beispielsweise folgende Ausgabe:

```
first-file
second-file
example-dir
    nested-file-1
    nested-file-2
...
```

8.2.1   Basisvariante

Zur Umsetzung greifen wir auf die bereits beschriebenen Basisfunktionalitäten zurück. Dies geschieht in einer Funktion `print_directory()`, die das aktuelle Verzeichnis und die momentane Einrückungstiefe als Parameter erhält. Als Erstes wird der Verzeichnisinhalt mit `listdir()` bestimmt. Danach wird für jedes Element der Name per String-Multiplikation mit dem Operator `*` passend eingerückt ausgegeben. Im Falle eines Verzeichnisses rufen wir die Funktion mit dem aktuellen Verzeichnis und einem erhöhten Zähler auf. Derartige Selbstaufrufe werden auch Rekursion genannt (vgl. Abschnitt 6.8) und erlauben es oftmals, Programme elegant, verständlich und kurz zu halten – weil wir aber während der Rekursion das aktuelle Verzeichnis wechseln, müssen wir am Ende auch immer noch eine Rückkorrektur durchführen:

```python
import os
from os.path import expanduser


def print_directory(current_dir, path, level):

    os.chdir(current_dir)
    files = os.listdir()

    for file in files:
        print("    " * level, end="")
        print(file)

        if os.path.isdir(file):
            print_directory(file, path + file, level + 1)

    # Wechsel zurück in das aktuelle Verzeichnis
    if path != "":
        os.chdir("..")


home = expanduser("~")
print_directory(home + "/files-examples-dir", "", 0)
```

Im Listing sehen wir noch die Ermittlung des Benutzerverzeichnisses durch Aufruf von `expanduser("~")`.

Diese Implementierung produziert beispielsweise folgende Ausgabe:

```
example-file.txt
rename-dir
    to-be-renamed.txt
subdir2
    example-file1.txt
    example-file2.txt
OVERWRITE.txt
TO_BE_CREATED.txt
example-data.csv
APPEND.txt
subdir1
personenListe.txt
```

Obwohl diese Ausgabe wirklich schon nicht schlecht ist, wäre es doch wünschenswert, diese grafisch ein wenig zu pimpen.

8.2.2   Variante mit schönerer Darstellung

Unser Wunsch ist es, vertikale und horizontale Verbindungslinien in die Darstellung zu integrieren. Am grundsätzlichen Ablauf muss nichts geändert werden. Auch der rekursive Aufruf bleibt gleich. Es ist lediglich etwas an der Implementierung der Ausgabe des Namens zu ändern. Zunächst prüfen wir, ob das letzte Element erreicht wurde, um '\ -- ' auszugeben und für alle anderen Fälle '|-- '. Hier müssen wir die for-in-enumerate-Schleife verwenden, damit wir sowohl Zugriff auf die Daten als auch den Index haben und so herausfinden können, ob das letzte Element erreicht wurde.

```python
import os
from os.path import expanduser


def print_directory(current_dir, path, level):

    os.chdir(current_dir)
    files = os.listdir()

    for i, file in enumerate(files):
        is_last = i == len(files) - 1

        print("    " * level, end="")
        if is_last:
            print("\-- ", end="")
        else:
            print("|-- ", end="")

        print(file)

        if os.path.isdir(file):
            print_directory(file, path + file, level + 1)

    # Wechsel zurück in das aktuelle Verzeichnis
    if path != "":
        os.chdir("..")


home = expanduser("~")
print_directory(home + "/files-examples-dir", "", 0)
```

Nutzt man diese Funktion, so ergibt sich etwa folgende Ausgabe:

```
|-- example-file.txt
|-- rename-dir
    \--  to-be-renamed.txt
|-- subdir2
    |-- example-file1.txt
    \-- example-file2.txt
|-- OVERWRITE.txt
|-- TO_BE_CREATED.txt
|-- example-data.csv
|-- APPEND.txt
|-- subdir1
\-- personenListe.txt
```

Obwohl das schon richtig gut aussieht, wäre es noch wünschenswert, wenn die Linie zwischen verschachtelten Verzeichnissen durchgezogen wäre. Wie erreichen wir das?

8.2.3   Finale Variante mit ausgeklügelter Darstellung

Dazu müssen wir bei der Einrückung noch etwas nachjustieren. Das erfordert einen kleinen Trick: Wir übergeben jetzt nicht mehr das Level zum Einrücken, sondern eine Zeichenfolge. Dadurch können wir geeignet zwischen 4 Leerzeichen '   ' und einer Linie '| ' unterscheiden. Erneut ändert sich am prinzipiellen Ablauf nichts, allerdings am Aufruf, wo jetzt statt einer Zahl ein String zum Einsatz kommt.

```python
import os
from os.path import expanduser


def print_directory(current_dir, path, indent):

    os.chdir(current_dir)
    files = os.listdir()

    for i, file in enumerate(files):
        is_last = i == len(files) - 1

        print(indent, end="")
        if is_last:
            print("\-- ", end="")
        else:
            print("|-- ", end="")

        print(file)

        if os.path.isdir(file):
            new_indent = "    " if is_last else "|   "
            print_directory(file, path + file, indent + new_indent)

        # Wechsel zurück in das aktuelle Verzeichnis
    if path != "":
        os.chdir("..")


home = expanduser("~")
print_directory(home + "/files-examples-dir", "", "")
```

Unsere Modifikation führt schließlich zu einer richtig gelungenen Ausgabe, analog zu folgender:

```
|-- example-file.txt
|-- rename-dir
|   \-- to-be-renamed.txt
|-- subdir2
|   |-- example-file1.txt
|   \-- example-file2.txt
|-- OVERWRITE.txt
|-- TO_BE_CREATED.txt
|-- example-data.csv
|-- APPEND.txt
|-- subdir1
\-- personenListe.txt
```

8.3   JSON-Verarbeitung

JSON steht für JavaScript Object Notation und ist ein leichtgewichtiges Format für den Datenaustausch.

In den letzten 5 bis 10 Jahren war das JSON-Format eine der gängigsten Arten, wenn nicht sogar die beliebteste Art, Daten zu verarbeiten. Besonders in der Welt der Webentwicklung wird Ihnen JSON vermutlich durch die vielen REST-APIs,[2] diverse Konfigurationsdateien oder sogar andere Arten der Datenspeicherung begegnen.

Angesichts der weiten Verbreitung und des Einflusses auf die Programmierung werden Sie irgendwann wahrscheinlich lernen wollen, wie man Daten im JSON-Format aus einer Datei liest oder in eine Datei schreibt. Beide Aufgaben sind mit Python recht einfach zu bewältigen, wie Sie in den nächsten Abschnitten sehen werden.

8.3.1   JSON in eine Datei schreiben

Der einfachste Weg, Ihre Daten im JSON-Format mit Python in eine Datei zu schreiben, besteht darin, Ihre Daten in einem `dict` zu speichern. Dort können weitere verschachtelte Dictionaries und Listen oder andere Typen wie Ganzzahlen und Strings enthalten sein.

Das Modul `json` ermöglicht es, ein `dict` in einen JSON-String umzuwandeln – man spricht von Serialisieren. Ebenso ist eine Rückwandlung daraus in ein `dict` möglich. Dann spricht man von Deserialisieren.

Beispiel

Als Beispiel betrachten wir das Schreiben verschiedener Informationen. Zunächst importieren wir das Modul `json` und erzeugen uns dann einen Datenbestand. Wir nutzen `with` für ein vereinfachtes Resource Handling (vgl. Abschnitt 9.3) und öffnen damit eine Datei. Die Daten schreiben wir durch Aufruf von `dump()`:

---

[2]https://de.wikipedia.org/wiki/Representational_State_Transfer

```
>>> import json
>>>
>>> data = { "TIM" : { "name": "Tim", "age" : 50, "city" : "Kiel" },
...          "MIKE" : { "name": "Mike", "age" :50, "city" : "Zürich" },
...          "INFO": ["This", "is", "an", "information"],
...          "CHECKSUM": 4711 }

>>> with open('data.json', 'w') as jsonfile:
...     json.dump(data, jsonfile)
...
```

Anstelle einer Datei kann als zweiter Parameter beispielsweise auch ein Socket übergeben werden, das ähnlich wie eine Datei geöffnet, geschlossen und beschrieben werden kann. Das ist vermutlich ein eher verbreiteter Anwendungsfall.

Mitunter möchte man die Daten im Programm weiterverarbeiten. Dazu lässt sich durch Aufruf von `dumps()` ein String mit JSON erzeugen – hier sehen wir für den Umlaut in Zürich die Konvertierung in UTF-8:

```
>>> result = json.dumps(data)
>>> result
'{"TIM": {"name": "Tim", "age": 50, "city": "Kiel"}, "MIKE": {"name": "Mike", "
    age": 50, "city": "Z\\u00fcrich"}, "INFO": ["This", "is", "an", "
    information"], "CHECKSUM": 4711}'
```

8.3.2 Lesen von JSON aus einer Datei

Nachdem wir wissen, wie die Daten geschrieben werden, wollen wir sie vermutlich auch wieder einlesen können – Gleiches gilt für Daten, die wir von anderen Programmen als Eingabe erhalten. Das Ganze gestaltet sich ebenso einfach wie das Schreiben.

Beispiel

Als Beispiel sollen die gerade geschriebenen Daten wieder eingelesen werden. Dabei hilft uns die Funktion `load()`. Diese liest den JSON-String aus der Datei, parst die JSON-Daten und füllt damit ein `dict` – wie erwähnt, nennt man diese Rekonstruktion auch Deserialisieren.

```
>>> import json
>>>
>>> with open('data.json') as json_file:
...     data = json.load(json_file)
...
>>> data
{'TIM': {'name': 'Tim', 'age': 50, 'city': 'Kiel'}, 'MIKE': {'name': 'Mike', '
    age': 50, 'city': 'Zürich'}, 'INFO': ['This', 'is', 'an', 'information'], '
    CHECKSUM': 4711}
```

8.3.3 Pretty Printing

Wir haben gerade gesehen, wie einfach man JSON mit Python verarbeiten kann. Allerdings werden die Informationen doch ziemlich kompakt aufbereitet. Für den Datenaustausch ist das in den meisten Fällen ein guter Standard, jedoch erschwert dies die Lesbarkeit für uns Menschen ungemein. Zum Aufbereiten einer besser lesbaren Darstellung bietet sich eine Variante von dumps() an, der man als Parameter indent die gewünschte Einrücktiefe mitgeben kann.

```
>>> prettyprinted = json.dumps(data, indent=4)
>>> prettyprinted
'{\n    "TIM": {\n        "name": "Tim",\n        "age": 50,\n        "city": "
Kiel"\n    },\n    "MIKE": {\n        "name": "Mike",\n        "age": 50,\n
        "city": "Z\\u00fcrich"\n    },\n    "INFO": [\n        "This",\n
        "is",\n        "an",\n        "information"\n    ],\n    "CHECKSUM":
    4711\n}'
```

Wir erkennen bereits recht gut die Zeilenumbrüche und Leerzeichen. Schauen wir uns mal an, wie schön lesbar das dann ausgegeben wird:

```
>>> print(prettyprinted)
{
    "TIM": {
        "name": "Tim",
        "age": 50,
        "city": "Kiel"
    },
    "MIKE": {
        "name": "Mike",
        "age": 50,
        "city": "Z\u00fcrich"
    },
    "INFO": [
        "This",
        "is",
        "an",
        "information"
    ],
    "CHECKSUM": 4711
}
```

8.4   Aufgaben und Lösungen

8.4.1   Aufgabe 1: Texte in Datei schreiben und wieder lesen

Schreiben Sie ein paar Zeilen in die Datei und lesen Sie diese danach wieder ein.

Lösung

Zum Schreiben öffnen wir zunächst einmal eine Datei, in die wir dann die Nutzdaten mithilfe der Funktion `write()` schreiben. Als Besonderheit sehen wir hier den Einsatz von mehrzeiligen Strings. Dadurch können wir auf die sonst notwendige Angabe von Zeilenumbrüchen verzichten:

```
>>> info = """This is the first line
... This is the second line
... Third line"""
>>>
>>> with open("data.txt", 'w', encoding = 'utf-8') as file:
...     file.write(info)
...
57
```

Wie folgt lesen wir die Datei mit `readlines()` zeilenweise ein und geben diese aus:

```
>>> with open("data.txt", 'r', encoding = 'utf-8') as file:
...     content = file.readlines()
...     print(content)
...
['This is the first line\n', 'This is the second line\n', 'Third line']
```

8.4.2   Aufgabe 2: Dateigrößen

Bestimmen Sie die Größe der in der vorherigen Aufgabenstellung geschriebenen Datei.

Lösung

Die Größe einer Datei kann man mithilfe der Funktion `getsize()` bestimmen. Schreiben wir danach erneut ein paar Daten und rufen die Funktion nochmals auf:

```
>>> import os
>>>
>>> print(os.path.getsize("data.txt"))
57
>>>
>>> with open("data.txt", 'w', encoding = 'utf-8') as file:
...     content = file.write("Additional data\n")
...
>>> print(os.path.getsize("data.txt"))
16
```

Zunächst sind wir eventuell verwundert, wieso die Dateigröße von 57 auf 16 Bytes geschrumpft ist. Wenn wir uns dann jedoch an die Einleitung erinnern, so fällt uns sicher wieder ein, dass beim Öffnen zum Schreiben standardmäßig die bestehenden

Daten überschrieben werden. Setzen wir das Beispiel fort und fügen ein paar weitere Daten hinzu, um die Größenveränderung beobachten zu können. Diesmal öffnen wir die Datei jedoch im Append-Modus:

```
>>> with open("data.txt", 'a', encoding = 'utf-8') as file:
...     content = file.write("More data\n")
...
>>>
>>> print(os.path.getsize("data.txt"))
26
```

8.4.3 Aufgabe 3: Existenzprüfung

Schreiben Sie etwas Python-Sourcecode, der prüft, ob eine Datei oder ein Verzeichnis, das durch einen Pfadnamen angegeben ist, existiert oder nicht.

Lösung

Ob ein Verzeichnis oder eine Datei existiert, bestimmt man mit einem Aufruf von exists(). Diese Funktionalität stammt aus dem Modul os bzw. genauer aus dem Submodul os.path. Zunächst nutzen wir dies für die in einer der vorherigen Aufgaben angelegte Textdatei und danach für jeweils ein unbekanntes Verzeichnis bzw. eine ebensolche Datei:

```
>>> import os
>>>
>>> if os.path.exists("data.txt"):
...     print("File exists")
... else:
...     print("No such file")
...
File exists
>>>
>>> os.path.exists("./UnknownDir")
False
>>> os.path.exists("unknown.txt")
False
```

8.4.4   Aufgabe 4: Rechteprüfung

Schreiben Sie einige Python-Anweisungen, um zu prüfen, ob eine Datei oder ein Verzeichnis lesbar oder schreibbar sind, also die passenden Lese- und Schreibrechte existieren. Geben Sie zudem noch in Form des absoluten Pfads aus, in welchem Verzeichnis sich die Datei befindet.

Lösung

In der Einführung haben wir die Methoden `writable()` und `readable()` kennengelernt, um Berechtigungen zu prüfen. Wiederum nutzen wir die in den vorherigen Aufgaben angelegte Textdatei für diese Prüfung.

Schließlich greifen wir auf die Funktion `abspath()` zur Bestimmung des absoluten Pfads zurück:

```
>>> with open("data.txt", 'a', encoding = 'utf-8') as file:
...     print("readable", file.readable())
...     print("writable", file.writable())
...
readable False
writable True
>>>
>>> with open("data.txt", 'r', encoding = 'utf-8') as file:
...     print("readable", file.readable())
...     print("writable", file.writable())
...
readable True
writable False
>>>
>>> os.path.abspath("data.txt")
'/Users/michaelinden/data.txt'
```

8.4.5   Aufgabe 5: Verzeichnisinhalt auflisten

Schreiben Sie ein Python-Programm, um den Inhalt eines Verzeichnisses auszugeben, ohne dies für alle möglicherweise enthaltenen Unterverzeichnisse zu wiederholen. Dabei sollen Verzeichnisse und Dateien unterschiedlich markiert werden. Geben Sie auch die Dateigröße an, für Verzeichnisse einfach $-/-$.

Das kann in etwa so aussehen:

```
TEST -/- [DIR]
ex01_write.py 277
ex04_fileinfo.py 322
ex05_print_dir.py 326
ex03_existence.py 99
TESTDIR -/- [DIR]
ex02_filesize.py 281
MIKE-DIR -/- [DIR]
data.txt 83
personenListe.txt 67
```

Lösung

In der Einführung hatte ich die Funktionen `chdir()` und `listdir()` zum Wechseln des Verzeichnisses bzw. Ermitteln des Verzeichnisinhalts vorgestellt. Zudem wurden dort die Funktionen `isdir()` und `getsize()` besprochen, die wir zum Aufbereiten einer Auflistung mit Informationen zu Dateigröße und einem Hinweis, etwa `[DIR]` für Verzeichnis, benötigen:

```python
import os

os.chdir(".")
files = os.listdir()

for current in files:
    size = os.path.getsize(current)
    is_dir = os.path.isdir(current)

    dir_marker = "[DIR]" if is_dir else " "
    size_info_marker = " -/- " if is_dir else " " + str(size)

    print(current + size_info_marker + dir_marker)
```

Kür: Aufbereiten von Listen nur mit Dateien bzw. nur mit Verzeichnissen

Als Kür verbleibt das Aufbereiten von Listen nur mit Dateien bzw. nur mit Verzeichnissen. Dies lässt sich sehr elegant mithilfe von List Comprehensions in Kombination mit den beiden Prüffunktionen `isfile()` und `isdir()` umsetzen:

```python
import os

print(os.getcwd())

files = os.listdir()

all_files = [file for file in files if os.path.isfile(file)]
print("all_files", all_files)

all_dirs = [file for file in files if os.path.isdir(file)]
print("all_dirs", all_dirs)
```

9 Fehlerbehandlung mit Exceptions

Jedes etwas komplexere Programm muss mit gewissen Fehlersituationen umgehen können. Es erfordert immer ein wenig Mehrarbeit und zusätzliche Zeilen Sourcecode, um auf unerwartete Situationen reagieren oder Fehler abfangen zu können. Dieser Aufwand ist allerdings erforderlich, um für stabile und verlässliche Software zu sorgen.

Zur Behandlung von Fehlern oder außergewöhnlichen Situationen bieten moderne Programmiersprachen spezielle Sprachkonstrukte, um den Nutzcode und die Verarbeitung von Fehlerzuständen besser voneinander zu trennen. Insbesondere ist es auch möglich, die Fehlerbehandlung an die aufrufende Funktion oder Methode weiterzureichen, falls man an der betreffenden Stelle nicht in der Lage ist, passend zu reagieren.

9.1 Schnelleinstieg

Bei der Ausführung von Python-Programmcode können verschiedene Fehler auftreten, beispielsweise aufgrund falscher Eingaben, nicht existierender Dateien oder anderer unerwarteter Rahmenbedingungen.

Wenn als Folge des Fehlers eine Exception (oftmals mit Namensendung `Error` oder `Exception`) ausgelöst wird, dann stoppt die Programmausführung. Es wird ein zum Fehler korrespondierendes `Exception`-Objekt erzeugt und diesem eine Fehlermeldung mitgegeben. Tatsächlich sind Exceptions somit nichts anderes als normale Python-Objekte, die spezifische Informationen über Fehlerzustände bereitstellen können. Die Idee ist, dass basierend darauf an anderer Stelle die Behandlung des Fehlers erfolgen kann.

Schauen wir auf die Umwandlung zweier Texte in den Typ `int`:

```
value = int("7271")
print("after parsing 7271")

value = int("ERROR")
print("after parsing ERROR")
```

Während dies bei reinen Ziffern problemlos möglich ist, führt der Umwandlungsversuch in eine Ganzzahl für den Text ERROR (selbstverständlich) zu einem Problem. Das resultiert in einem Programmabbruch und produziert einen sogenannten Traceback, eine Protokollierung der Aufrufhierarchie bis zur fehlerhaften Programmstelle. Dort sehen wir, dass es zu einem in Python vordefinierten `ValueError` kommt. Insbesondere wird die Zeile nach dem fehlerhaften Umwandlungsversuch nicht mehr ausgeführt:

```
after parsing 7271
Traceback (most recent call last):
  File "/Users/michaeli/PycharmProjects/Python-Intro/ch09_exceptions/
       first_exception_intro.py", line 4, in <module>
    value = int("ERROR")
ValueError: invalid literal for int() with base 10: 'ERROR'
```

Wichtige vordefinierte Fehler

Bereits im Verlauf des Buchs und gerade eben haben wir gesehen, dass Python auf Fehlersituationen mit dem Auslösen von Exceptions reagiert. Dabei gibt es für verschiedene Arten von Problemen verschiedene Typen von Exceptions. Vier recht gebräuchliche vordefinierte Typen sind diese:

- `ValueError` – Mit einem `ValueError` können falsche Belegungen von Parametern ausgedrückt werden.
- `IndexError` – Zu einem `IndexError` kommt es bei fehlerhaften Indexangaben beim Zugriff etwa auf eine Liste.
- `KeyError` – Mit einem `KeyError` werden fehlerhafte Zugriffe (nicht existenter Schlüssel) auf Dictionaries ausgedrückt.
- `ZeroDivisionError` – Auf eine unerlaubte Division durch null kann mit einem `ZeroDivisionError` hingewiesen werden.

9.1.1   Fehlerbehandlung

Mitunter können Programme sinnvoll fortgeführt werden, obwohl eine Fehlersituation aufgetreten ist. Dazu bedarf es in der Regel einer dem Problem angepassten Fehlerbehandlung. In Python kann man mit dem Exception Handling potenziell Fehler auslösenden Sourcecode von Fehler behandelndem Sourcecode trennen.

Fehlerbehandlung mit `try` und `except`

Fehlersituationen lassen sich mit folgender strukturellen Aufteilung verarbeiten, wobei, wie angedeutet, mehrere `except`-Blöcke möglich sind – Details folgen in Kürze.

```
try:
    # Hier können Exceptions auftreten
except Exception-Typ1:
    # Hier können Fehlersituationen behandelt werden
except Exception-Typ2:
    # Hier können Fehlersituationen behandelt werden
```

Im `try`-Block stehen diejenigen Anweisungen, die potenziell Fehler verursachen, getreu dem Motto »Give it a try – Versuch mal, ob es funktioniert«. Wenn dann ein Fehler auftritt, kann dieser durch einen `except`-Block behandelt werden. Dazu notiert man im `except`-Block den Sourcecode, der zur Fehlerbehandlung ausgeführt werden soll.

Wenn ein Fehler auftritt, dann wird die Programmausführung gestoppt und der passende `except`-Block abgearbeitet. Welche Art von Problem zu behandeln ist und welcher `except`-Block angesprungen werden soll, wird durch den Typ der Exception bestimmt.

Passender `except`-Block Betrachten wir erneut als Beispiel das Ermitteln eines Zahlenwerts aus einer textuellen Angabe. Wir beginnen mit dem Fall, dass alles so weit korrekt ist:

```
try:
    value = int("7271")
    print("after parsing: result", value)
except ValueError:
    print("can't parse to integer")
```

Hier wird keine Exception ausgelöst und der `except`-Block wird demzufolge nicht ausgeführt. Stattdessen werden alle Anweisungen des `try`-Blocks abgearbeitet. Damit kommt es zu folgender Ausgabe:

```
after parsing: result 7271
```

Um die Fehlerbehandlung in Aktion zu erleben, soll diesmal das Ermitteln eines Zahlenwerts aus einer textuellen Angabe fehlschlagen. Daher wird hier bewusst erneut der unsinnige Wert `ERROR` übergeben:

```
try:
    value = int("ERROR")
    print("after parsing: result", value)
except ValueError:
    print("can't parse to integer")
```

Wie erwartet, kann der Wert nicht in eine Ganzzahl gewandelt werden, was einen `ValueError` auslöst. Das wiederum stoppt die Ausführung der Anweisungen im `try`-Block und springt den passenden `except`-Block an. Folglich wird nicht wie zuvor `after parsing: ...`, sondern nur die folgende Fehlermeldung ausgegeben:

```
can't parse to integer
```

Unpassender `except`-Block Die gerade gezeigte Verarbeitung eines möglichen Umwandlungsfehlers war recht eingängig. Wir sollten uns aber noch fragen, was geschieht, wenn kein passender `except`-Block existiert, etwa wie folgt:

```
try:
    value = int("ERROR")
    print("after parsing: result", value)
except KeyError:
    pass
#except ValueError:
#    print("can't parse to integer")
```

Wenn diese Programmzeilen ausgeführt werden, kommt es wie zuvor zu einem `ValueError`. Jedoch existiert im Beispiel dafür kein passender `except`-Block mehr und somit kann keine korrekte Behandlung erfolgen. Dann wird die Fehlersituation wie im einleitenden Beispiel bis zum aufrufenden Programmteil weiterpropagiert und die Verarbeitung schließlich mit einem Traceback abgebrochen:

```
Traceback (most recent call last):
  File "/Users/michaeli/PycharmProjects/Python-Intro/ch09_exceptions/
      exception_example.py", line 2, in <module>
    value = int("ERROR")
ValueError: invalid literal for int() with base 10: 'ERROR'
```

Rekapitulation Rekapitulieren wir kurz: In diesem Beispiel wird das Ganze noch mal deutlich: Tritt bei der Abarbeitung der Anweisungen des `try`-Blocks ein Fehler auf, der eine Exception auslöst, so stoppt die Verarbeitung der Anweisungen im `try`-Block. Es wird direkt ein auf die Exception ausgelegter `except`-Block angesprungen – sofern ein solcher existiert. Gibt es keinen auf den Typ der Exception passenden `except`-Block, so wird die Exception so lange an die aufrufenden Programmstellen weitergegeben (propagiert), bis entweder ein passender `except`-Block gefunden oder die `main()`-Funktion erreicht wird und damit die Programmausführung stoppt.

Auf mehrere Exceptions reagieren Es können auch mehrere `except`-Blöcke existieren, die zu verschiedenen Arten von Fehlersituationen korrespondieren und jeweils andere Typen von Exceptions behandeln. Bei Auftreten eines Fehlers wird der Typ der ausgelösten Exception mit den Exception-Typangaben in den `except`-Blöcken abgeglichen und von dem Block behandelt, der mit dem Typ der Exception übereinstimmt. Dabei werden die Blöcke in der Reihenfolge im Sourcecode durchgegangen, also von oben nach unten, und der erste, der fängt, gewinnt. Alle anderen Blöcke werden nicht ausgeführt.

In nachfolgendem Beispiel forcieren wir zunächst ein paarmal einen `ValueError` aufgrund der fehlschlagenden Umwandlung eines Strings in einen `int`. Schließlich kommt es dann zu zwei Fehlern beim indizierten Zugriff:

```
names = ["Tim", "Tom", "Mike"]
for i in range(5):
    try:
        value = int(names[i])
    except (ValueError, ZeroDivisionError):
        print("can't parse to integer")
    except IndexError:
        print("wrong index")
```

Wie erhalten folgende Ausgaben:

```
can't parse to integer
can't parse to integer
can't parse to integer
wrong index
wrong index
```

Unspezifisches Exception Handling   Es ist auch möglich, aber nicht empfehlenswert, ein allgemeines Exception Handling nur mit `except`, also ohne Angabe eines
Exception-Typs, wie folgt zu schreiben:

```
names = ["Tim", "Tom", "Mike"]

try:
    print("INVALID INDEX: " + names[42])
except:
    print("an unspecified error occured, seams to be wrong index")
```

Wie erhalten folgende Ausgabe, aber warum ist das nicht empfehlenswert?

```
an unspecified error occured, seams to be wrong index
```

Mit der gezeigten Art lassen sich Fehlersituationen nicht unterscheiden und somit kann
man nicht adäquat auf unterschiedliche Probleme reagieren. Nur selten ist diese Form
der Fehlerbehandlung daher sinnvoll.

Der letzte Wille – abschließende Aktionen und der `finally`-Block

Kommen wir nun zum `finally`-Block. Dieser ist optional und seine Anweisungen
werden immer dann ausgeführt, wenn der `finally`-Block vorhanden ist – also unabhängig davon, ob ein Fehler aufgetreten ist oder nicht. Sinnvoll kann man den `finally`-
Block nutzen, um zwingend benötigte Aufräumarbeiten durchzuführen – im Speziellen
auch dann, wenn eine Exception ausgelöst wurde, für die kein passender `except`-Block
existiert. Schauen wir uns den Aufbau von `try-except` und `finally` an:

```
try:
    # Hier können Exceptions auftreten
except:
    # Hier werden Exceptions abgearbeitet
finally:
    # Wird immer durchlaufen, ist allerdings optional
```

Betrachten wir ein konkretes, allerdings recht künstliches Beispiel:

```
names = ["Tim", "Tom", "Mike"]
try:
    print("INVALID INDEX: " + names[42])
except:
    print("wrong index")
finally:
    print("ALWAYS EXECUTED")
```

Bei der Abarbeitung kommt es erwartungsgemäß zu folgenden Ausgaben:

```
wrong index
ALWAYS EXECUTED
```

Besonderheit: Kein `except`   Sofern `finally` angegeben ist, muss das `except` nicht unbedingt angegeben werden – eins von beiden ist aber immer erforderlich:

```
try:
    # Hier können Exceptions auftreten
finally:
    # Wird immer durchlaufen, ist ohne except erforderlich
```

Was passiert, falls kein `except`-Block existiert? Dann wird zwar der `finally`-Block ausgeführt, allerdings fehlt das Exception Handling. Somit wird das Programm dennoch abgebrochen bzw. die Exception weitergereicht – später behandelt das Abschnitt 9.1.4 detaillierter.

Schauen wir uns an, wie sich das auf das vorherige Beispiel auswirkt. Dazu wird der `except`-Block auskommentiert, damit der zuvor erwähnte Fall der Exception-Propagation auftritt:

```
names = ["Tim", "Tom", "Mike"]
try:
    print("INVALID INDEX: " + names[42])
#except:
#    print("wrong index")
finally:
    print("ALWAYS EXECUTED")
```

Dabei kommt es zu folgenden Ausgaben, die die Abarbeitung der Anweisungen aus dem `finally`-Block sowie die Exception-Propagation und hier einhergehend mit einem Programmabbruch zeigen:

```
ALWAYS EXECUTED
Traceback (most recent call last):
  File "/Users/michaelinden/PycharmProjects/Python-Intro/ch09_exceptions/intro/
    try-finally.py", line 3, in <module>
    print("INVALID INDEX: " + names[42])
IndexError: list index out of range
```

Besonderheit: Freigabe von Systemressourcen   Ein Praxisbeispiel ist das Schließen einer Datei, das oftmals nach folgendem Muster umgesetzt ist:

```
file = open("test.txt",encoding = 'utf-8')
try:
    # Datei lesen und verarbeiten
finally:
    file.close()
```

Insbesondere wird durch den `finally`-Block sichergestellt, dass die Datei geschlossen und die damit belegten Systemressourcen wieder freigegeben werden, falls es bei den Dateiaktionen zu Zugriffsfehlern kommt. Eine elegantere Möglichkeit dazu sieht wie folgt aus und wird in Abschnitt 9.3 kurz besprochen:

```
with open("test.txt", encoding = 'utf-8') as file:
    # Datei lesen und verarbeiten
```

Python-Besonderheit `try-else`

Python bietet bei der Fehlerverarbeitung noch eine Besonderheit: In manchen Situationen möchten Sie vielleicht bestimmte Anweisungen nur dann ausführen, wenn der `try`-Block ohne Fehler abgearbeitet werden konnte. Das ist mit einem abschließenden `else`-Block möglich.[1]

Schauen wir uns ein Beispiel an. Hier wird der Benutzer zur Eingabe einer Zahl im Bereich 0 bis 99 aufgefordert und dieser Wertebereich durch ein `assert` geprüft – elegante Prüfungen von Bedingungen mit `assert` bespreche ich später in Abschnitt 9.2.1. Hier müssen Sie lediglich wissen, dass die Einhaltung der Bedingung geprüft wird und bei einem Verstoß ein `AssertionError` die Folge ist:

```
try:
    num = int(input("Enter a number between 0 - 99: "))
    assert 0 <= num < 100
except AssertionError:
    print("Not a valid number between 0 - 99!")
else:
    reciprocal = 1/num
    print(reciprocal)
```

Bei der Eingabe einer Zahl außerhalb des gültigen Bereichs erhalten wir eine Fehlermeldung, da dann der `except`-Block für den `AssertionError` angesprungen wird:

```
Enter a number between 0 - 99: 100
Not a valid number between 0 - 99!
```

Bei einer gültigen Eingabe tritt kein Fehler auf und somit wird der `else`-Block ausgeführt. Dort wird dann der reziproke Wert berechnet und ausgegeben:

```
Enter a number between 0 - 99: 10
0.1
```

Exceptions im `else`-Block

Wenn wir aber das bewusst in das Beispiel integrierte Schlupfloch mit dem Wert 0 ausprobieren, dann kommt es zu einer Division durch 0 im `else`-Block, was wiederum zu einem `ZeroDivisionError` sowie dem folgenden Traceback und Programmabbruch führt:

```
Enter a number between 0 - 99: 0
Traceback (most recent call last):
  File "/Users/michaeli/PycharmProjects/Python-Intro/ch09_exceptions/try-else.py
      ", line 7, in <module>
    reciprocal = 1/num
ZeroDivisionError: division by zero
```

---

[1] Bedenken Sie bitte Folgendes: Falls es im `else`-Block zu Exceptions kommen sollte, werden diese von den vorangehenden `except`-Blöcken nicht behandelt!

9.1.2   Exceptions selbst auslösen – `raise`

Mittlerweile haben wir schon mehrmals gesehen, dass bei der Abarbeitung von Programmen in gewissen Fehlersituationen automatisch Exceptions ausgelöst werden. Aber auch wir als Programmierer können selbst Exceptions auslösen. Dazu dient das Schlüsselwort `raise` in Kombination mit einem Ausnahmetyp. Gebräuchlich sind in Python etwa die vordefinierten Ausnahmetypen, wie `ValueError`, `IndexError`, `FileNotFoundError` usw.

Beispiel

Im folgenden Beispiel prüfen wir die Gültigkeit des Parameters `value`. Falls der Wert kleiner oder größer als der jeweilige Grenzwert ist, lösen wir einen `ValueError` aus. Dabei bietet es sich an, einen informativen Hinweis auf das Problem mitzugeben:

```python
def ensure_value_in_range(value, lower_bound, upper_bound):
    if value < lower_bound or value > upper_bound:
        raise ValueError("out of bounds")
    pass
```

Experimentieren wir ein klein wenig:

```python
ensure_value_in_range(5, 2, 7)
ensure_value_in_range(42, 2, 7)
```

Der erste Aufruf ist erfolgreich, der zweite stellt jedoch einen Wertebereichsverstoß dar, der sich wie folgt auswirkt:

```
Traceback (most recent call last):
  File "/Users/michaeli/PycharmProjects/Python-Intro/ch09_exceptions/
        raise_exception_2.py", line 7, in <module>
    ensure_value_in_range(42, 2, 7)
  File "/Users/michaeli/PycharmProjects/Python-Intro/ch09_exceptions/
        raise_exception_2.py", line 3, in ensure_value_in_range
    raise ValueError("out of bounds")
ValueError: out of bounds
```

9.1.3 Eigene Exception-Typen definieren

In Python ist es neben der Verwendung vordefinierter Exceptions problemlos möglich, eigene Typen von Exceptions, z. B. eine `CustomerNotFoundException`, zu definieren. Das ist immer dann nützlich, wenn man spezifischere Informationen zu gewissen Fehlersituationen bereitstellen möchte und die in Python vordefinierten Exceptions dies nicht adäquat ermöglichen würden.

Einführendes Beispiel

Zur Definition eigener Exception-Typen kann man den Basistyp `Exception` nutzen:

```
class CustomerNotFoundException(Exception):
    pass
```

Sinnvoller als eine derart pure Exception ist es natürlich, dort weitere Informationen bereitzuhalten. In unserem Fall einer `CustomerNotFoundException` etwa die Id sowie den Namen des Kunden. Diese Werte erhält man während der Konstruktion, wozu hier die `__init__()`-Funktion definiert wird. Außerdem implementieren wir die `__str__()`-Funktion, um die Protokollierung des Fehlerzustands auf der Konsole lesbar zu gestalten:

```
class CustomerNotFoundException(Exception):
    def __init__(self, customer_id, customer_name):
        self.id = customer_id
        self.name = customer_name

    def __str__(self):
        return "customer {} with id {} not found".format(self.name, self.id)
```

Exception für Bereichsprüfung

Wir könnten natürlich auch die Bereichsprüfung ein wenig netter gestalten, indem wir eine eigene Klasse `ValueOutOfBoundsError` basierend auf `ValueError` definieren:

```
class ValueOutOfBoundsError(ValueError):
    def __init__(self, value, lower, upper):
        self.value = value
        self.lower = lower
        self.upper = upper

    def __str__(self):
        return "{} not in {} - {}".format(self.value, self.lower, self.upper)
```

Betrachten wir einmal deren Einsatz:

```
from ch09_exceptions.ValueOutOfBoundsError import ValueOutOfBoundsError


def ensure_value_in_range(value, lower_bound, upper_bound):
    if value < lower_bound or value > upper_bound:
        raise ValueOutOfBoundsError(value, lower_bound, upper_bound)
    pass
```

Schließlich rufen wir die Prüffunktionalität zweimal direkt auf:

```
ensure_value_in_range(5, 2, 7)
ensure_value_in_range(42, 2, 7)
```

Schauen wir uns also für die gleichen Aktionen wie zuvor an, wie sich die Fehlermeldungen verbessern und verständlicher werden:

```
Traceback (most recent call last):
  File "/Users/michaeli/PycharmProjects/Python-Intro/ch09_exceptions/
      raise_exception2.py", line 11, in <module>
    ensure_value_in_range(42, 2, 7)
  File "/Users/michaeli/PycharmProjects/Python-Intro/ch09_exceptions/
      raise_exception2.py", line 6, in ensure_value_in_range
    raise ValueOutOfBoundsError(value, lower_bound, upper_bound)
ch09_exceptions.ValueOutOfBoundsError.ValueOutOfBoundsError: 42 not in 2 - 7
```

9.1.4   Propagation von Exceptions

Betrachten wir noch die Propagation von Exceptions an einem Beispiel. Wir wissen bereits Folgendes: Wird eine Exception ausgelöst und wird diese nicht durch ein passendes `except` behandelt, so wird sie die Aufrufkette der Funktionen entlang hochgereicht, bis sie entweder behandelt wird oder aber in der `main()`-Funktion zu einem Programmabbruch führt.[2]

Einführendes Beispiel

Schauen wir uns ein simples Beispiel an. Wir sehen einige Funktionen, die eine Aufrufkette `main()` → `func1()` → `func2()` → `func3()` bilden. In `func3()` wird ein `ValueError` ausgelöst. In keiner der Funktionen findet eine Fehlerbehandlung statt:

```
def func1():
    func2()


def func2():
    func3()


def func3():
    raise ValueError


def main():
    func1()


if __name__ == "__main__":
    main()
```

---

[2]Natürlich funktioniert die Propagation genauso mit selbst definierten Exceptions.

Aufgrund des Mechanismus der automatischen Propagation produziert der Aufruf von `main()` folgende Ausgaben:

```
Traceback (most recent call last):
  File "/Users/michaeli/PycharmProjects/Python-Intro/ch09_exceptions/
       exception_propagation_1.py", line 18, in <module>
    main()
  File "/Users/michaeli/PycharmProjects/Python-Intro/ch09_exceptions/
       exception_propagation_1.py", line 14, in main
    func1()
  File "/Users/michaeli/PycharmProjects/Python-Intro/ch09_exceptions/
       exception_propagation_1.py", line 2, in func1
    func2()
  File "/Users/michaeli/PycharmProjects/Python-Intro/ch09_exceptions/
       exception_propagation_1.py", line 6, in func2
    func3()
  File "/Users/michaeli/PycharmProjects/Python-Intro/ch09_exceptions/
       exception_propagation_1.py", line 10, in func3
    raise ValueError
ValueError
```

Beispiel

Erweitern wir das Ganze so, dass es etwas praxisnäher wird, und integrieren eine Fehlerbehandlung in einer der Funktionen und lösen zwei unterschiedliche Typen von Exceptions aus. Dadurch erkennen wir die Propagation bis zum passenden `except`-Block bzw. bis ganz zur `main()`-Funktion:

```python
from ch09_exceptions.ValueOutOfBoundsError import ValueOutOfBoundsError


def func1(value):
    func2(value)


def func2(value):
    try:
        func3(value)
    except ValueOutOfBoundsError as voobe:
        print(voobe)


def func3(value):
    if not value:
        raise ValueError
    raise ValueOutOfBoundsError(value, 1, 100)


def main():
    func1(123)
    func1(None)


if __name__ == "__main__":
    main()
```

Das produziert folgende Ausgaben:

```
123 not in range 1 - 100
Traceback (most recent call last):
  File "/Users/michaeli/PycharmProjects/Python-Intro/ch09_exceptions/
      exception_propagation_2.py", line 26, in <module>
    main()
  File "/Users/michaeli/PycharmProjects/Python-Intro/ch09_exceptions/
      exception_propagation_2.py", line 22, in main
    func1(None)
  File "/Users/michaeli/PycharmProjects/Python-Intro/ch09_exceptions/
      exception_propagation_2.py", line 5, in func1
    func2(value)
  File "/Users/michaeli/PycharmProjects/Python-Intro/ch09_exceptions/
      exception_propagation_2.py", line 10, in func2
    func3(value)
  File "/Users/michaeli/PycharmProjects/Python-Intro/ch09_exceptions/
      exception_propagation_2.py", line 17, in func3
    raise ValueError
ValueError
```

9.2   Fehlerbehandlung in der Praxis

Wenn wir Funktionen oder Methoden schreiben, sollten wir uns möglichst überlegen, mit welchen Werten sie überhaupt sinnvoll umgehen können. In der Informatik spricht man auch von Preconditions. Auch ohne die theoretischen Hintergründe leuchtet uns ein, dass bestimmte Funktionalitäten nicht sinnvoll für negative Werte arbeiten. In diesen Fällen sollten wir eine spezielle Behandlung für den Aufruf mit negativen Werten integrieren.

Beispiel

Nachfolgendes Beispiel zeigt eine einfache Prüfung:

```
import math


def inverse_squareroot(n):
    if n < 0:
        raise ValueError("n must not be negative, but was " + n)

    return 1 / math.sqrt(n)
```

Zu Beginn der Funktion wird der Wert des Parameters geprüft. Ist dieser negativ, so wird ein `ValueError` ausgelöst. Dies sorgt dafür, dass die Ausführung der Methode an der Stelle abgebrochen wird und es erfolgt auch keine Rückgabe eines Werts. Von Python wird automatisch diese Exception so lange an die weiteren Aufrufer weitergereicht, bis entweder ein spezifischer `except`-Block gefunden oder die `main()`-Funktion erreicht wurde. Im letzteren Fall wird das Programm mit einer Fehlermeldung abgebrochen.

In unserem Beispiel sehen wir gleich noch einen Trick aus der Praxis. Wenn Sie eine Fehlermeldung erzeugen, sollten Sie dort alle relevanten Informationen zusammentragen und beifügen.

Schauen wir uns dies konkret an:

```
print(inverse_squareroot(4))
print(inverse_squareroot(16))
```

Dann kommt es erwartungsgemäß zu folgenden Meldungen:

```
0.5
0.25
```

Nun wollen wir aber auch die Parameterprüfung ausprobieren:

```
print(inverse_squareroot(-16))
```

Dieser Aufruf wird mit einem `ValueError` geahndet:

```
Traceback (most recent call last):
  File "/Users/michaeli/PycharmProjects/Python-Intro/ch09_exceptions/
      practical_raise_exception.py", line 13, in <module>
    print(inverse_squareroot(-16))
  File "/Users/michaeli/PycharmProjects/Python-Intro/ch09_exceptions/
      practical_raise_exception.py", line 6, in inverse_squareroot
    raise ValueError("n must not be negative, but was ", n)
ValueError: ('n must not be negative, but was ', -16)
```

9.2.1 Elegante Prüfungen mit `assert`

Die `assert`-Anweisung gibt es in vielen Programmiersprachen. Sie hilft dabei, Probleme frühzeitig in Ihrem Programm erkennen zu können. Dazu lassen sich Absicherungen mit folgender Syntax im Sourcecode angeben:

```
assert condition
```

Sofern die angegebene Bedingung zu `True` ausgewertet wird, passiert einfach nichts. Ergibt die Bedingung jedoch `False`, so wird ein `AssertionError` ausgelöst. Das Verhalten kann man sich demnach wie folgt vorstellen:

```
if not condition:
    raise AssertionError()
```

Ergänzend ist es möglich, einen erklärenden Hinweistext beim Fehlschlagen anzugeben:

```
assert False, "Oh no! This assertion failed!"
```

Zusicherungen zur Fehlersuche

Mithilfe von `assert` kann man im Programmverlauf prüfen, ob eine Variable den gewünschten und erwarteten Wert besitzt:

```
>>> msg = "EXPECTED VALUE"
>>>
>>> #if condition returns True, then nothing happens:
>>> assert msg == "EXPECTED VALUE"
>>>
>>> #if condition returns False, AssertionError is raised:
>>> assert msg == "ERROR"
Traceback (most recent call last):
  File "<stdin>", line 1, in <module>
AssertionError
```

Idealerweise prüft man nicht nur die Einhaltung der Bedingung, sondern liefert im Fehlerfall auch einen aussagekräftigen Hinweistext mit:

```
>>> msg = "info"
>>>
>>> #if condition returns False, AssertionError is raised:
>>> assert msg == "UNEXPECTED", "msg should be 'info'"
Traceback (most recent call last):
  File "<stdin>", line 1, in <module>
AssertionError: msg should be 'info'
```

Zusicherungen zur Parameterprüfung

Ideal lässt sich `assert` auch für Werteprüfungen am Anfang von Funktionen und Methoden verwenden. Man spricht dann auch von der Absicherung von Preconditions, also Bedingungen, die zwingend vor dem Ausführen einer Funktionalität gegeben sein müssen. Als Beispiel ist etwa ein positiver Wert notwendig, um die Wurzel einer Zahl zu bilden oder wie nachfolgend für die Altersangabe bei einer Berechnung der verbleibenden Jahre bis zur Rente mit 65:

```
def years_to_retirement(age):
    assert age >=0, 'Only positive numbers are allowed'

    return 65 - age
```

Das kann man natürlich auch noch auf mehrere Parameter und komplexere Prüfungen ausbauen:

```
>>> def years_to_retirement(age, working_years):
...     assert 18 <= age <= 65, 'age must be in range 18 - 65'
...     assert 10 < working_years < 50, 'years must be in range 11 - 49'
...
...     return 65 - age
...
```

Provozieren wir einmal bewusst zwei falsche Parametrierungen, um die Absicherung in Aktion zu erleben:

```
>>> years_to_retirement(70, 10)
Traceback (most recent call last):
  File "<stdin>", line 1, in <module>
  File "<stdin>", line 2, in years_to_retirement
AssertionError: age must be in range 18 - 65
>>>
>>> years_to_retirement(65, 7)
Traceback (most recent call last):
  File "<stdin>", line 1, in <module>
  File "<stdin>", line 3, in years_to_retirement
AssertionError: years must be in range 11 - 49
```

9.3   Automatic Resource Management (`with`)

Aufräumarbeiten bei I/O-Operationen können durch die dazu notwendigen `try-except`-Blöcke recht umfangreich und unleserlich werden. Praktischerweise bietet Python für diese Aufgaben ein automatisches Ressourcenmanagement. Dieses entlastet den Entwickler von manuellen Aufräumarbeiten und es hilft ihm dabei, weniger Fehler zu machen.

Betrachten wir als Beispiel das Einlesen der ersten Zeile einer Datei. Beginnen wir mit dem Aufwand der manuellen Aufräumarbeiten:

```
file = open("test.txt", encoding = 'utf-8')
try:
    line = read_first_line()
    # weitere Aktionen
finally:
    file.close()
```

Die Abarbeitung in `try` und das zusätzliche `finally` stellen sicher, dass die Datei auch wieder geschlossen und belegte Systemressourcen freigegeben werden.

Allerdings gibt es eine weitere, elegantere Art und Weise, wie man das Ganze mit `with` schreiben kann. Auch hier wird sichergestellt, dass die im `with` definierte Ressourcenvariable automatisch durch einen intern stattfindenden, nicht im Sourcecode sichtbaren Aufruf von `close()` geschlossen wird – auf diese Weise müssen wir weder `try` schreiben noch `close()` explizit aufrufen:

```
with open("test.txt", encoding = 'utf-8') as file:
    line = read_first_line()
    # weitere Aktionen
```

Nur der Vollständigkeit halber: Man spricht in dem Zusammenhang auch von *Kontextmanagern*.

9.4   Aufgaben und Lösungen

9.4.1   Aufgabe 1: Abgesicherter Indexzugriff – Kür mit Fallback-Wert

In dieser Aufgabe sollen Sie den Zugriff auf eine Liste derart absichern, dass ein Zugriff außerhalb des gültigen Indexbereichs in einer Warnmeldung und nicht in einem Programmabsturz resultiert. Gegeben seien folgende Zeilen als Ausgangsbasis:

```
>>> print(names[4711])
Traceback (most recent call last):
  File "<stdin>", line 1, in <module>
IndexError: list index out of range
```

Schreiben Sie eine Funktion zum abgesicherten Zugriff.

Lösung

Bei einem Zugriff außerhalb des gültigen Indexbereichs kommt es zu einem `IndexError`. Wir müssen also den indizierten Zugriff in einen `try-except`-Block einfassen.

```
>>> def safe_get(values, idx):
...     try:
...         return values[idx]
...     except IndexError as ie:
...         print("Illegal index!", ie)
...         return None
...
```

Probieren wir dies einmal aus:

```
>>> names = ["Tim", "Tom", "Mike"]
>>>
>>> print(safe_get(names, 2))
Mike
>>> print(safe_get(names, 4711))
Illegal index! list index out of range
None
```

Als Kür können wir statt einer Fehlermeldung besser einen Fallback-Wert bereitstellen:

```
>>> def safe_get(values, idx, fallback_value):
...     try:
...         return values[idx]
...     except IndexError:
...         return fallback_value
...
```

Beim Ausprobieren kommt es zu folgenden Ausgaben:

```
>>> names = ["Tim", "Tom", "Mike"]
>>> print(safe_get(names, 2, "UNKNOWN"))
Mike
>>> print(safe_get(names, 4711, "UNKNOWN"))
UNKNOWN
```

9.4.2   Aufgabe 2: Einfacher Taschenrechner

Erstellen Sie einen einfachen Taschenrechner, der zunächst die Werte für die Variablen x und y abfragt und in eine Gleitkommazahl umwandelt. Danach soll dann noch der Operator vom Benutzer eingelesen werden und eine korrespondierende Berechnung stattfinden.

Lösung

Mit dem bisherigen Wissen ist das Einlesen der Werte für x und y direkt umsetzbar und weil wir bereits an mögliche Fehleingaben denken, umrahmen wir dies mit einem try-except-Block. Danach kommt der spannende und in dieser Art nur in Python mögliche Teil, nämlich die Ausführung eines else-Blocks nach einem try-except-Block, sofern dieser ohne Fehler durchlaufen wurde. Zur Berechnung lassen wir den Benutzer zwischen Addition und Subtraktion wählen, deren Ergebnis wir dann direkt berechnen. Jeder andere Operator wird mit einer Fehlermeldung quittiert:

```python
try:
    x = float(input("x = "))
    y = float(input("y = "))
except ValueError:
    print("Fehler: Keine Zahl eingegeben.")
else:
    op = input("Operator (+, -): ")
    if op == "+":
        print("x + y =", x + y)
    elif op == "-":
        print("x - y =", x - y)
    else:
        print("Operator", op, "wird nicht unterstützt!")
```

Im Fehlerfall kommt es dadurch beispielsweise zu folgenden Ausgaben:

```
x = 11.1
y = 2
Operator (+, -): *
Operator * wird nicht unterstützt!
```

Kür

Erweitern Sie den Taschenrechner so, dass weitere Operatoren unterstützt werden. Die Operatoren definieren wir in einer Liste wie folgt:

```python
supported_ops = ["+", "-", "*", "**", "/", "//", "%"]
```

Zum dynamischen Auswerten von Ausdrücken haben wir in Abschnitt 6.7 bereits die Funktion eval() kennengelernt, die wir nachfolgend gewinnbringend nutzen können.

Mit diesen Vorüberlegungen implementieren wir folgendermaßen eine ausgeklü-
geltere Variante des Taschenrechners:

```python
try:
    x = float(input("x = "))
    y = float(input("y = "))
except ValueError:
    print("Fehler: Keine Zahl eingegeben.")
else:
    supported_ops = ["+", "-", "*", "**", "/", "//", "%"]
    op = input("Operator (z. B. *, /, +, -, ...): ")
    if op in supported_ops:
        print("x", op, "y =", eval("x " + op + " y "))
    else:
        print("Operator", op, "wird nicht unterstützt!")
```

Probieren wir diese Erweiterung einmal aus:

```
x = 7
y = 2
Operator (z. B. *, /, +, -, ...): *
x * y = 14.0

x = 10
y = 7
Operator (z. B. *, /, +, -, ...): **
x ** y = 10000000.0
```

9.4.3   Aufgabe 3: Resource Handling

In dieser Aufgabe geht es darum, das Resource Handling eleganter zu gestalten. Betrachten wir eine typische Abfolge zum Einlesen einiger Zeilen aus einer Datei inklusive ein wenig Fehlerbehandlung sowie Aufräumarbeiten, die vereinfacht werden soll:

```python
file = open('numbers.txt')
try:
    first = file.readline()
    second = file.readline()

    count = int(first.strip())
    number1 = float(second.strip())
except ValueError:
    print("No valid number in line 1 / 2.")
except IOError as ioe:
    print("I/O error:", ioe)
finally:
    file.close()
```

Die gezeigte Lösung ist auch problematisch, falls es die zu verarbeitende Datei nicht
gibt. Dann ist ein FileNotFoundError die Folge. Beheben Sie auch dieses Problem
gleich mit:

```
Traceback (most recent call last):
  File "/Users/michaelinden/PycharmProjects/Python-Intro/ch09_exceptions/
      exercises/ex03_resource_handling.py", line 1, in <module>
    file = open('numbers.txt')
FileNotFoundError: [Errno 2] No such file or directory: 'numbers.txt'
```

Lösung

Wir können uns den Aufruf von `close()` sparen, wenn wir mit `with` arbeiten. Zu beachten ist in diesem Fall, dass das `with` innerhalb des `try`-Blocks und nicht andersherum angegeben werden muss:

```
try:
    with open("numbers.txt", encoding = 'utf-8') as file:
        first = file.readline()
        second = file.readline()

        count = int(first.strip())
        number1 = float(second.strip())
except IOError as ioe:
    print("I/O error:", ioe)
except ValueError:
    print("No valid number in line 1 / 2.")
```

Diese Lösung bietet den Charme, dass nun selbst bei der Nichtexistenz der zu verarbeitenden Datei sauber in einem `except`-Block darauf reagiert werden kann und dies verständlich wie folgt protokolliert wird:

```
I/O error: [Errno 2] No such file or directory: 'numbers.txt'
```

10 Datumsverarbeitung

Python bietet unter anderem ein Modul namens `datetime`, um mit Datums- und Zeitangaben zu arbeiten. Lassen Sie uns ein paar einfache Programme erstellen, um in die Materie einzusteigen.

10.1 Schnelleinstieg

Nachfolgend greifen wir immer wieder auf das Modul `datetime` zu, sodass ich folgenden Import voraussetze:

```
>>> import datetime
```

10.1.1 Zeitpunkte und die Klasse `datetime`

Eine der wichtigsten im `datetime`-Modul definierten Klassen ist `datetime`.

Aktuellen Zeitpunkt ermitteln

Durch Aufruf der Methode `now()` erhalten wir ein `datetime`-Objekt, das das aktuelle lokale Datum und die Uhrzeit enthält. Zur einfacheren Handhabung erstellen wir eine gleichnamige Hilfsfunktion:

```
>>> def now():
...     return datetime.datetime.now()
...
>>> print(now())
2021-06-12 15:06:05.158479
```

Beliebiges `datetime` konstruieren

Wir können ein `datetime`-Objekt basierend auf Angaben zu Jahr, Monat, Tag und optional auch Zeit erzeugen. Zunächst nutzen wir lediglich Jahr, Monat und Tag, wodurch die Zeitinformationen auf 0 gesetzt werden:

```
>>> # datetime(year, month, day)
>>> date_no_time_set = datetime.datetime(2018, 11, 28)
>>> print(date_no_time_set)
2018-11-28 00:00:00
```

Im Anschluss versorgen wir das Objekt mit allen Bestandteilen:

```
>>> # datetime(year, month, day, hour, minute, second, microsecond)
>>> date_and_time = datetime.datetime(2017, 11, 28, 23, 55, 59, 342380)
>>> print(date_and_time)
2017-11-28 23:55:59.342380
```

Bestandteile eines Zeitpunkts ausgeben

Zuvor haben wir bereits gesehen, dass ein Zeitpunkt aus diversen Bestandteilen besteht. Auf diese können wir per .-Notation und deren Namen zugreifen, etwa auf `year`, `hour` und `minute`:

```
>>> sunday_afternoon = datetime.datetime(2021, 6, 13, 16, 52, 59)
>>>
>>> print("year =", sunday_afternoon.year)
year = 2021
>>> print("month =", sunday_afternoon.month)
month = 6
>>> print("day =", sunday_afternoon.day)
day = 13
>>> print("hour =", sunday_afternoon.hour)
hour = 16
>>> print("minute =", sunday_afternoon.minute)
minute = 52
>>> print("second =", sunday_afternoon.second)
second = 59
>>> print("timestamp =", sunday_afternoon.timestamp())
timestamp = 1623595979.0
```

Zeitpunkt aus Unix-Zeitstempel erzeugen

Neben der Angabe der einzelnen Bestandteile können wir `datetime`-Objekte auch aus einem Unix-Zeitstempel erzeugen. Ein solcher Zeitstempel ist die Anzahl der Sekunden zwischen einem bestimmten Datum und dem 1. Januar 1970 in UTC. Die Methode `fromtimestamp()` wandelt einen Zeitstempel in ein Datum um – eine Rückwandlung geschieht mit `timestamp()`:

```
>>> datetime_from_ts = datetime.datetime.fromtimestamp(43211234)
>>> print("Datetime =", datetime_from_ts)
Datetime = 1971-05-16 04:07:14

>>> datetime_from_ts.timestamp()
43211234.0
```

10.1.2   Datumswerte und die Klasse `date`

Jedes `datetime`-Objekt bietet Zugriff auf ein `date`-Objekt, das wiederum ein Datum repräsentiert.

Aktuelles Datum ermitteln

Die Klasse `date` besitzt eine `today()`-Methode. Um den Zugriff innerhalb unserer Applikation noch etwas einfacher zu gestalten, erstellen wir eine gleichnamige Hilfsfunktion:

```
>>> def today():
...     return datetime.date.today()
...
>>> print(today())
2021-06-12
```

Beliebiges `date` konstruieren

Man kann `date`-Objekte durch drei Argumente erzeugen: Jahr, Monat und Tag, etwa wie nachfolgend für den Geburtstag von Sophie:

```
>>> sophies_birthday = datetime.date(2020, 11, 23)
>>> print(sophies_birthday)
2020-11-23
```

Das Ganze lässt sich alternativ auf Basis eines Strings gemäß dem korrespondierenden ISO-Format mithilfe von `fromisoformat()` lösen:

```
>>> datetime.date.fromisoformat('2020-11-23')
datetime.date(2020, 11, 23)
```

Jahr, Monat und Tag ermitteln

Basierend auf einem `date`-Objekt können wir durch Zugriff auf korrespondierende Attribute die Informationen zu Jahr, Monat und Tag ermitteln:

```
>>> today = datetime.date.today()
>>>
>>> print("Current year:", today.year)
Current year: 2021
>>> print("Current month:", today.month)
Current month: 6
>>> print("Current day:", today.day)
Current day: 12
```

Wochentage ermitteln

Um den Wochentag zu einem Datum zu ermitteln, schreiben wir uns folgende Hilfs-funktion, die auf `strftime()` basiert (später erfahren Sie in Abschnitt 10.1.6 mehr dazu):

```
>>> def get_week_day(date):
...     return date.strftime('%A')
...
>>> get_week_day(datetime.date(1971, 2, 7))
'Sunday'
>>> get_week_day(datetime.date(1979, 7, 14))
'Saturday'
```

Für den Fall, dass wir Zugriff auf den numerischen Wert von 0 – Montag bis 6 – Sonntag benötigen, existiert die Methode `weekday()`. Ergänzend gibt es die Metho-de `isoweekday()` mit dem Wertebereich 1 bis 7 für Montag bis Sonntag.

```
>>> my_date = datetime.date(1971, 2, 7)
>>> my_date.weekday()
6
>>> my_date.isoweekday()
7
>>> datetime.date(1971, 2, 8).isoweekday()
1
```

Tag im Monat ermitteln

Für einige Anwendungsfälle müssen wir zu einem Datum wissen, der wievielte Tag im Monat dies ist. Dazu schreiben wir uns eine Hilfsfunktion `day_of_month()`, die das Attribut `day` zurückliefert:

```
>>> def day_of_month(date):
...     return date.day
...
>>> day_of_month(my_date)
7
```

Tag im Jahr ermitteln

Mitunter ist es von Bedeutung, zu einem Datum die Entsprechung als Tag im Jahr zu ermitteln. Dann implementieren wir wieder eine einfache Hilfsfunktion `day_of_year()`. Diese stützt sich diesmal auf `timetuple()` und das Attribut `tm_yday` ab:

```
>>> def day_of_year(date):
...     return date.timetuple().tm_yday
...
>>> day_of_year(datetime.date(1971, 2, 7))
38
```

Alternative mit Formatierung Mithilfe der später noch vorgestellten Formatierung (vgl. Abschnitt 10.1.6) kann man dies alternativ zu der gerade erstellten Funktion wie folgt lösen:

```
>>> def day_of_year_2(date):
...     return date.strftime('%j')
...
>>> day_of_year_2(my_date)
'038'
```

Allerdings erhält man hier als Rückgabe einen String, den man zur weiteren Verarbeitung in der Regel noch geeignet in einen Zahlenwert konvertieren muss.

```
>>> result = day_of_year_2(datetime.date(1971, 2, 7))
>>> int(result)
38
```

Datum aus Zeitstempel erzeugen

Aus einem Zeitstempel können wir nicht nur `datetime`-Objekte, sondern auch `date`-Objekte erzeugen. Die Methode `fromtimestamp()` wandelt einen Zeitstempel in ein Datum um:

```
>>> date_from_ts = datetime.date.fromtimestamp(43211234)
>>> print("Date =", date_from_ts)
Date = 1971-05-16
```

Datum in Ordinal

Für einige Anwendungsfälle ist es hilfreich, die Tage seit Christi Geburt fortlaufend als Zahlenwert zu zählen. Mit `toordinal()` wandelt man ein Datum in einen Zahlenwert, der der Anzahl an Tagen seit dem 1. Januar im Jahr 1 entspricht:

```
>>> today = datetime.date.fromisoformat('2021-12-06')
>>> today.toordinal()
738130
>>> datetime.date.fromordinal(1)
datetime.date(1, 1, 1)
>>> datetime.date.fromordinal(700_000)
datetime.date(1917, 7, 15)
>>> datetime.date.fromordinal(750_000)
datetime.date(2054, 6, 6)
>>> datetime.date.fromordinal(720_000)
datetime.date(1972, 4, 17)
```

10.1.3 Zeit und die Klasse `time`

Jedes `datetime`-Objekt bietet Zugriff auf ein `time`-Objekt, was wiederum eine Zeitangabe repräsentiert.

Aktuelle Zeit ermitteln

Ein solches `time`-Objekt besitzt eine `time()`-Methode:

```
>>> now_ = datetime.datetime.now().time()
>>> print("now =", now_)
now = 15:14:26.100917
>>> print("type(now) =", type(now_))
type(now) = <class 'datetime.time'>
```

Eine spezielle Zeitangabe als `time`-Objekt repräsentieren

Ein `time`-Objekt modelliert eine Zeitangabe und bietet folgende Konstruktionsmöglichkeiten:

```
>>> datetime.time()
datetime.time(0, 0)
>>>
>>> datetime.time(11, 28, 45)
datetime.time(11, 28, 45)
>>>
>>> # time(hour, minute, second, microsecond)
>>> datetime.time(11, 28, 45, 6789)
datetime.time(11, 28, 45, 6789)
```

Schauen wir uns noch exemplarisch die Ausgabe mit `print()` an:

```
>>> print(datetime.time())
00:00:00
>>> print(datetime.time(11, 28, 45))
11:28:45
```

Stunde, Minute, Sekunde und Mikrosekunde ausgeben

Sobald Sie ein `time`-Objekt erstellt haben, können Sie dessen Attribute wie Stunde, Minute usw. einfach per Attribut auslesen und ausgeben:

```
>>> lunch_time = datetime.time(12, 34, 56)
>>>
>>> print("hour =", lunch_time.hour)
hour = 12
>>> print("minute =", lunch_time.minute)
minute = 34
>>> print("second =", lunch_time.second)
second = 56
>>> print("microsecond =", lunch_time.microsecond)
microsecond = 0
```

10.1.4   Zeitdifferenzen und die Klasse `timedelta`

Mitunter muss man die Differenz zwischen zwei Zeitpunkten oder auch Zeitspannen ermitteln. Dabei hilft die Klasse `timedelta`. Beginnen wir mit der Differenz von zwei Zeitpunkten:

```
>>> start = datetime.datetime(2021, 2, 7, 10, 10, 10)
>>> end = datetime.datetime(2021, 2, 8, 11, 12, 13)
>>> end - start
datetime.timedelta(days=1, seconds=3723)
```

Führen wir dies für zwei `timedelta`-Objekte fort, um deren unterschiedliche Granularität nachzuvollziehen. Das Ergebnis wird dann jedoch immer in den Einheiten von Tagen und Sekunden dargestellt:

```
>>> t1 = datetime.timedelta(weeks = 2, days = 3, hours = 5, seconds = 6)
>>> t2 = datetime.timedelta(days = 7, hours = 8, minutes = 9, seconds = 10)
>>> t3 = t1 - t2
>>> t3
datetime.timedelta(days=9, seconds=75056)
```

Neben Addition und Subtraktion kann man ein `timedelta`-Objekt auch mit Ganzzahlen und Fließkommazahlen multiplizieren und dividieren:

```
>>> t1 = datetime.timedelta(seconds = 33)
>>> t2 = datetime.timedelta(seconds = 54)
>>> diff1 = t1 - t2
>>> diff2 = t2 - t1
>>> sum = t1 + t2
>>> diff1
datetime.timedelta(days=-1, seconds=86379)
>>> diff2
datetime.timedelta(seconds=21)
>>> sum
datetime.timedelta(seconds=87)
>>> diff2 * 5
datetime.timedelta(seconds=105)
>>> diff2 / 2
datetime.timedelta(seconds=10, microseconds=500000)
```

Einfache Datumsarithmetik

Basierend auf einem Zeitpunkt als `datetime` und einer Zeitdifferenz als `timedelta` lassen sich »Zeitsprünge« vornehmen.

Nachfolgend ist dies für den Geburtstag des Autors und eine Zeitspanne von 8 Wochen und 31 Tagen verdeutlicht:

```
>>> michas_birthday = datetime.date(1971, 2, 7)
>>> print(michas_birthday)
1971-02-07
>>>
>>> print(michas_birthday + datetime.timedelta(weeks=8, days=31))
1971-05-05
```

10.1.5   Berechnungen

Zum Einstieg schauen wir uns ein Beispiel an, das noch einmal vergegenwärtigt, dass man zwei Datumswerte mit dem Operator – voneinander subtrahieren kann. Als Ergebnis erhält man ein `timedelta`-Objekt. Dieses wiederum beschreibt die Differenz über die Attribute `days` und `seconds`, wobei wir hier nur Ersteres nutzen. Nachfolgend bestimmen wir die Länge des Februars für ein normales Jahr (2014) und ein Schaltjahr (2012):

```
>>> print((datetime.date(2014, 3, 1) - datetime.date(2014, 2, 1)).days)
28
>>> print((datetime.date(2012, 3, 1) - datetime.date(2012, 2, 1)).days)
29
```

Wie erwartet, ändert sich die Länge des Februars abhängig vom Schaltjahr von 28 auf 29 Tage. Die Länge der anderen Monate bleibt erwartungskonform gleich.

Monatslänge bestimmen

Ab und an muss man ermitteln, wie viele Tage ein Monat hat. Basierend auf dem initial gewonnenen Wissen lagert man die Berechnung der Monatslänge zweckmäßigerweise in folgende Funktion aus:

```
>>> def length_of_month(month, year):
...     start = datetime.date(year, month, 1)
...
...     month += 1
...     if month > 12:
...         year += 1
...         month = 1
...
...     end = datetime.date(year, month, 1)
...
...     return (end - start).days
...
>>>
```

Berechnen wir erneut die Länge des Februars für die beiden Jahre 2012 und 2014:

```
>>> print(length_of_month(2, 2012))
29
>>> print(length_of_month(2, 2014))
28
```

Länge des Jahrs bestimmen

Ebenso wie die Monatslänge kann auch die Länge des Jahres von Interesse sein. Dabei hilft wieder die Abfrage mit `days`. Diesmal messen wir einfach die Differenz zwischen dem ersten Januar des gewünschten und des Folgejahres:

```
>>> print((datetime.date(2013, 1, 1) - datetime.date(2012, 1, 1)).days)
366
>>> print((datetime.date(2015, 1, 1) - datetime.date(2014, 1, 1)).days)
365
```

Das lagert man zweckmäßigerweise in folgende Funktion aus:

```
>>> def length_of_year(year):
...     start = datetime.date(year, 1, 1)
...     end = datetime.date(year + 1, 1, 1)
...     return (end - start).days
...
```

Prüfen wir dies einmal für folgende Jahre nach:

```
>>> print(length_of_year(2012))
366
>>> print(length_of_year(2014))
365
```

Schaltjahr bestimmen

Es ist wünschenswert, programmatisch ermitteln zu können, ob ein Jahr ein Schaltjahr ist. Dabei hilft uns das Modul `calendar` und die Methode `isleap()`. Das schauen wir uns für die zuvor genutzten Jahre an:

```
>>> import calendar
>>>
>>> print(calendar.isleap(2012))
True
>>> print(calendar.isleap(2014))
False
```

10.1.6 Formatierung und Parsing

Die Art und Weise, wie Datum und Uhrzeit dargestellt werden, variiert von Land zu Land. Während man in Deutschland ein Datum im Format `dd.mm.YYYY` nutzt (mit den Platzhaltern `d` für Tage, `m` für Monate, `Y` für Jahre), so ist in den USA das Format `mm/dd/YYYY` üblich, während in Großbritannien eher `dd/mm/YYYY` gebräuchlich ist.

Python bietet die Methoden `strftime()` und `strptime()`, um dies zu handhaben.

Die Methode `strftime()` – `datetime`-Objekt zu String

Die Methode `strftime()` ist für die Klassen `date`, `datetime` und `time` definiert. Die Methode erzeugt basierend auf einem String mit Platzhaltern einen formatierten String aus einem gegebenen `date`-, `datetime`- oder `time`-Objekt. Im folgenden Beispiel nutzen wir die eingangs vorgestellte Methode `now()` zum Ermitteln des aktuellen Zeitpunkts, um ein paar Formatierungsvarianten kennenzulernen:

```
>>> now = now()
>>>
>>> print(now.strftime("%H:%M:%S"))
13:21:06
>>> print(now.strftime("%d.%m.%Y, %H:%M:%S"))
13.06.2021, 13:21:06
>>>
>>> print("US:", now.strftime("%m/%d/%Y, %H:%M:%S"))
US: 06/13/2021, 13:21:06
>>>
>>> print("GB:", now.strftime("%d/%m/%Y, %H:%M:%S"))
GB: 13/06/2021, 13:21:06
```

Gebräuchliche und wesentliche Platzhalter sind folgende:

- `%Y` – Jahr aus dem Bereich 1 bis 9999
- `%m` – Monat aus dem Bereich [01, 02, ..., 11, 12]
- `%d` – Tag aus dem Bereich [01, 02, ..., 30, 31]
- `%H` – Stunde aus dem Bereich [00, 01, ..., 22, 23]
- `%M` – Minute aus dem Bereich [00, 01, ..., 58, 59]
- `%S` – Sekundenangabe aus dem Bereich [00, 01, ..., 58, 59]
- `%A` – Name des Tages
- `%B` – Monatsname

Die Methode `strptime()` – String zu `datetime`

Die Methode `strptime()` erzeugt aus einer gegebenen Zeichenkette (die Datum und Uhrzeit darstellt) ein `datetime`-Objekt. Damit die Informationen geeignet extrahiert werden können, wird über einen String mit Platzhaltern der erwartete Aufbau der Eingabedaten spezifiziert:

```
>>> date_string = "14 July, 1979"

>>> date_object = datetime.datetime.strptime(date_string, "%d %B, %Y")
>>> print(date_object)
1979-07-14 00:00:00
```

10.2 Praxisbeispiel: Kalenderausgabe

In diesem Praxisbeispiel wollen wir eine Methode `print_calendar(year, month)` schreiben, die zu einem gegebenen Monat und Jahr ein passendes Kalenderblatt auf der Konsole darstellt.

Für den April 2020 erwarten wir folgende Ausgabe:

```
Mo Di Mi Do Fr Sa So
.. .. 01 02 03 04 05
06 07 08 09 10 11 12
13 14 15 16 17 18 19
20 21 22 23 24 25 26
27 28 29 30 -- -- --
```

Natürlich sollten wir auch ein Ende an einem Sonntag sowie den Start an einem Montag prüfen, um sicherzustellen, dass die Kalenderausgabe auch korrekt funktioniert. Wählen Sie für Ersteres den Mai 2020 und für Letzteres den Juni 2020.

Vorüberlegungen

Bereits am Kalenderblatt für den April 2020 erkennt man ein paar Besonderheiten und Herausforderungen, die auf uns warten:

- Potenziell angebrochene erste und letzte Woche
- Immer am Sonntag erfolgt ein Umbruch.
- Wie bringt man Wochentage und die Anzahl an Tagen miteinander in Verbindung?

Lösung

Zu Beginn geben wir in einer Titelzeile die Wochentage aus. Danach ermitteln wir für den Monat, mit welchem Wochentag er startet. Ist es nicht der Montag, so überspringen wir mit `skip_till_first_day_of_month()` einige Wochentage. Um die einzelnen Tage auszugeben, müssen wir die Monatslänge basierend auf den Informationen zum Schaltjahr berechnen. Dazu hatten wir schon folgende Methode kennengelernt:

```python
import datetime


def length_of_month(month, year):
    start = datetime.date(year, month, 1)

    month += 1
    if month > 12:
        year += 1
        month = 1

    end = datetime.date(year, month, 1)

    return (end - start).days
```

Nun kommt der Teil mit ein paar Tricks. Wir laufen alle Datumswerte ab und geben die Zahl formatiert aus. Beim Erreichen eines Sonntags geht es in einer neuen Zeile weiter. Zum Weitergehen zum nächsten Wochentag schreiben wir eine Hilfsfunktion `calc_next_week_day()`. Zum Abschluss sollen alle nicht mehr zu dem Monat gehörenden Tage mit der Zeichenfolge `--` markiert werden. Das ist Aufgabe der Funktion `fill_from_month_end_to_sunday()`:

```python
def print_calendar(month, year):
    print("Mo Di Mi Do Fr Sa So ")

    cur = datetime.date(year, month, 1)

    first_in_month = cur.isoweekday()

    skip_till_first_day_of_month(first_in_month)

    current_week_day = first_in_month
    length_of_month = length_of_month(month, year)

    for i in range(1, length_of_month + 1):
        print("%0.2d" % i, end=" ")

        if current_week_day == 0:
            print()

        current_week_day = calc_next_week_day(current_week_day)

    fill_from_month_end_to_sunday(current_week_day)

    # letzter Tag nicht Sonntag, dann Umbruch
    if current_week_day != 1:
        print()
```

Kommen wir nun zu der Hilfsfunktion zum Weitergehen von einem Wochentag auf den nächsten sowie zyklisch vom Sonntag auf einen Montag. Das kann man leicht auf Basis von ISO-Wochentagen und einer Modulo-Operation implementieren:

```python
def calc_next_week_day(current_week_day):
    return (current_week_day + 1) % 7
```

Verbleiben noch die Funktionen zur Ausgabe der ersten und letzten nicht zum Monat gehörenden Wochentage. Für Ersteres laufen wir ausgehend von einem Montag bis zum Wochentag des ersten Tags des Monats und nutzen dazu die gezeigte Hilfsfunktion:

```python
def skip_till_first_day_of_month(first_in_month):
    # start on Monday
    current_week_day = 1
    while current_week_day != first_in_month:
        print(".. ", end="")
        current_week_day = calc_next_week_day(current_week_day)
```

Zum Abschluss der Ausgabe füllen wir die restlichen Tage mit -- auf, bis wir ausgehend vom letzten Wochentag des Monats bei einem Sonntag angelangt sind:

```python
def fill_from_month_end_to_sunday(current_week_day):
    next_week_day = current_week_day
    while next_week_day != 1:
        print("-- ", end="")
        next_week_day = calc_next_week_day(next_week_day)
    print()
```

Tipp: Hilfsmethoden und richtige Strukturierung

Wie schon einige Male demonstriert, vereinfacht es die Problemlösung (oftmals sogar deutlich), wenn man sich geeignete Hilfsfunktionen erstellt. Das erlaubt es, in der Implementierung des Algorithmus stärker auf der logischen Ebene zu verbleiben und sich weniger mit Implementierungsdetails abzulenken.

Prüfung

Kopieren Sie die Funktionen in den Python-Kommandozeileninterpreter oder in eine IDE, etwa PyCharm, und denken Sie wieder an den Import `import datetime`. Danach können wir dann die drei exemplarischen Fälle einfach einmal durchspielen:

```
>>> print_calendar(4, 2020)
Mo Di Mi Do Fr Sa So
.. .. 01 02 03 04 05
06 07 08 09 10 11 12
13 14 15 16 17 18 19
20 21 22 23 24 25 26
27 28 29 30 -- -- --

>>> print_calendar(5, 2020)
Mo Di Mi Do Fr Sa So
.. .. .. .. 01 02 03
04 05 06 07 08 09 10
11 12 13 14 15 16 17
18 19 20 21 22 23 24
25 26 27 28 29 30 31

>>> print_calendar(6, 2020)
Mo Di Mi Do Fr Sa So
01 02 03 04 05 06 07
08 09 10 11 12 13 14
15 16 17 18 19 20 21
22 23 24 25 26 27 28
29 30 -- -- -- -- --
```

10.3 Aufgaben und Lösungen

10.3.1 Aufgabe 1: Wochentage

Welcher Wochentag war der Heiligabend 2019 (24. Dezember 2019)? Welche Wochentage waren der erste und der letzte Tag im Dezember 2019?

Beispiele Folgende Wochentage sollten das Ergebnis sein:

Eingabe	Resultat
24. Dezember 2019	Dienstag
01. Dezember 2019	Sonntag
31. Dezember 2019	Dienstag

Lösung

Wir erzeugen ein korrespondierendes `date`-Objekt und ermitteln mithilfe der nachfolgend gezeigten Funktion `get_week_day()` den zugehörigen Wochentag. Das wiederholen wir für den ersten bzw. letzten Tag im Dezember.

Zunächst erstellen wir eine Hilfsmethode zur Ausgabe:

```
def get_week_day(date):
    return date.strftime('%A')


def print_week_day(date):
    print(date.isoformat() + " is a " + get_week_day(date))
```

Nun definieren wir drei `date`-Objekte und geben die Informationen mithilfe der gerade implementierten Hilfsmethode aus:

```
import datetime

christmas_eve = datetime.date(2019, 12, 24)
december1st = datetime.date(2019, 12, 1)
december31st = datetime.date(2019, 12, 31)

print_week_day(christmas_eve)
print_week_day(december1st)
print_week_day(december31st)
```

Es kommt zu folgenden Ausgaben:

```
2019-12-24 is a Tuesday
2019-12-01 is a Sunday
2019-12-31 is a Tuesday
```

10.3.2   Aufgabe 2: Freitag, der 13.

Berechnen Sie alle Vorkommen von Freitag, dem 13. für einen Bereich, definiert durch zwei `dates`. Schreiben Sie eine Funktion `all_friday13th(startIncl, endExcl)`, wobei das Startdatum inklusive und das Enddatum exklusive anzugeben ist.

Beispiel   Für die Zeitspanne vom 1.1.2013 bis einschließlich 31.12.2015 sollten folgende Datumswerte ermittelt werden:

Zeitspanne	Resultat
2013 – 2015	[2013-09-13, 2013-12-13, 2014-06-13, 2015-02-13, 2015-03-13, 2015-11-13]

Lösung

In dieser Aufgabe nutzen wir zwei Funktionen als Prädikate, um sowohl auf Freitag als auch auf den 13. zu testen. Um die entsprechenden zu prüfenden Tage bereitzustellen, hilft uns ein Generator, der sukzessive die Tage aus dem gewünschten Bereich erzeugt. Zur Aufbereitung des Ergebnisses verwenden wir eine List Comprehension, die für den Wertebereich auf den Generator und für die Filterung auf die zwei Hilfsfunktionen zurückgreift:

```python
import datetime

# Generator
def date_range(start_date_incl, end_date_excl):
    # range kann nur mit ints umgehen, deswegen toordinal() nötig
    for day in range(start_date_incl.toordinal(), end_date_excl.toordinal()):
        yield datetime.date.fromordinal(day)


def all_friday13th(start_date_incl, end_date_excl):
    def is_friday(date):
        return date.isoweekday() == 5

    def is13th(date):
        return date.day == 13

    return [day.isoformat() for day in date_range(start, end)
            if is_friday(day) and is13th(day)]


start = datetime.date(2013, 1, 1)
end = datetime.date(2016, 1, 1)
print(all_friday13th(start, end))
```

Wir führen die obigen Zeilen aus und erhalten das erwartete Ergebnis (hier leicht umformatiert):

```
['2013-09-13', '2013-12-13', '2014-06-13', '2015-02-13', '2015-03-13',
 '2015-11-13']
```

10.3.3 Aufgabe 3: Mehrmals Freitag, der 13.

In welchen Jahren gab es mehrfach Freitag, den 13.? Um diese Frage etwa für den Zeitraum von 2013 bis einschließlich 2015 zu beantworten, berechnen Sie ein Dictionary, in dem zu jedem Jahr die entsprechenden Freitage assoziiert sind. Schreiben Sie dazu die Funktion `friday13th_grouped(startIncl, endExcl)`.

Beispiele

Jahr	Resultat
2013	[2013-09-13, 2013-12-13]
2014	[2014-06-13]
2015	[2015-02-13, 2015-03-13, 2015-11-13]

Lösung

Basierend auf der in der vorherigen Aufgabe definierten Funktion kann man zur Gruppierung nach Jahren die Itertools in Form der Funktion `groupby()` nutzen:

```
from itertools import groupby


def friday13th_grouped(startIncl, endExcl):
    all_friday13th_ = all_friday13th(startIncl, endExcl)

    result = {}

    extract_year = lambda isodate: isodate[0:4]
    for key, group in groupby(all_friday13th_, extract_year):
        members = list(group)
        result.update({key: members})

    return result
```

Schauen wir uns noch kurz an, ob das Ganze wie erwartet funktioniert, und rufen es folgendermaßen auf:

```
start = datetime.date(2013, 1, 1)
end = datetime.date(2016, 1, 1)

result = friday13th_grouped(start, end)
for year, fridays in result.items():
    print(year, ":", fridays)
```

Wir erhalten erwartungsgemäß diese Ausgaben:

```
2013 : ['2013-09-13', '2013-12-13']
2014 : ['2014-06-13']
2015 : ['2015-02-13', '2015-03-13', '2015-11-13']
```

10.3.4   Aufgabe 4: Schaltjahre

In dieser Aufgabe soll die Anzahl der Schaltjahre in einem Bereich, gegeben durch zwei Jahreszahlen, aufgeführt werden. Dazu implementieren wir eine Funktion `count_leap_Years(fstart, end)`, wobei das Startjahr inklusive und das Endjahr exklusive anzugeben ist.

Beispiele

Zeitraum	Resultat
2010 – 2019	2
2000 – 2019	5

Lösung

Mit der Methode `range()` lassen sich die Zahlenwerte für die dazwischenliegenden Jahre erzeugen. Für jedes Jahr prüfen wir durch die Funktion `isleap()` aus dem Modul `calendar`, ob es sich um ein Schaltjahr handelt. In dem Fall erhöhen wir einen Zähler:

```
import calendar


def count_leap_years(start, end):
    count = 0
    for year in range(start, end):
        if calendar.isleap(year):
            count += 1
    return count
```

Überprüfen wir die Funktionalität für den Zeitraum von 2010 bis 2019, so sollten wir laut obiger Tabelle zwei Schaltjahre als Ergebnis erhalten. Im Zeitraum 2000 bis 2019 sind es sogar fünf:

```
print(count_leap_years(2010, 2019))
print(count_leap_years(2000, 2019))

2
5
```

Mit einer List Comprehension kann man das noch kürzer und eleganter schreiben:

```
def count_leap_years_2(start, end):
    return sum([1 for year in range(start, end) if calendar.isleap(year)])
```

Das können Sie mit folgenden Aufrufen nachprüfen:

```
print(count_leap_years_2(2010, 2019))
print(count_leap_years_2(2000, 2019))

2
5
```

 Praxisbeispiele

11 Praxisbeispiel: Tic Tac Toe

Tic Tac Toe ist ein Strategiespiel für zwei Personen. Gespielt wird auf einem Spielfeld mit 3 × 3 Feldern. Die Spieler markieren abwechselnd freie Positionen entweder mit einem Kreuz oder einem Kreis. Derjenige, der zuerst 3 gleiche Formen in einer Reihe horizontal, vertikal oder diagonal erreicht, gewinnt das Spiel.

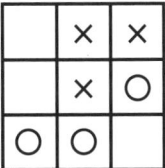

Abbildung 11-1 *Beispiel für ein Tic-Tac-Toe-Spielfeld*

Im Folgenden ist es das Ziel, ein Grundgerüst für ein Tic-Tac-Toe-Spiel zu erstellen, das aber noch genug Raum für eigene Experimente und Erweiterungen bietet.

11.1 Spielfeld initialisieren und darstellen

Zum Einstieg müssen wir eine geeignete Repräsentation bzw. Modellierung des Spielfelds finden. Für das 3 × 3-Spielfeld bietet sich eine verschachtelte Liste mit jeweils 3 Einträgen pro Richtung an. Die Symbole Kreuz und Kreis kann man gut durch die Buchstaben X und O repräsentieren. Für ein leeres Feld könnte man ein Leerzeichen nutzen. Aus Darstellungsgründen wollen wir ein Minuszeichen verwenden.

Spielfeld initialisieren

Nachfolgend schreiben wir eine Funktion, die mithilfe von List Comprehensions ein neues zweidimensionales Gebilde erzeugt und dabei die Zeilen und Spalten je 3-mal durchläuft und jeweils an passender Position ein Minuszeichen speichert:

```python
def initialize_board():
    board = [['-' for col in range(3)] for row in range(3)]
    return board
```

Spielfeld darstellen

Machen wir uns an die Darstellung. Diese erfolgt zwar auf der Konsole, soll aber doch ein wenig ansprechend sein und die Felder als Rechtecke visualisieren. Dazu verwenden wir horizontale und vertikale Linien. In Python realisieren wir das, indem wir über alle Zeilen und Spalten laufen und an passender Stelle die Linienbestandteile ergänzen:

```python
def print_board(board):
    print("--------------")

    for row in range(3):
        print("| ", end="")
        for col in range(3):
            print(board[row][col] + " | ", end="")
        print()
        print("--------------")
```

Probieren wir das einmal aus:

```python
tictactoe_board = initialize_board()
print_board(tictactoe_board)
```

Damit erhalten wir folgende Darstellung:

```
--------------
| - | - | - |
--------------
| - | - | - |
--------------
| - | - | - |
--------------
```

11.2   Setzen der Steine

Nachdem das Spielfeld bereit ist, wollen wir das Ganze mit Leben füllen. Laut Regelwerk wechseln sich die Spieler ab und platzieren an freien Positionen entweder ihr Kreuz oder ihren Kreis. Die folgende Methode prüft zunächst, ob die durch Zeile `row` und Spalte `col` übergebene Position im Spielfeld noch frei ist. Nur dann wird der übergebene Spielstein gesetzt.

```python
def place_mark(board, row, col, current_player_mark):
    if board[row][col] == '-':
        board[row][col] = current_player_mark
        return True

    return False
```

Probieren wir das wiederum einmal aus:

```python
place_mark(tictactoe_board, 0, 0, 'X')
place_mark(tictactoe_board, 1, 1, 'O')
place_mark(tictactoe_board, 0, 1, 'X')

print_board(tictactoe_board)
```

Das sieht doch schon prima aus:

```
-------------
| X | X | - |
-------------
| - | O | - |
-------------
| - | - | - |
-------------
```

Natürlich kann man hier noch feilen und erweitern. Darauf gehe ich später kurz ein.

Was auf jeden Fall noch implementiert werden soll, ist die Prüfung, ob ein Spieler gewonnen hat.

11.3   Prüfen auf Sieg

Um festzustellen, ob ein Spieler der Sieger ist, muss man alle Horizontalen und Vertikalen sowie die zwei Diagonalen auf drei gleiche Steine prüfen. Wie ab und zu schon mal erwähnt, empfiehlt es sich beim Programmieren, in kleinen Bausteinen und Funktionalitäten zu denken.

Grundgerüst

Daher setzt sich unsere Prüfung auf Sieg aus drei Aufrufen von speziellen Prüfungen der Richtungen zusammen:

```python
def check_for_win(board, current_player_mark):
    return check_rows_for_win(board, current_player_mark) or \
           check_columns_for_win(board, current_player_mark) or \
           check_diagonals_for_win(board, current_player_mark)
```

Baustein 1: Prüfung auf drei gleiche Symbole

Okay, dann wollen wir mal die einzelnen Methoden implementieren. Bevor wir direkt loslegen, empfiehlt es sich, ein wenig nachzudenken. Es wird eigentlich immer eine Prüfung auf drei Felder benötigt, ob diese mit dem derzeitigen Spielersymbol übereinstimmen. Das kann man wie folgt implementieren:

```python
def check_all_same(c1, c2, c3, current_player_mark):
    return c1 == current_player_mark and c1 == c2 and c2 == c3
```

Baustein 2: Prüfung der Horizontalen und Vertikalen

Mit dieser Hilfsfunktion können wir die horizontale Prüfung so gestalten, dass wir jeweils alle Werte aus den drei Spalten übergeben. Diese Prüfung erfolgt dann zeilenweise für alle drei Zeilen. Analog geschieht dies für die Spaltenprüfung. Dort laufen wir in x-Richtung, also Spalte für Spalte, und nutzen dann die Positionsangaben für die drei Zeilen:

```
def check_rows_for_win(board, current_player_mark):
    for row in range(3):
        if check_all_same(board[row][0], board[row][1], board[row][2],
                current_player_mark):
            return True

    return False


def check_columns_for_win(board, current_player_mark):
    for col in range(3):
        if check_all_same(board[0][col], board[1][col], board[2][col],
                current_player_mark):
            return True

    return False
```

Erneut sehen wir, dass es am einfachsten ist, wenn man Probleme in kleinere Aufgabenstellungen zerlegt und die entstehenden Lösungsbausteine geeignet kombiniert. Dadurch bleibt das Programm auch meistens gut verständlich.

Baustein 3: Prüfung der Diagonalen

So, nun benötigen wir nur noch die Prüfung für die zwei Diagonalen. Das sind die Positionen 0,0, 1,1, 2,2 sowie 0,2, 1,1 und 2,0. Diese prüfen wir folgendermaßen:

```
def check_diagonals_for_win(board, current_player_mark):
    return check_all_same(board[0][0], board[1][1], board[2][2],
                    current_player_mark) or \
        check_all_same(board[0][2], board[1][1], board[2][0],
                    current_player_mark)
```

11.4   Bausteine im Einsatz

Führen wir nun unser Spiel fort, bei dem der Spieler 'O' etwas unaufmerksam ist, wodurch der Spieler 'X' mit der oberen Horizontalen gewinnen sollte:

```
place_mark(tictactoe_board, 2, 1, 'O')
place_mark(tictactoe_board, 0, 2, 'X')

print_board(tictactoe_board)

print("Winner O?", check_for_win(tictactoe_board, 'O'))
print("Winner X?", check_for_win(tictactoe_board, 'X'))
```

Das Ganze wird wie folgt auf der Konsole protokolliert:

```
--------------
| X | X | X |
--------------
| - | O | - |
--------------
| - | O | - |
--------------
Winner O? False
Winner X? True
```

Nicht nur optisch, sondern auch durch unsere Prüffunktion wird X als Sieger ermittelt.

Zwischenfazit

Zwar lässt sich noch die eine oder andere Erweiterung, etwa eine Prüfung auf Gleichstand, ein richtiges Gameplay mit Abwechseln der Spieler usw., implementieren. Wir sind hier mit dem Erreichten aber sehr zufrieden. Warum?

Das Schöne an diesem Programm sind die vielen kleinen Bausteine in Form von Funktionen, die passend ineinandergreifen. Dieser Programmierstil empfiehlt sich vor allem auch für größere Projekte, um möglichst die Übersicht und leichte Erweiterbarkeit zu gewährleisten. Hier profitieren wir davon, dass jede Funktionalität praktischerweise in sich abgeschlossen und damit leicht nachvollziehbar sowie verständlich ist.

Bonus

Wir können die Darstellung des Spielfelds ein wenig abwandeln:

```python
def print_board_nicer(board):
    for row in range(3):
        for col in range(3):
            print(" " + str(board[row][col]) + " ", end="")
            if col < 2:
                print("|", end="")
        print()
        if row < 2:
            print("---+---+---")
```

Damit erhalten wir folgende Darstellung:

```
 X | X | X
---+---+---
 - | O | -
---+---+---
 - | O | -
```

Mögliche Erweiterungen

Falls Sie interessiert sind, diesen Prototyp zu einem Spiel weiterzuentwickeln, dann können Sie sich an folgenden Erweiterungen versuchen:

- Modellierung der Spielsteine als `Enum`
- Spieler dürfen nur abwechselnd ziehen
- Benutzereingabe für gewünschte Positionen
- Prüfung auf Gleichstand

12 Praxisbeispiel: CSV-Highscore-Liste einlesen

In diesem Kapitel verdeutlicht ein weiteres Praxisbeispiel die Verarbeitung von kommaseparierten Daten, auch CSV (Comma Separated Values) genannt. Statt trockener Anwendungsdaten nutzen wir als Eingabe eine Liste von Spielständen.

Stellen wir uns eine x-beliebige Spieleapplikation vor, die es einem Spieler erlaubt, entsprechende Punktzahl vorausgesetzt, sich in einer Highscore-Liste zu verewigen.

12.1 Verarbeitung von Spielständen (Highscores)

Die Highscores werden mithilfe eines `namedtuple` wie folgt modelliert:

```python
from collections import namedtuple

Highscore = namedtuple('Highscore', 'name points level')
```

Einlesen der Highscores

Nehmen wir weiterhin an, die Spielstände wären kommasepariert etwa wie folgt in Form einer Datei `Highscores.csv` gespeichert. In diesem Beispiel sind bewusst auch fehlerhafte Einträge dargestellt, die dazu dienen, die Implementierung einer robusten Fehlerbehandlung zu demonstrieren und zu testen:

```
# Name, Punkte, Level
Matze,    1000,    7
Peter,     985,    6
ÄÖÜßöäü,   777,    5

# Fehlender Level
Peter,     985,

# Falsches Format des Levels
Peter,     985,    A6
```

Betrachten wir nun die Implementierung zum Einlesen der dargestellten Datei mit Spielständen. Erwähnenswert ist, dass im Sourcecode verschiedene praktische Dinge, etwa `readlines()` sowie das Resource Handling mit `with`, genutzt werden:

```
from highscore import Highscore # unser NamedTuple


def read_highscores_from_csv(file_name):
    highscores = []

    try:
        with open(file_name, 'r') as file:
            lines = file.readlines()

            for line in lines:
                highscore = extract_highscore_from(line)
                if highscore:
                    highscores.append(highscore)

    except IOError:
        print("processing of file '", file_name, "' failed!")

    return highscores
```

Aus den einzelnen Zeilen müssen wir die Informationen extrahieren. Dies erledigt die im Anschluss gezeigte Funktion `extract_highscore_from()`.

12.2   Extraktion der Daten

Die jeweilige Zeile wird durch Aufruf der Funktion `split()` in einzelne Bestandteile unterteilt. Wir stellen zuerst sicher, dass die erwartete Anzahl an Werten vorliegt. Leer- oder Kommentarzeilen erkennen und überspringen wir durch die Funktion `is_empty_line_or_comment()`.

Liegen alle Daten im gewünschten Format vor, wird daraus ein `Highscore`-Objekt erstellt. Unvollständige oder ungültige Objekte sind somit ausgeschlossen. Im Fehlerfall wird `None` zurückgeliefert:

```
def extract_highscore_from(line):
    values = line.split(",")

    # Behandlung von Leerzeilen, Kommentaren und unvollständigen Einträgen
    if is_empty_line_or_comment(values) or len(values) != 3:
        return None

    try:
        # Auslesen der Werte als String + Typprüfung
        name = values[0].strip()
        points = int(values[1].strip())
        level = int(values[2].strip())

        return Highscore(name, points, level)

    except ValueError:
        print("Skipping invalid point or level value '", values, "'")

    return None
```

Zum Erkennen einer Leerzeile oder eines Kommentars dient folgende Hilfsmethode:

```python
def is_empty_line_or_comment(values):
    return ((len(values) == 1 and len(values[0].strip()) == 0) or
            # Ignoriere Kommentare, die auch ',' oder ';' enthalten
            (len(values) >= 1 and values[0].strip().startswith("#")))
```

Einen Hinweis möchte ich noch geben. Die Prüfung `len(values[0].strip()) == 0` auf einen leeren String kann man auch wie folgt gestalten: `not values[0].strip()` – wobei Ersteres für mich auf dieser technischen Ebene adäquater erscheint, das Zweite jedoch eher als pythonic gilt.

Die folgende `main()`-Funktion ruft die realisierte Funktionalität auf:

```python
def main():
    highscores_from_csv = read_highscores_from_csv("Highscores.csv")
    print("Highscores:")
    for highscore in highscores_from_csv:
        print(highscore)


if __name__ == "__main__":
    main()
```

Das Programm liest alle Werte aus der Datei `Highscores.csv` ein und filtert nicht valide Daten heraus – inklusive einer Protokollierung. Anschließend werden dann alle korrekten Daten als Liste zurückgeliefert und auf der Konsole ausgegeben:

```
Skipping invalid point or level value ' ['Peter', '     985', '\n'] '
Skipping invalid point or level value ' ['Peter', '     985', '   A6\n'] '
Highscores:
Highscore(name='Matze', points=1000, level=7)
Highscore(name='Peter', points=985, level=6)
Highscore(name='ÄÖÜßöäü', points=777, level=5)
```

Nachdem wir – eine Ausführung des Programms vorausgesetzt – die Klasse konkret in Aktion erlebt haben, möchte ich noch auf einige Dinge etwas genauer eingehen.

12.3   Besonderheiten der Implementierung

Behandlung von Fehlern beim Öffnen der Datei

Im Falle eines Fehlers beim Öffnen der Datei `Highscores.csv` protokollieren wir mögliche Probleme bei der Verarbeitung. In jedem Fall werden durch den Einsatz von Automatic Resource Management (`with`) (vgl. Abschnitt 9.3) automatisch Aufräumarbeiten durchgeführt. Dadurch werden allozierte Systemressourcen wieder freigegeben. Auch die Applikation kann geregelt weiterarbeiten. Sie erhält in diesem Fall entweder eine leere Highscore-Liste oder eine, die mit den Daten gefüllt ist, die bis zum Auftreten des Problems eingelesen werden konnten.[1] Alternativ könnte man Exceptions an die Applikation durchreichen und dort eine Fehlermeldung erzeugen.

---

[1]Das Verhalten kann manchmal problematisch sein, etwa wenn die Forderung nach »alles oder nichts« besteht.

Behandlung von Leerzeilen und Kommentaren

Die eingelesenen Zeilen werden mithilfe der Methode `split()` gemäß dem übergebenen Trennzeichen in Einzelbestandteile zerlegt. Als Ergebnis erhält man eine Liste mit Werten, die der Hilfsmethode `is_empty_line_or_comment()` als Eingabe
dient. Dort erfolgen verschiedene Prüfungen, die es erlauben, sowohl Leerzeilen als
auch Kommentarzeilen bei der Auswertung zu überspringen.

Solche Hilfsmethoden sorgen für mehr Lesbarkeit im eigentlichen Applikations-
code und halten diesen frei von Implementierungsdetails.

Ignorieren von unvollständigen Eingaben

Beim Einlesen von textuellen Daten aus CSV-Dateien kann man Inkonsistenzen in den
gespeicherten Daten nicht ausschließen. So etwas sollte die Auswertung berücksichti-
gen und fehlertolerant darauf reagieren. In diesem Beispiel erfolgt bei unvollständiger
Angabe von Informationen einfach keine Verarbeitung der Zeile und das Parsing wird
mit der nächsten Zeile der Eingabe fortgesetzt. Alternativ kann es aber im Falle von
Fehlern sinnvoll sein, entweder gar keine Daten zu lesen oder zusätzlich noch eine Liste mit Fehlern aufzubereiten.

Auswertung der Informationen

Sind alle benötigten Daten vorhanden, d. h., liegen genau drei Tokens in der Eingabe
vor, so werden mögliche führende und nachfolgende Leerzeichen der Eingabewerte
durch einen Aufruf der Funktion `strip()` entfernt. Dadurch ist es bei der Angabe in
der CSV-Datei erlaubt, beliebig viele Leerzeichen zur Ausrichtung der Daten zu verwenden, ohne dass sich dies auf die Daten selbst auswirkt. Der textuelle Wert für den
Namen wird ohne weitere Prüfung übernommen. Die beiden Zahlenwerte werden durch
Aufruf von `int()` in einen `int`-Wert umgewandelt. Wird in der Eingabe keine Zahl
angegeben, so löst dies einen `ValueError` aus und es wird kein `Highscore`-Objekt
erzeugt. Neben der eher syntaktischen Prüfung auf Ganzzahl (indirekt durch die Umwandlung mit `int()`) könnte man mithilfe einer Prüfmethode `validate_inputs()`
eine weiter gehende semantische Prüfung durchführen, um etwa negative Level- oder
Punktzahlen zurückzuweisen. Darüber hinaus gibt es bestimmt noch eine Obergrenze
der Level usw., die zu prüfen wären.

13 Praxisbeispiel: Worträtsel

In diesem Kapitel geht es um das Generieren von Worträtseln. Diese sind Ihnen vermutlich aus Zeitschriften bekannt. Die Herausforderung besteht darin, in einem wilden Mix aus scheinbar zufälligen Buchstaben verschiedene dort versteckte Begriffe zu finden. Unsere Aufgabe ist es nun, ein solches Worträtsel auf Basis einer Liste von Wörtern zu generieren. Es soll etwa wie nachfolgend gezeigt aussehen – hier habe ich einige Begriffe schon speziell markiert und in der unteren Wortliste durchgestrichen.

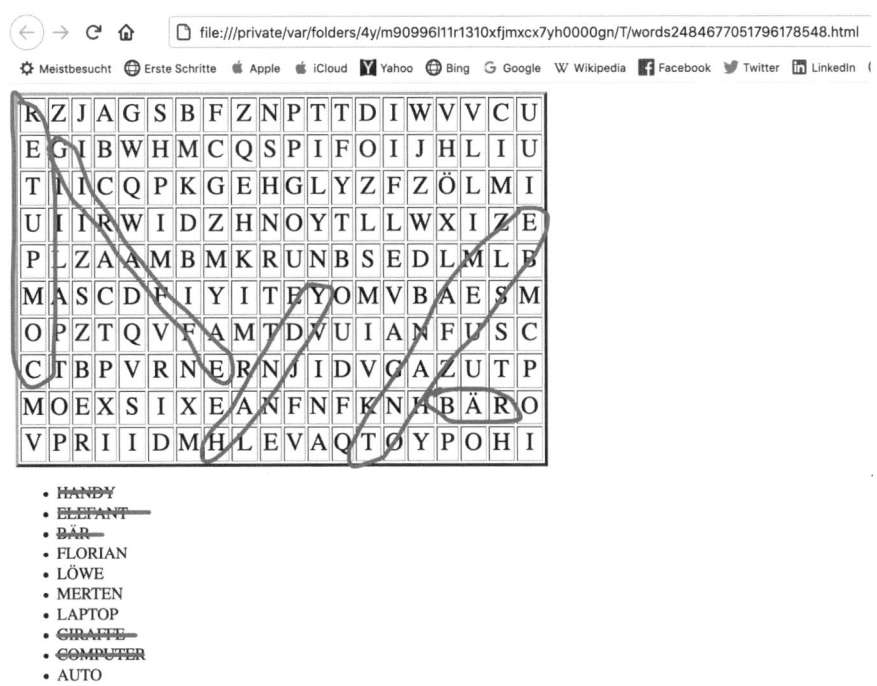

Abbildung 13-1 *Worträtsel als HTML im Browser*

Bei der Implementierung wollen wir Grundlagen eines guten Programmierstils und auch ein paar APIs kennenlernen bzw. das Wissen darüber vertiefen. Insbesondere wollen wir das Prinzip »Separation of Concerns« in Form der Trennung von Datenmodell und dessen Visualisierung beachten. Weitere Bestandteile der Applikation sind der Datenimport sowie die Generierung von einfachem HTML.

13.1 Applikationsdesign – Vorüberlegungen zur Strukturierung

In diesem Praxisbeispiel lege ich besonderen Wert darauf, eine logische Struktur aufzubauen, sodass die Implementierungen einen lesbaren Ablauf ähnlich zu einer Geschichte beschreiben und eher wenig technische Details zeigen. Das erfordert in der Regel die Erstellung einiger Hilfsmethoden und Hilfsklassen.

Basierend auf den bereits verfügbaren Informationen machen wir uns daran, die Struktur der Applikation grob festzulegen. Es ist von unschätzbarem Wert, sich initial Gedanken zu machen und ein gutes Verständnis für die zu lösende Aufgabe zu gewinnen. Mit diesem Wissen erstellt man sich einen groben Bauplan. Dabei geht es vor allem um Zuständigkeiten, aber nicht um konkrete Methoden. Das kann man in weiteren Schritten festlegen – einiges ergibt sich aber auch erst beim Implementieren. Lassen Sie uns nun starten.

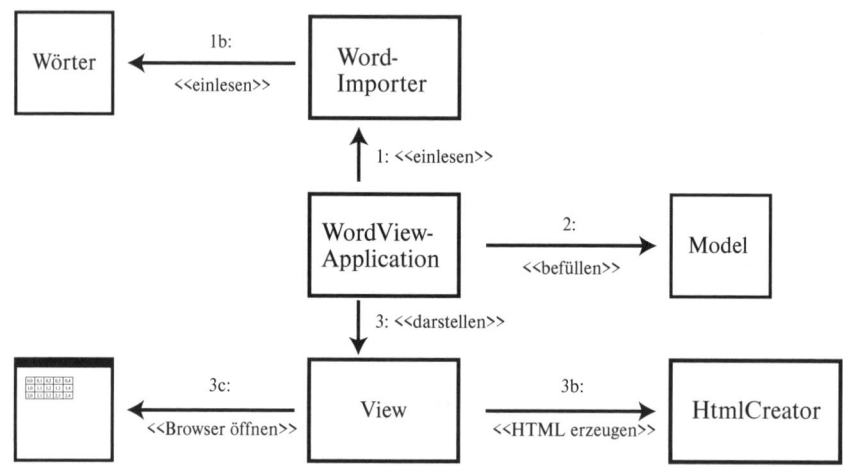

Abbildung 13-2 Applikationsdesign

13.2 Einlesen der verfügbaren Wörter

Beginnen wir mit der leichtesten Aufgabe, nämlich dem Anlegen einer Datei mit Wörtern. Damit das Ganze später programmatisch etwas anspruchsvoller wird, wollen wir dort Kommentarzeilen, eingeleitet durch #, sowie Leerzeilen erlauben. Beides soll selbstverständlich herausgefiltert werden.

Exemplarische Datei mit Wörtern

Gegeben sei etwa folgende Datei mit Wörtern:

```
# Dinge
Auto
Computer
Bildschirm
Laptop
Handy
Stuhl

# Tiere
Tiger
Löwe
Elefant
Nashorn
Giraffe
Bär

# Namen
Michael
Tim
Merten
Florian
Clemens
```

Implementierung der Klasse `WordImporter`

Für das Einlesen der möglichen Wörter greifen wir auf die bereits vorgestellte Methode `readlines()` (vgl. Abschnitt 8.1.7) zurück, die alle Zeilen einer Datei als String einliest. Mit der Funktion `is_relevant()` entfernen wir leere Zeilen oder solche mit Kommentaren. Das Ganze implementieren wir folgendermaßen:

```python
def import_words():
    words = []
    file_name = "words.txt"
    try:
        with open(file_name, 'r', encoding='utf-8') as file:
            lines = file.readlines()

            for line in lines:
                word = line.strip().upper()
                if is_relevant(word):
                    words.append(word)

    except IOError:
        print("processing of file '", file_name, "' failed!")

    return words


def is_relevant(word):
    return word and not is_comment(word)


def is_comment(word):
    return word.startswith("#") or word.startswith("//")
```

13.3   Hilfsdatenstrukturen

Die Implementierung des Versteckens von Wörtern wird vereinfacht, wenn wir die möglichen Richtungen in Form eines `Enum` samt einer Schrittweite in x- und y-Richtung modellieren:

```python
from enum import Enum
from collections import import namedtuple

dxdy = namedtuple('dxdy', ['dx', 'dy'])

class Direction(Enum):
    N = dxdy(0, -1)
    NE = dxdy(1, -1)
    E = dxdy(1, 0)
    SE = dxdy(1, 1)
    S = dxdy(0, 1)
    SW = dxdy(-1, 1)
    W = dxdy(-1, 0)
    NW = dxdy(-1, -1)
```

Zudem wollen wir Positionen nicht separat in Form zweier Variablen für die x- und y-Position, sondern als eine Einheit repräsentieren. Dabei hilft uns folgende Klasse:

```python
class Position:
    def __init__(self, x, y):
        self.x = x
        self.y = y

    def adjust_to_dir(self, direction):
        return Position(self.x + direction.value.dx,
                        self.y + direction.value.dy)
```

Als Besonderheit sehen wir, wie elegant sich eine Positionsänderung basierend auf dem zuvor definierten `Enum` realisieren lässt. Wir wollen unveränderliche Daten modellieren, daher erzeugen wir in `adjust_to_dir()` einfach ein neues `Position`-Objekt mit angepassten Koordinaten.

13.4   Datenmodell

Bislang haben wir uns um kleinere Bausteine gekümmert, die wir für unsere Applikation benötigen. Das Herzstück bildet das Modell, das sämtliche für das Programm relevanten Daten verwaltet.

13.4.1   Datenspeicherung und Initialisierung

Wie angedeutet, verwaltet das Modell sowohl die zur Verfügung stehenden als auch die versteckten Wörter in Form von Listen und bietet eine Abstraktion für das Spielfeld. Das Spielfeld selbst wird als zweidimensionale verschachtelte Liste realisiert. Damit sieht die Implementierung wie folgt aus:

```python
import random

from ch13_wordraetsel.Direction import Direction
from ch13_wordraetsel.Position import Position


class Model:
    MAX_TRIES = 5

    def __init__(self, words_to_use, words_to_place):
        self.all_possible_words = []
        self.words_to_search = []
        self.board = []

        print(words_to_use)
        self.all_possible_words += words_to_use
        self.prepare_board(words_to_place)

    def prepare_board(self, words_to_place):
        self.initialize_empty_board()
        self.place_words(words_to_place)
        self.fill_up_with_random_chars()

    def initialize_empty_board(self):
        self.board = [[' ' for x in range(self.get_board_width())]
                      for y in range(self.get_board_height())]

    def get_words_to_search(self):
        return self.words_to_search

    def get_at(self, x, y):
        return self.board[y][x]

    def get_board_width(self):
        return 20

    def get_board_height(self):
        return 10

    // ...
```

13.4.2 Zufällige Wahl von Richtung, Position, Wort und Buchstabe

Im Modell benötigen wir für diverse Aktionen zufällige Werte aus einem vorgegebenen Wertebereich. Dafür greifen wir auf den Python-Standard aus dem Modul `random` zurück.

Damit realisieren wir dann die Bestimmung einer zufälligen Richtung und Position. Ebenfalls kommt dies zur zufälligen Wahl eines beliebigen Worts aus der Liste der verfügbaren Wörter sowie auch zufälliger Buchstaben folgendermaßen zum Einsatz:

```
// ...

def choose_random_direction(self):
    return random.choice(list(Direction))

def choose_random_position(self):
    random_x = random.randint(0, self.get_board_width())
    random_y = random.randint(0, self.get_board_height())

    return Position(random_x, random_y)

def choose_random_word(self):
    return random.choice(self.all_possible_words)

def random_char(self):
    return chr(random.randrange(65, 65 + 26))

// ...
```

13.4.3 Algorithmus zum Verstecken von Wörtern

Kommen wir zum Platzieren von Wörtern in der Funktion `place_words(int)`, die die Anzahl zu versteckender Wörter als Parameter erhält. Wir durchlaufen eine Schleife, solange wir noch nicht die übergebene Anzahl an Wörtern versteckt haben. Das Platzieren eines Worts ist in die Methode `place_single_word()` ausgelagert. Diese gibt `True` zurück, falls sie ein zufällig gewähltes Wort erfolgreich platzieren konnte. Als Folge wird der Zähler heruntergezählt, das entsprechende Wort aus der Liste der möglichen Kandidaten entfernt und in die Liste der zu suchenden Begriffe aufgenommen. Für den vermutlich seltenen Fall, dass ein Wort trotz mehrerer Versuche nicht auf das Spielfeld passt, wird ein Zähler für nicht erfolgreich platzierte Wörter erhöht. Tritt dieser Fall 5 Mal auf, so wird das Verstecken (vorzeitig) abgebrochen, da kaum mehr mit weiteren erfolgreichen Platzierungen zu rechnen ist und man dann das Rätsel einfach mit weniger Begriffen fertigstellen kann:

```
// ...

def place_single_word(self):
    word_fits = False
    word = self.choose_random_word()

    current_try = 0
    while current_try < self.MAX_TRIES and not word_fits:
        pos = self.choose_random_position()
        direction = self.choose_random_direction()

        word_fits = self.word_fits_on_board(word, pos, direction)
        if word_fits:
            self.put_word_on_board(word, pos,  direction)
            self.all_possible_words.remove(word)
            self.words_to_search.append(word)

        current_try += 1

    return word_fits

// ...
```

13.4.4   Wort prüfen und platzieren

Für jedes Wort, das wir im Spielfeld verstecken wollen, müssen wir sicherstellen, dass es ausgehend von der Startposition und der gewünschten Richtung vollständig auf dem Spielfeld platziert werden kann. Mit einer `for`-Schleife prüfen wir für jeden Buchstaben und dessen durch ein `Position`-Objekt repräsentierter Position, ob diese gültig ist, d. h. auf dem Spielfeld liegt und noch unbelegt ist. In dem Fall wird die Position gemäß der gewählten Richtung angepasst. Andernfalls wird das Ganze abgebrochen.

```
// ...

def word_fits_on_board(self, word, start_pos, direction):
    pos = start_pos

    for ch in word:
        if self.is_on_board(pos) and self.is_empty_cell_pos(pos):
            pos = pos.adjust_to_dir(direction)
        else:
            return False

    return True

// ...
```

Das Platzieren eines Worts läuft analog, jedoch benötigt es die Prüfungen dort nicht, da das ja bereits durch `word_fits_on_board()` geprüft wurde.

```
// ...

def put_word_on_board(self, word, start_pos, direction):
    pos = start_pos

    for ch in word:
        self.board[pos.y][pos.x] = ch
        pos = pos.adjust_to_dir(direction)

// ...
```

Weitere Hilfsmethoden und Auffüllen mit zufälligen Buchstaben

Zum Schluss verbleiben nur noch ein paar Hilfsfunktionen. Zunächst einmal eine solche, die für eine gegebene Position feststellt, ob diese in den Grenzen des Spielfelds liegt. Darüber hinaus fehlt noch eine Prüfung auf leere Zellen und schließlich das Auffüllen der leeren Zellen mit zufälligen Buchstaben. Dazu muss man lediglich zwei verschachtelte Schleifen nutzen, die für jede Position prüfen, ob diese leer ist, und in dem Fall diese mit einem zufälligen Buchstaben besetzen:

```
// ...

def is_on_board(self, pos):
    return 0 <= pos.y < self.get_board_height() and \
           0 <= pos.x < self.get_board_width()

def is_empty_cell_pos(self, pos):
    return self.is_empty_cell(pos.x, pos.y)

def is_empty_cell(self, x, y):
    return self.board[y][x] == ' '

def fill_up_with_random_chars(self):
    for y in range(self.get_board_height()):
        for x in range(self.get_board_width()):
            if self.is_empty_cell(x, y):
                self.board[y][x] = self.random_char()
```

Mit diesem Programmschnipsel ist die Implementierung der Klasse `Model` vollständig. Alles Weitere ist deutlich kürzer, auch weniger komplex und damit leichter verständlich zu realisieren. Machen wir also mit der HTML-Erzeugung weiter.

13.5   HTML-Erzeugung

Wenden wir uns der Aufbereitung der Ausgabe in HTML zu. Die Hilfsklasse `Html-Creator` besteht im Wesentlichen aus textuellem HTML. Dabei profitiert man von den mehrzeiligen Strings. An geeigneten Stellen müssen wir noch die Daten integrieren. Dazu dienen die Methoden `create_table()` und `create_word_list()`. Erstere erstellt eine einfache HTML-Repräsentation einer Tabelle und greift dazu auf die vom

Modell bereitgestellten Informationen zu Dimensionen mit `get_board_height()` und `get_board_width()` sowie die einzelnen Buchstaben mit `get_at()` zu. Zur Aufbereitung der Liste mit den versteckten Wörtern bietet das Datenmodell eine korrespondierende Methode namens `get_words_to_search()`.

```python
class HtmlCreator:
    def __init__(self, model):
        self.model = model

    def export_as_html(self):
        result = """      <html>
                        <head>
                            <style>
                                td {
                                    font-size: 18pt;
                                }
                            </style>
                        </head>
                        <body>
                        """

        result += self.create_table()
        result += self.create_word_list()

        result += """      </body>
                        </html>
                        """

        return result

    def create_word_list(self):
        result = "<ul>"

        for word in self.model.get_words_to_search():
            result += "<li>" + word + "</li>"

        result += "</ul>"

        return result

    def create_table(self):
        result = "<table border = '3' style='text-align:center'"

        for y in range(self.model.get_board_height()):
            result += "<tr>"
            for x in range(self.model.get_board_width()):
                result += "<td>" + self.model.get_at(x, y) + "</td>"
            result += "</tr>"

        result += "</table>"

        return result
```

Falls die Aufbereitung der Start- und End-HTML-Bestandteile noch komplizierter wird oder man die Struktur einfach noch etwas klarer gestalten möchte, bietet es sich an, zwei Funktionen `create_start_html()` bzw. `create_end_html()` zu extrahieren.

13.6 Ausgabe als HTML und Darstellung im Browser

Die Klasse `View` ist für die Darstellung zuständig, etwa die Ausgabe auf der Konsole bzw. als HTML. Während sich Ersteres direkt mit zwei ineinander geschachtelten Schleifen lösen lässt, wird Letzteres zum Teil an die Hilfsklasse `HtmlCreator` delegiert. Schließlich wird das HTML als String in eine Datei geschrieben und mit der Funktion `open()` des Moduls `webbrowser` im Browser angezeigt:

```python
import webbrowser
from os import path

from ch13_wordraetsel.HtmlCreator import HtmlCreator


class View:
    def __init__(self, model):
        self.model = model

    def display_on_console(self):
        for y in range(self.model.get_board_height()):
            for x in range(self.model.get_board_width()):
                print(self.model.get_at(x, y), end ="")
            print()

        print("Search for: ", self.model.get_words_to_search())

    def display_in_browser(self):
        html_file = self.create_html()

        path_ = path.realpath(html_file.name)
        webbrowser.get("firefox").open("file:///" + path_)

    def create_html(self):
        html = HtmlCreator(self.model).export_as_html()

        html_file = open("words.html", "w+")
        html_file.write(html)

        return html_file
```

13.7 Hauptapplikation

Die Hauptapplikation `WordViewApplication` nutzt den `WordImporter`, um alle möglichen Wörter einzulesen. Diese werden bei der Konstruktion einer Instanz der Klasse `Model` übergeben. Bekanntermaßen sorgt diese intern für eine zufällige Auswahl und das Platzieren der Wörter sowie das Auffüllen mit zufälligen Buchstaben.

Danach können wir das Spielfeld auf der Konsole ausgeben und im Browser anzeigen. Die dazu genutzte Klasse `View` erhält dafür das zuvor erzeugte `Model`.

Vorher betrachten wir, wie lesbar sich die Applikation aufgrund der gut gewählten Einzelbausteine implementieren lässt:

```
from ch13_wordraetsel import WordImporter
from ch13_wordraetsel.Model import Model
from ch13_wordraetsel.View import View

words_to_use = WordImporter.import_words()

model = Model(words_to_use, 10)

view = View(model)
view.display_on_console()
view.display_in_browser()
```

Führen wir das Programm aus, so erhalten wir etwa folgende Konsolenausgabe:

```
RZJAGSBFZNPTTDIWVVCU
EGIBWHMCQSPIFOIJHLIU
TIICQPKGEHGLYZFZÖLMI
UIIRWIDZHNOYTLLWXIZE
PLZAAMBMKRUNBSEDLMLB
MASCDFIYITEYOMVBAESM
OPZTQVFAMTDVUIANFUSC
CTBPVRNERNJIDVGAZUTP
MOEXSIXEANFNFKNHBÄRO
VPRIIDMHLEVAQTOYPOHI
Search for: [HANDY, ELEFANT, BÄR, FLORIAN, LÖWE, MERTEN, LAPTOP, GIRAFFE,
      COMPUTER, AUTO]
```

Zudem wird ein Browserfenster bzw. ein neuer Tab mit folgendem Inhalt geöffnet:

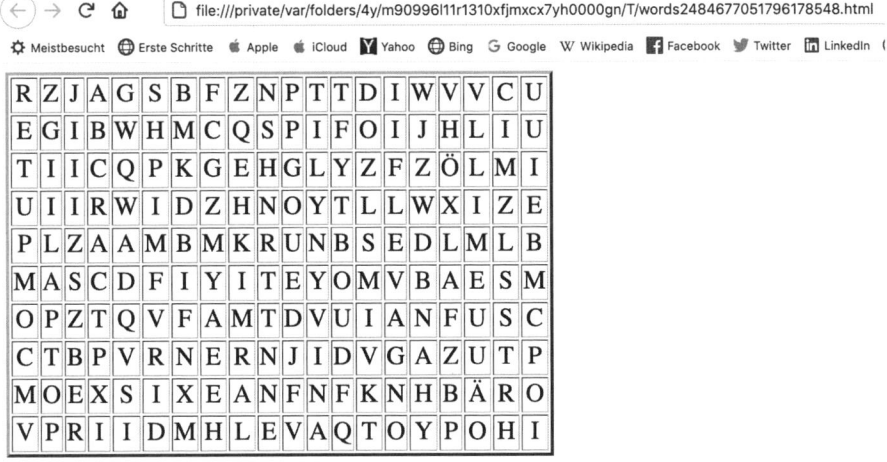

Abbildung 13-3 *Worträtsel als HTML im Browser*

13.8 Fazit

Diese von der Funktionalität und der Anzahl an Klassen etwas komplexere Applikation ließ sich aufgrund der Vorüberlegungen zum Design und der Aufteilung in einzelne Bausteine bzw. Funktionseinheiten ziemlich verständlich implementieren.

Für eigene Experimente möchte ich Ihnen ein ähnliches Vorgehen ans Herz legen. Dadurch werden sich Erfolge vermutlich viel schneller und nachhaltiger einstellen als mit der zu oft praktizierten »Vom-Hirn-direkt-in-die-Tastatur«-Methode, bei der man direkt ohne viel Überlegen loslegt und sich dadurch fast zwangsläufig diverse kleinere und größere Denk- sowie Implementierungsfehler einschleichen.

Mit etwas Nachdenken und dem Erstellen eines initialen Designs – wie hier praktiziert – entstehen kleine Bausteine. Diese bieten neben der Übersichtlichkeit den Vorteil, dass man sie oftmals besser prüfen bzw. testen kann. Dabei helfen Unit Tests, die in Abschnitt 14.3 kurz vorgestellt werden.

IV Schlussgedanken

14 Gute Angewohnheiten

Dieses Kapitel stellt Ihnen ein paar Dinge zu gutem Programmierstil vor. Das umfasst ein paar sogenannte Coding Conventions, also Regeln beim Programmieren. Dann zeige ich noch, wie sich einige davon mit Tools prüfen lassen und wie man Programme mit Pytest testen und dadurch Fehler vermeiden kann.

14.1 Grundregeln eines guten Programmierstils

Im Laufe der Zeit werden sich immer mal wieder neue Wünsche oder Ideen für bisher implementierte Programme ergeben. Wenn Sie dann Änderungen und Anpassungen vornehmen müssen oder wollen, ist es von großem Vorteil, wenn der Sourcecode übersichtlich und gut lesbar ist. Dies erleichtert das Verständnis.

14.1.1 Keep It Human-Readable

Für den Computer ist das Kriterium der Lesbarkeit vollkommen unbedeutend, solange das Programm syntaktisch korrekt ist. Diese syntaktische Korrektheit sagt aber noch gar nichts aus. Selbst wenn das Programm auch noch semantisch korrekt ist, also keine inhaltlichen Fehler enthält, kann es immer noch fürchterlich strukturiert sein und damit jegliche Veränderung zur Qual werden lassen. Martin Fowler schreibt dazu Folgendes: »Any fool can write code that a computer can understand. Good programmers write code that humans can understand.« Übersetzt: *»Jeder Dummkopf kann Code schreiben, der für Computer verständlich ist. Gute Programmierer schreiben Code, den Menschen verstehen können«* [3].

Die gute Lesbarkeit hat verschiedene Aspekte. Als Basis dienen aussagekräftige und sprechende Namen für Klassen, Methoden, Funktionen und Attribute sowie Variablen. Gezielt eingesetzte erklärende Kommentare erleichtern das Verständnis und geben Kontextinformationen.

14.1.2 Keep it Understandable

Mir sind beim Programmieren und insbesondere für die Implementierungen in diesem Buch vor allem eine leichte Nachvollziehbarkeit sowie eine übersichtliche Strukturierung und damit später eine vereinfachte Wartbarkeit und Veränderbarkeit wichtig. Deshalb sind die gezeigten Implementierungen möglichst verständlich programmiert und dadurch ist vielleicht nicht jedes Konstrukt maximal kompakt. Dem Aspekt der guten Verständlichkeit möchte ich in diesem Buch den Vorrang geben. Auch in der Praxis kann man damit oftmals besser leben als mit einer schlechten Wartbarkeit, dafür aber einer kompakteren Programmierung.

Beispiel 1

Schauen wir uns zur Verdeutlichung ein kleines Beispiel an. Zunächst betrachten wir die lesbare, gut verständliche Variante zum Umdrehen des Inhalts eines Strings, die zudem sehr schön die beiden wichtigen Elemente des rekursiven Abbruchs und Abstiegs verdeutlicht:

```python
def reverse_string(input):
    # rekursiver Abbruch
    if len(input) <= 1:
        return input

    first_char = input[0]
    remaining = input[1:]


    # rekursiver Abstieg
    return reverse_string(remaining) + first_char
```

Die folgende deutlich kompaktere Variante bietet diese Vorteile nicht:

```python
def reverse_string_short(input):
    return input if len(input) <= 1 else \
        reverse_string_short(input[1:]) + input[0]
```

Überlegen Sie kurz, in welcher der beiden Funktionen Sie sich sicher fühlen, eine nachträgliche Änderung vorzunehmen. Und wie sieht es aus, wenn Sie noch Unit Tests ergänzen wollen: Wie finden Sie passende Wertebelegungen und Prüfungen?

Beispiel 2

Lassen Sie mich noch ein weiteres Beispiel anbringen, um meine Aussage zu verdeutlichen. Nehmen wir folgende der Standardfunktion `count()` nachempfundene Funktion `count_substrings()`, die die Anzahl der Vorkommen eines Strings in einem anderen zählt und für die beiden Eingaben "halloha" und "ha" das Ergebnis 2 liefert.

Zunächst implementieren wir das einigermaßen geradeheraus wie folgt:

```python
def count_substrings(input, value_to_find):
    # rekursiver Abbruch
    if len(input) < len(value_to_find):
        return 0

    count = 0
    remaining = ""


    # Startet der Text mit der Suchzeichenfolge?
    if input.startswith(value_to_find):
        # Treffer: Setze die Suche nach dem gefundenen
        # Begriff nach der Fundstelle fort
```

```
        remaining = input[len(value_to_find):]
        count = 1
    else:
        # entferne erstes Zeichen und suche erneut
        remaining = input[1:]

    # rekursiver Abstieg
    return count_substrings(remaining, value_to_find) + count
```

Schauen wir uns an, wie man dies kompakt zu realisieren versuchen könnte:

```
def count_substrings_short(input, value_to_find):
    return 0 if len(input) < len(value_to_find) else \
        (1 if input.startswith(value_to_find) else 0) + \
        count_substrings_short(input[1:], value_to_find)
```

Würden Sie lieber in dieser Funktion oder der zuvor gezeigten ändern?

Übrigens: Die untere enthält noch eine subtile funktionale Abweichung! Bei den Eingaben von "XXXX" und "XX" »konsumiert« die erste Variante immer die Zeichen und findet zwei Vorkommen. Die untere bewegt sich aber jeweils nur um ein Zeichen weiter und findet somit drei Vorkommen.

Und weiter: Die Integration der oben realisierten Funktionalität des Weiterschiebens um den gesamten Suchstring in die zweite Variante wird zu immer undurchsichtigerem Sourcecode führen. Dagegen kann man oben das Weiterschieben um nur ein Zeichen einfach umsetzen und diese Funktionalität dann sogar aus dem if herausziehen.

Blockkommentare in Listings

Beachten Sie bitte, dass sich in den Listings diverse Blockkommentare finden, die der Orientierung und dem besseren Verständnis dienen. In der Praxis sollte man derartige Kommentierungen mit Bedacht einsetzen und lieber einzelne Sourcecode-Abschnitte in Funktionen auslagern. Für die Beispiele des Buchs dienen diese Kommentare aber als Anhaltspunkte, weil die eingeführten oder dargestellten Sachverhalte für Sie als Leser vermutlich noch neu und ungewohnt sind.

```
# Startet der Text mit der Suchzeichenfolge?
if input.startswith(value_to_find):
    # Treffer: Setze die Suche nach dem gefundenen
    # Begriff nach der Fundstelle fort
    remaining = input[len(value_to_find):]
    count = 1
else:
    # entferne erstes Zeichen und suche erneut
    remaining = input[1:]
```

14.2   Coding Conventions

Neben meinen bereits präsentierten Gedanken zum Programmierstil möchte ich noch auf zwei Dinge zu Coding Conventions eingehen:

- PEP 8 – Coding Standard (PEP = Python Enhancement Proposal)
- Zen Of Python – Gedanken zu Python

14.2.1   PEP 8 – Coding Standard

Der offizielle Coding Standard ist als PEP 8 unter `https://www.python.org/dev/peps/pep-0008/` online verfügbar. Dieser soll dabei helfen, sauberen, einheitlichen und verständlichen Python-Code zu schreiben. Tendenziell legt man in der Python-Community mehr Wert auf schönen Sourcecode, als dies in anderen Sprachen der Fall ist. Generell ist aber »Hauptsache es funktioniert« keine nachhaltige Strategie, wie ich es auch bereits motiviert habe.

Allerdings gibt es ein paar wenige Dinge, über die man auch geteilter Meinung sein kann, etwa die Begrenzung der Zeilenlänge auf 79 Zeichen. Bei heutigen HiDPI-Monitoren und Auflösungen jenseits von Full HD sind sicher auch längere Zeilen von rund 120 Zeichen möglich. Aber allzu lang sollte eine Zeile auch nicht werden – vor allem wenn man einmal zwei Versionsstände einer Datei miteinander vergleichen möchte, kann dies sonst störend sein.

Tooling

Wie schon erwähnt, bietet sich PyCharm als IDE an und gibt direkt im Editor verschiedene Hinweise zum Stil und zu Verbesserungsmöglichkeiten. Eine Konfiguration kann man unter `Preferences -> Editor -> Code Style -> Python` (siehe Abbildung 14-1) sowie `Preferences -> Editor- > Inspections -> Python` (siehe Abbildung 14-2) vornehmen. Insbesondere gibt es bei letzterer die Möglichkeit, `PEP8 coding style violation` zu aktivieren.

Ergänzendes Tooling

Alternativ oder ergänzend können Sie das Tool `flake8` wie folgt installieren:

```
pip3 install flake8
```

Dieses hilft dabei, verschiedene potenzielle Probleme und Verstöße gegen die PEP 8 aufzudecken, wenn Sie es wie folgt aufrufen:

```
flake8 <mypythonmodule>.py mydirwithmodules ...
```

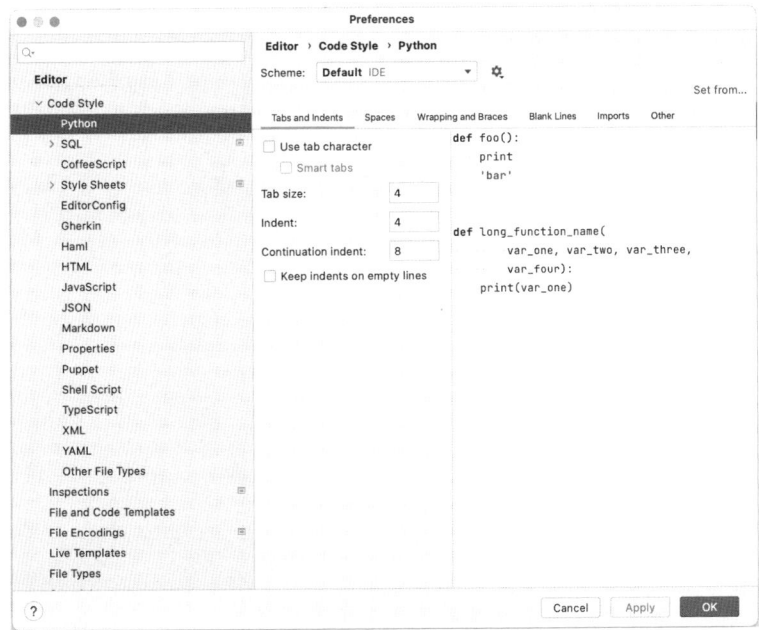

Abbildung 14-1 *Preferences → Code Style → Python*

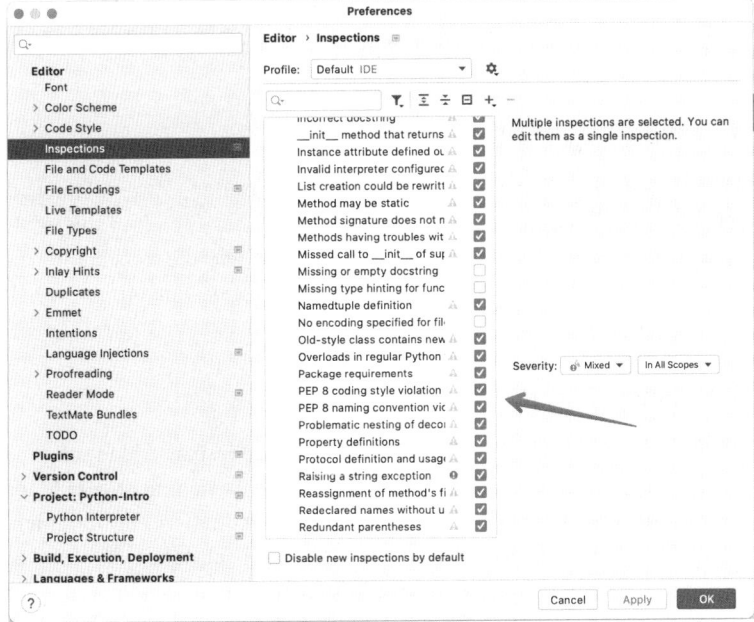

Abbildung 14-2 *Preferences → Inspections → Python*

14.2.2 Zen of Python

Interessanterweise ist in den Kommandozeileninterpreter eine Ausgabe von Stilhinweisen, auch als Zen of Python bekannt, eingebaut. Diese Hinweise erhält man durch folgenden Aufruf:

```
>>> import this
```

Es kommt zu folgender Ausgabe:

```
The Zen of Python, by Tim Peters
Beautiful is better than ugly.
Explicit is better than implicit.
Simple is better than complex.
Complex is better than complicated.
Flat is better than nested.
Sparse is better than dense.
Readability counts.
Special cases aren't special enough to break the rules.
Although practicality beats purity.
Errors should never pass silently.
Unless explicitly silenced.
In the face of ambiguity, refuse the temptation to guess.
There should be one-- and preferably only one --obvious way to do it.
Although that way may not be obvious at first unless you're Dutch.
Now is better than never.
Although never is often better than *right* now.
If the implementation is hard to explain, it's a bad idea.
If the implementation is easy to explain, it may be a good idea.
Namespaces are one honking great idea -- let's do more of those!
```

14.2.3 Namensgebung

Namensregeln lassen sich nur bedingt durch Tools prüfen. Zwar können diese gerade noch eine regelkonforme Schreibweise testen, aber für ein Tool ist der Name `dictionary` oder `list_` genauso gut oder schlecht wie die verständlichen Namen `name_to_person_dict` oder `device_list`. Daher ist es sinnvoll, etwas Selbstdisziplin walten zu lassen.

Vermeide Namenskürzel

Aussagekräftige Namen machen ein Programm besser lesbar. Abkürzungen und Namenskürzel können das Verständnis erschweren, wenn es sich nicht gerade um die gebräuchlichen Abkürzungen handelt. Im Extremfall verkümmert ein Variablenname zu einer kryptischen Zusammenstellung aus den Anfangsbuchstaben der Teilworte, etwa `nds` für `NotificationDeliveryService`. Manchmal und vor allem für gängige Abkürzungen (HTML, DB, XML) kann auch dies vernünftig sein. Oft leidet aber die Verständlichkeit ungemein. Als »Leckerbissen« hat mir ein Kollege die Variable `AAA` zugespielt ... nein, es hat nichts mit Batterien zu tun! Dies ist eine misslungene Abkürzung für eine boolesche Variable mit der Bedeutung »**A**lle **A**nschlüsse **A**nzeigen«.

Schauen wir uns ein weiteres Negativbeispiel an, das Kommentare nutzt, um den ansonsten unleserlichen Sourcecode zu beschreiben:

```
# Enthält den Maximalwert
val = -1

# Durchlaufe alle vorhandenen Tabellenzeilen
for i in range(50):
    val = max(val, values[i])
```

Die beiden Kommentare sind trivial, kaum hilfreich und sogar ein wenig irreführend. Natürlich vermutet man, dass es sich bei i um die Zeile handelt und dass val den Maximalwert ermitteln soll, aber warum schreibt man es dann nicht gleich wie folgt?

```
PERSON_TABLE_ROW_COUNT = 50

max_age = -1

for i in range(PERSON_TABLE_ROW_COUNT):
    max_age = max(max_age, person_ages[i])
```

Durch eine sinnvolle Benennung der Variablen, hier z. B. max_age statt val und person_ages statt values, wird nicht nur der Algorithmus (Berechnung des Maximums), sondern auch der dahinter liegende Sinn (maximales Alter der aufgelisteten Personen ermitteln) offensichtlich. Gut gewählte Namen sorgen also nicht nur für Verständlichkeit, sondern erlauben es auch, auf die initial angedeutete »Pseudokommentierung« zu verzichten.

Vermeide Variablennamen, die nur den Typ wiederholen

Manchmal findet man Sourcecode, in dem Variablennamen aus deren Typen hergeleitet werden. Derartige Variablennamen sind oftmals wenig verständlich, da sie keinen Hinweis auf den Einsatzzweck enthalten. Betrachten wir folgendes Beispiel:

```
dict = {}

list = []
```

Für einzelne temporäre Variablen kann es zum Teil schwierig sein, einen sinnvollen Namen zu finden – eine (reine) Nutzung des Typs ist trotzdem problematisch, weil hierdurch potenziell ein sogenanntes Shadowing erfolgt und danach der Built-in-Typ nicht mehr funktioniert. Nachfolgend ist dies für die eingebaute Standardfunktionalität min() gezeigt, die plötzlich zur Addition mutiert:

```
>>> min = lambda a, b: a + b
>>> min(7, 2)
9
```

Ebenso könnte man etwa die Listenfunktionalität durch eine unbedachte Namensgebung unzugreifbar machen:

```
>>> list("ABCDEF")
['A', 'B', 'C', 'D', 'E', 'F']
>>> list = []
>>> list("ABCDEF")
Traceback (most recent call last):
  File "<stdin>", line 1, in <module>
TypeError: 'list' object is not callable
```

Zudem wird die reine Verwendung von Typnamen problematisch, wenn mehrere Objekte gleichen Typs verwendet werden:

```
list = []
list2 = []
list3 = []
```

Zur Unterscheidung muss man die Objekte irgendwie kennzeichnen. Meistens werden diese dann einfach durchnummeriert. Dabei stellt sich die Frage nach der Namenskonsistenz: Wird das erste Objekt mit einer »0« oder einer »1« gekennzeichnet oder noch schlimmer: Erhält der Name, wie im obigen Beispiel, keinen Zusatz?

Verwende sinnvolle, konsistente Namen

Wie bereits angemerkt, helfen sinnvoll gewählte Namen, ein Programm nachvollziehbar zu machen, lassen sich aber leider nicht durch Tools prüfen. Für die Lesbarkeit und die Semantik ist man als Entwickler demnach selbst verantwortlich.

Greifen wir das obige Beispiel wieder auf. Nehmen wir an, die drei Listen würden zur Modellierung von Veränderungen des Inhalts eines Verzeichnisses genutzt. Folgende Namensgebung macht diesen Sachverhalt intuitiv klar:

```
new_files = []
changed_files = []
removed_files = []
```

Eine Verwechselung von `list1` und `list2` aus dem vorherigen Beispiel ist leicht möglich. Bei der Namensgebung `changed_files` und `removed_files` ist eine Verwechselung nahezu ausgeschlossen.

Hinweis: Vorteil sprechender Namen

Achten Sie darauf, möglichst gut lesbaren Sourcecode zu schreiben. Der Grund ist einfach folgender: Sie werden Sourcecode z. B. im Rahmen von Erweiterungen oder Bugfixes viel häufiger lesen und verstehen müssen, als Dinge neu zu schreiben.

14.2.4   Dokumentation

Vermeide Kommentare, die nur den Ablauf beschreiben

Ist ein Abschnitt des Sourcecodes trotz guter Formatierung und sinnvoller Namens-gebung von Variablen, Attributen, Funktionen und Methoden noch nicht ausreichend verständlich, so sollten kurze Kommentare eingefügt werden.

Manchmal wird diese Regel falsch ausgelegt und es werden selbst *einfache* Pro-grammstellen kommentiert: Man findet dann häufig Beschreibungen zum Ablauf bzw. zur Ausführung des Sourcecodes, nicht aber zu dessen Ziel. Das haben wir schon im Beispiel der Namensgebung gesehen. Es wird nun nochmals aufgegriffen:

```
# SCHLECHTER KOMMENTAR: 365 Tage durchlaufen
for tag in range(365))
    gesamt_umsatz += tages_umsatz[tag]
```

Es ist viel sinnvoller, zu beschreiben, warum hier eine zwar durch den Variablennamen naheliegende, aber zunächst willkürliche Grenze von 365 Durchläufen verwendet wird, statt nur die offensichtliche Abbruchbedingung der Schleife zu kommentieren. Eine Verbesserung des Kommentars und der Implementierung, die auch Schaltjahre korrekt behandeln kann, könnte so aussehen – der Kommentar ist jetzt nahezu überflüssig:

```
# KORREKTUR: Gesamtumsatz aus den Tagesumsätzen eines Jahres berechnen
tage_im_jahr = len(tages_umsatz)
for tag in range(tage_im_jahr))
    gesamt_umsatz += tages_umsatz[tag]
```

14.2.5   Programmdesign

Prüfe Rückgabewerte und behandle Fehlersituationen

Rückgabewerte von Funktionen sollten vom Aufrufer ausgewertet werden, damit ange-messen auf eine mögliche Fehlersituation reagiert werden kann. Geschieht dies nicht, so werden Fehler verschleiert oder sie machen sich entweder gar nicht oder nur durch merkwürdiges Programmverhalten bemerkbar.

Beachte die maximale Funktionslänge von ca. 30–50 Zeilen

Eine Funktion sollte genau eine Teilaufgabe realisieren. Leider sieht man teilweise eine Verquickung von Informationsbeschaffung und -verarbeitung. Das stört die sogenann-te Orthogonalität (freie Kombinierbarkeit) und Wiederverwendbarkeit. Funktionen und Methoden können dann nicht wie kleine Bausteine zu neuen, größeren Einheiten kom-biniert werden.

Beachte die maximale Klassenlänge von ca. 500–1000 Zeilen

Eine Klasse sollte nur für einen Aufgabenbereich zuständig sein. Wird eine Klasse immer länger, so deutet dies darauf hin, dass sie für zu viele verschiedene Dinge verantwortlich ist. Wie bereits für die Funktionslänge angedeutet, stört dies die Orthogonalität und Wiederverwendbarkeit – in diesem Fall der Klasse.

14.2.6 Parameterlisten

Halte die Parameterliste kurz

Aus der Psychologie ist bekannt, dass ein Mensch sich etwa 7 ± 2 Dinge im Kurzzeitgedächtnis merken kann. Daher sollte man maximal sieben Parameter verwenden. Übersichtlicher sind natürlich weniger Parameter, am besten nur ein bis vier.

Halte die Reihenfolge von Parametern bei Methodenaufrufen konsistent

Besitzen verschiedene Methoden gleiche Parameter und rufen sich auf, so sollte die Reihenfolge möglichst einheitlich gehalten werden. Folgendes Listing zeigt ein Negativbeispiel: Die Parameter `a` und `b` sind für die Methoden `do_this()` und `do_that()` in ihrer Reihenfolge vertauscht:

```python
def do_this(a, b):
    return do_that(b, a)


def do_that(b, a):
    pass
```

Warum ist das ungünstig? Die Begründung ist einfach: Ändert sich die Reihenfolge der Parameter ständig, so wird das Verwenden der Funktionen mühselig, da man sich jedes Mal wieder Gedanken über die Aufrufreihenfolge machen muss. Zudem kann durch Vertauschen der Position eines Parameters diesem eine andere semantische Bedeutung gegeben werden. Solche Fehler sind schwierig zu finden.

14.2.7 Logik und Kontrollfluss

Vermeide explizite `True`-/`False`-Literale in `if`-/`while`-Anweisungen

Verwendet man in Abfragen von booleschen Variablen explizit die Schlüsselwörter `True` oder `False`, so wird dies sperrig und unleserlich. Hier ein Beispiel:

```python
if attribute_value is False:
    if is_editable is True:
        print("no value but editable")
```

Besser lesbar werden die Abfragen durch Weglassen der booleschen Konstanten und gegebenenfalls durch den Einsatz von `not`:

```
if not attribute_value:
    if is_editable:
        print("no value but editable")
```

Schließlich bietet sich die Kombination zu einer einzeiligen Bedingung an:

```
if not attribute_value and is_editable:
    print("no value but editable")
```

14.3   Auch ans Testen denken

Auch wenn wir uns sehr viel Mühe geben, lassen sich Fehler nicht immer ausschließen. Eine Fehlersuche kann anstrengend, mühsam und nervenaufreibend sein. Wie kann man das vermeiden oder zumindest abmildern? Dazu lernen wir sogenannte *Unit Tests* kennen. Ziel dabei ist es, das korrekte Arbeiten einer kleinen Einheit (Unit) – normalerweise ein Python-Modul oder sogar lediglich einige Funktionen daraus – für sich zu untersuchen: Das erleichtert den Fokus auf einen klar abgegrenzten Bereich der Funktionalität, wodurch sich berechnete Ergebnisse besser mit gewünschten Resultaten vergleichen lassen.

Die erwarteten Ergebnisse und die korrespondierenden Testfälle werden in Form von Python-Modulen realisiert. Tests werden also nicht nur durchgeführt, sondern zunächst programmiert.

14.3.1   Das Pytest-Framework

Pytest ist ein in Python geschriebenes Framework, das beim Erstellen und bei der Automatisierung von Testfällen unterstützt. Es ist leicht erlernbar und nimmt viel Arbeit beim Schreiben und Verwalten von Testfällen ab. Insbesondere muss nur die Logik für die Testfälle selbst implementiert werden. Im Gegensatz zu einigen anderen Frameworks muss nicht eine Vielzahl an Funktionen gelernt werden, um Testbehauptungen aufzustellen, sondern es reicht eine.

Das in Python integrierte Modul `unittest` ist weniger komfortabel als Pytest in der Handhabung und dadurch auch weniger verbreitet. Details zu den beiden finden Sie unter `https://knapsackpro.com/testing_frameworks/difference_between/unittest/vs/pytest`. Praktischerweise erlaubt es Pytest auch, eine möglicherweise bestehende Testbasis, erstellt mit `unittest`, auszuführen, wodurch eine schrittweise Migration von `unittest` zu Pytest erleichtert wird.

Installation von Pytest

Bevor Sie Pytest verwenden können, müssen Sie es installieren. Das geht mit dem `pip`-Tool, das für Linux und Windows schlicht `pip`, aber unter MacOS `pip3` heißt:

```
pip install -U pytest
```

Außerdem sind ein paar Plugins ganz nützlich, etwa das zum Aufbereiten einer HTML-Seite:

```
pip install pytest-html
```

Zur Konfiguration von Pytest in PyCharm lesen Sie bitte die Onlinedokumentation: `https://www.jetbrains.com/help/pycharm/pytest.html#9`.

14.3.2   Schreiben und Ausführen von Tests

Zum Testen eines Moduls wird normalerweise ein korrespondierendes Testmodul geschrieben. Damit ein solches von Pytest erkannt wird, sollte es mit dem Postfix `test` enden, etwa `ex03_palindrome_test`. Häufig beginnt man zur Absicherung wichtiger Funktionalität damit, zunächst einige zentrale Funktionen durch Tests zu überprüfen. Das sollte schrittweise ausgeweitet werden. Testfälle formuliert man in Form spezieller Testfunktionen, die mit dem Präfix `test_` markiert sein müssen. Ansonsten werden sie von Pytest nicht als Testfall betrachtet und bei der Testausführung ignoriert.

Beispiel: Ein erster Unit Test

Betrachten wir ein einführendes Beispiel:

```python
def test_index():
    # ARRANGE
    name = "Peter"

    # ACT
    pos = name.index("t")
    expected = 2

    # ASSERT
    assert pos == expected
```

Interessanterweise sehen wir keine Abhängigkeit zu Pytest. Tatsächlich wird das Ganze automatisch mit Pytest verknüpft und die Ausführung des Standard-Asserts so variiert, dass sich dort Pytest einklinkt und Testergebnisse produziert.

Zudem erwähnenswert ist die Dreiteilung mit ARRANGE-ACT-ASSERT (AAA-Stil) zum Vorbereiten der Aktionen, Ausführen und Auswerten der Ergebnisse. Diese Struktur hilft dabei, saubere und verständliche Tests zu schreiben. Nicht immer gibt es einen ARRANGE-Teil und außerdem kann man die Kommentare weglassen, wenn man geübter ist.

Ausführen von Tests

Zum Ausführen der Unit Tests mit Pytest können Sie entweder

- die Kommandozeile oder
- die IDE

nutzen.

Ausführen von Tests auf der Konsole

Das Ausführen der Unit Tests mit Pytest lässt sich im Hauptverzeichnis Ihres Projekts von der Konsole aus starten – hier mithilfe von `python` und der Modulangabe mit `-m`. Nur auf diese Weise werden die Tests bei mir immer sauber ausgeführt.

```
python3 -m pytest
```

Dadurch werden alle Tests gestartet und das Ergebnis auf der Konsole protokolliert. Beispielsweise sieht ein solcher Testlauf gekürzt wie folgt aus:

```
python3 -m pytest
================== test session starts ==================
platform darwin -- Python 3.8.3, pytest-6.0.2, py-1.9.0, pluggy-0.13.1
rootdir: /Users/michaeli/PycharmProjects/PythonChallenge
collected 627 items

tests/appendix/example_test.py .                                    [  0%]
tests/ch02_math/ex01_basiscs_test.py ................                [  2%]
tests/ch02_math/ex02_number_as_text_test.py ..........              [  4%]
tests/ch02_math/ex03_perfectnumber_test.py ...........              [  6%]
tests/ch02_math/ex04_primes_test.py .........................       [ 10%]
...
tests/ch08_binary_trees/ex08_reconstruction_test.py ...             [ 95%]
tests/ch09_search_and_sort/ex01_contains_test.py ....               [ 95%]
tests/ch09_search_and_sort/ex02_partition_test.py ..                [ 96%]
tests/ch09_search_and_sort/ex03_binary_search_test.py ......        [ 96%]
tests/ch09_search_and_sort/ex04_insertion_sort_test.py .            [ 97%]
tests/ch09_search_and_sort/ex05_selection_sort_test.py .            [ 97%]
tests/ch09_search_and_sort/ex06_quick_sort_test.py ...              [ 97%]
tests/ch09_search_and_sort/ex07_bucket_sort_test.py ...             [ 98%]
tests/ch09_search_and_sort/ex08_search_rotated_sorted_test.py ..... [100%]

=============== 627 passed in 3.12s ===================
```

Ein Start mit

```
python3 -m pytest --html=pytest-report.html
```

erzeugt zusätzlich eine Aufbereitung der Testresultate als HTML, die Sie sich dann mit dem Browser Ihrer Wahl anschauen können. Ein Beispiel zeigt Abbildung 14-3.

Abbildung 14-3 *HTML-Darstellung eines Test-Reports*

Ausführen von Tests aus der IDE

Alternativ ist es etwas bequemer, die Testausführung direkt in der IDE zu starten. Zuvor muss allerdings Pytest korrekt konfiguriert sein. Praktischerweise ist Pytest in die gängige IDE PyCharm integriert. Tests lassen sich entweder über ein Kontextmenü oder über Buttons im GUI ausführen. Dabei kommt es zu einer Ausgabe ähnlich zu der in Abbildung 14-4.

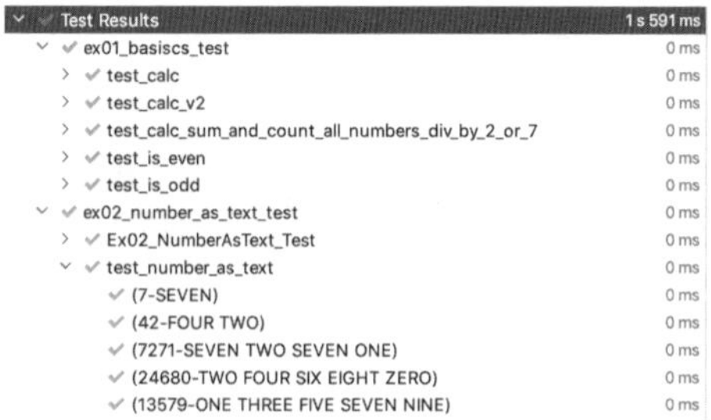

Abbildung 14-4 *Testausführung aus dem GUI der IDE*

In diesem Kapitel konnte ich nur einen kurzen Einstieg in das Testen mit Pytest geben, um erste Gehversuche zu ermöglichen. Natürlich gibt es noch deutlich mehr zu entdecken, etwa diverse Plugins. Schauen Sie einmal in die im nächsten Kapitel angegebene Literaturliste, um Ihr Wissen weiter auszubauen.

15 Schlusswort

So, nun haben Sie es also bis zum Ende geschafft. Herzlichen Glückwunsch! Durch die Lektüre, vor allem aber über das Durcharbeiten der Aufgaben und das Nachvollziehen der Lösungen oder gar das Abwandeln einiger Aufgabenstellungen sollten Sie ein gutes erstes Verständnis von Python gewonnen haben. Sie sind mittlerweile vertraut mit vielen elementaren und wichtigen Programmkonstrukten wie Variablen, Bedingungen, Schleifen und einigem mehr. Demnach sollten sich erste Hobbyprojekte mit dem gesammelten Wissen nun deutlich einfacher umsetzen lassen.

Je länger Sie mit Python entwickeln, desto mehr baut sich auch das Verständnis auf. Wenn Sie Ihre Programmierfähigkeiten auf das nächste Level heben wollen oder einfach an den Hintergründen oder an Übungsaufgaben unterschiedlichster Schwierigkeitsstufen interessiert sind, dann möchte ich Ihnen mein Buch »Python Challenge« [4] wärmstens ans Herz legen. Dort finden Sie ein reichhaltiges Angebot an unterhaltsamen Übungsaufgaben, mit deren Lösung Sie Ihre Python- und Programmierkenntnisse weiter ausbauen werden.

Persönliche Bitte

Ein persönliches Anliegen habe ich noch zum Abschluss: Wenn Ihnen das Buch gefallen hat, dann machen Sie doch bitte ein wenig Werbung und sagen Sie es gerne weiter. Natürlich freue ich mich auch über eine positive Rezension bei Amazon.

Feedbacks, Verbesserungsvorschläge oder Erweiterungswünsche sind gerne gesehen. Senden Sie diese bitte per Mail an: `michael_inden@hotmail.com`.

Verbleibt nur noch eins: Haben Sie viel Freude mit dem Programmieren als wunderbarem Hobby. In diesem Sinne: Happy Coding!

Weiterführende Literatur zu Python

Der Markt an Python-Büchern wächst unaufhaltsam und zieht mit dem für Java-Bücher gleich oder überholt ihn schon.

Nach diesem Einstieg bieten sich unter anderem folgende Bücher für eine tiefere Beschäftigung mit Python an:

- »**Python-Tricks – Praktische Tipps für Fortgeschrittene**« von Dan Bader [1]
- »**Mastering Python**« von Rick van Hattern [7]
- »**Python Challenge: Fit für Prüfung, Job-Interview und Praxis – mit 100 Aufgaben und Musterlösungen**« von Michael Inden [4]

Weiterführende Literatur zu Algorithmen und Datenstrukturen

Zum Einstieg in Algorithmen und Datenstrukturen gibt es diverse Bücher. Folgende kann ich Ihnen zur Komplettierung oder für eine andere Betrachtungsweise empfehlen:

- »**Grokking Algorithms**« [2] von Aditya Y. Bhargava
- »**A Common-Sense Guide to Data Structures and Algorithms**« [8] von Jay Wengrow

Weiterführende Literatur zu Pytest

Weitere Informationen, wie Sie Pytest geeignet nutzen, finden Sie in folgenden Büchern:

- »**Python Testing with pytest: Simple, Rapid, Effective, and Scalable**« von Brian Okken [5]
- »**pytest Quick Start Guide: Write better Python code with simple and maintainable tests**« von Bruno Oliveira [6]

V Anhang

A Schlüsselwörter im Überblick

In Python existiert eine Reihe von Schlüsselwörtern, die reserviert sind und nicht als Bezeichner für Variablen, Funktionen, Methoden, Klassen oder anderes verwendet werden dürfen. Praktischerweise gibt es zwei Wege, um sich im Python-Kommandozeileninterpreter, die Schlüsselwörter anzeigen zu lassen. Beide sind nachfolgend gezeigt:

```
>>> help("keywords")

Here is a list of the Python keywords. Enter any keyword to get more help.

False               break           for             not
None                class           from            or
True                continue        global          pass
__peg_parser__      def             if              raise
and                 del             import          return
as                  elif            in              try
assert              else            is              while
async               except          lambda          with
await               finally         nonlocal        yield

>>> import keyword
>>> keyword.kwlist
['False', 'None', 'True', '__peg_parser__', 'and', 'as', 'assert', 'async', '
    await', 'break', 'class', 'continue', 'def', 'del', 'elif', 'else', 'except
    ', 'finally', 'for', 'from', 'global', 'if', 'import', 'in', 'is', 'lambda'
    , 'nonlocal', 'not', 'or', 'pass', 'raise', 'return', 'try', 'while', 'with
    ', 'yield']
```

A.1 Schlüsselwörter im Überblick

Nachfolgend sind die Schlüsselwörter (abgesehen vom internen `__peg_parser__`) nochmals tabellarisch mitsamt einer kurzen Beschreibung aufgelistet.

Schlüsselwort	Beschreibung
False	Negativer Wahrheitswert
None	Repräsentiert »kein Objekt«.
True	Positiver Wahrheitswert
and	Logische UND-Verknüpfung von zwei Bedingungen

Schlüsselwort	Beschreibung
as	Erzeugt einen Alias: Dient beim Import zur Benennung eines Moduls, kann auch zum Benennen einer Variablen dienen.
assert	Dient zum Aufstellen und Überprüfen von Behauptungen.
async	Wird in Kombination mit def verwendet, um eine asynchrone Funktion zu definieren. Dazu erfolgt der Zusatz async zu Beginn.
await	Wartet auf die Ausführung einer asynchronen Funktion.
break	Beendet eine Schleife.
class	Leitet die Definition einer Klasse ein.
continue	Überspringt die restlichen Anweisungen und führt die nächste Iteration einer Schleife aus.
def	Leitet die Definition einer Funktion bzw. Methode ein.
del	Löscht ein Element aus einer Collection.
elif	Beschreibt einen bestimmten Alternativfall bei einem if, also in einer bedingten Anweisung.
else	Beschreibt den Alternativfall bei einem if, also in einer bedingten Anweisung. Alternativ kann es auch beim Exception Handling genutzt werden, um einen Codeblock zu definieren, der nur in dem Fall ausgeführt wird, wenn es zu keiner Exception kam.
except	Dient zum Fangen von Exceptions.
finally	Erlaubt es beim Behandeln von Exceptions, einen Codeblock zu definieren, der in jedem Fall ausgeführt wird, unabhängig davon, ob es zu einer Exception kam oder nicht.
for	Erzeugt eine for-Schleife.
from	Dient zum Importieren bestimmter Teile eines Moduls.
global	Definition einer globalen Variablen
if	Erzeugt eine bedingte Anweisung.
import	Wird verwendet, um ein Modul zu importieren.
in	Prüft, ob ein Wert in einer Liste, einem Tupel bzw. einer Collection vorhanden ist.
is	Prüft, ob zwei Variablen gleich sind.
lambda	Dient zur Definition eines Lambda-Ausdrucks, also einer anonymen Funktion.
nonlocal	Wird zur Definition einer nicht-lokalen Variablen innerhalb einer verschachtelten Funktionsdefinition verwendet.
not	Negation einer Bedingung
or	Logische ODER-Verknüpfung von zwei Bedingungen

Schlüsselwort	Beschreibung
pass	Gibt an, dass eine Funktion bzw. Methode keinen Rückgabewert haben soll. Drückt eine leere Anweisung aus.
raise	Löst eine Exception aus.
return	Dient dazu, eine Funktion bzw. Methode zu verlassen und einen Wert zurückzugeben.
try	Dient zum Absichern von Anweisungen und zum Formulieren eines `try-except`-Blocks.
while	Erzeugt eine `while`-Schleife.
with	Zur Vereinfachung des Resource Handling bei Exceptions.
yield	Dient zum Beenden einer Funktion, gibt einen Wert eines Generators zurück.

Ab Python 3.10 kommen noch die Schlüsselwörter `match` und `case` zur Formulierung von Fallunterscheidungen hinzu. Eine kurze Einführung liefert Anhang C.

B   Schnelleinstieg Python-REPL

In diesem Buch werden diverse Beispiele direkt auf der Konsole ausprobiert. Der Grund besteht vor allem darin, dass Python eine interaktive Kommandozeilenapplikation als REPL (Read-Eval-Print-Loop) bietet, die wir nachfolgend kurz kennenlernen wollen.

B.1   Python-REPL

Der Python-Kommandozeileninterpreter wird unter Windows mit dem Kommando `python` und unter MacOS mit `python3` gestartet und erlaubt einen interaktiven Arbeitsstil und das Ausführen kleinerer Sourcecode-Schnipsel. Wie gerade erwähnt, spricht man dabei auch von REPL (Read-Eval-Print-Loop). Dadurch wird es möglich, etwas Python-Sourcecode zu schreiben und Dinge schnell auszuprobieren, ohne dafür die IDE starten und ein Projekt anlegen zu müssen. Über das Ausmaß des Gewinns lässt sich sicherlich streiten. Überaus praktisch ist es für erste Experimente und für Prototyping.

Einführendes Beispiel

Starten wir die REPL und probieren einige Aktionen und Berechnungen aus. Dabei dient mal wieder eine Abwandlung eines Hello-World-Beispiels als Startpunkt:

```
$ python3
Python 3.8.3 (v3.8.3:6f8c8320e9, May 13 2020, 16:29:34)
[Clang 6.0 (clang-600.0.57)] on darwin
Type "help", "copyright", "credits" or "license" for more information.
>>>

>>> print("Hello Python")
Hello Python
```

Danach addieren wir zwei Zahlen:

```
>>> 2 + 2
4
```

Auch die Definition eigener Methoden ist wie folgt möglich:

```
>>> def add(m, n):
...     return m + n
...
```

Praktischerweise erkennt der Python-Kommandozeileninterpreter, dass die Anweisungen nicht vollständig sind und noch weitere Eingaben in einer Folgezeile benötigt werden. Allerdings müssen Sie hier pingelig auf die Einrückung achten. Hat man sich dabei einmal vertan, lässt es sich nur mühsam korrigieren. Daher empfehle ich fast immer den Einsatz einer IDE wie die unter `https://www.jetbrains.com/de-de/pycharm/` frei verfügbare IDE PyCharm.

Nach Abschluss der Definition kann man eine solche Methode dann wie erwartet aufrufen:

```
>>> add(7, 2)
9
```

Es sind aber auch etwas komplexere Aktionen möglich, etwa eine Liste und einen Lambda-Ausdruck zu definieren und dann eine Filterung vorzunehmen:

```
>>> names = ["Tim", "Jim", "Tom", "James", "Mike", "John"]
>>> startsWithJ = lambda str: str.lower().startswith("j")
>>> filtered_names = list(filter(startsWithJ, names))
>>> print(filtered_names)
['Jim', 'James', 'John']
```

Selbstverständlich kann man auch `if`-Abfragen ausführen:

```
>>> if names.index("Mike") >= 0:
...     print("Found Mike")
... else:
...     print("No Mike found")
...
Found Mike
```

Wenn Sie allerdings auch so krumme Finger wie der Autor haben, dann ist schnell mal ein Tippfehler gemacht, der sich in der REPL leider nur schwierig bzw. umständlich korrigieren lässt.

Weitere Kommandos und Möglichkeiten

Außerdem bietet der Python-Kommandozeileninterpreter eine Historie der Befehle, was nützlich sein kann, um ein vorheriges Kommando wiederholt auszuführen. Folgende Tastaturkürzel erleichtern das Editieren und Navigieren:

- Ctrl + A / E – Springt an den Anfang / das Ende einer Zeile.
- ↑ / ↓ – Mit den Cursortasten kann man durch die Historie der Befehle navigieren.

Wie eben gesehen ist auch die Definition von Listen, Mengen und Dictionaries möglich und sogar recht komfortabel:

```
>>> numbers = [ 1, 2, 3, 4, 5, 6, 7 ]
>>> names = { "Tim", "Mike", "Max" }
>>> name_to_age = { "Tim" : 41, "Mike" : 42 }
>>>
>>> print(name_to_age)
{'Tim': 41, 'Mike': 42}
```

Komplexere Aktionen

Neben den gezeigten recht trivialen Aktionen erlaubt der Python-Kommandozeileninterpreter auch komplexere Berechnungen und sogar die Definition von Klassen.

Einbinden anderer Module   Manchmal möchte man Funktionalitäten anderer Module verwenden. Wir wollen etwa nachfolgend ein wenig mit Turtle-Grafiken experimentieren. Deswegen beginnen wir nun mit dem Import:

```
import turtle


def drawfigure():
    turtle.speed(10)
    turtle.begin_fill()
    while True:
        turtle.forward(200)
        turtle.left(95)
        if abs(turtle.pos()) < 10:
            break
    turtle.end_fill()


screen = turtle.Screen()
screen.setworldcoordinates(-100, -100, 300, 300)

turtle.color('red', 'blue')
drawfigure()
screen.exitonclick()
```

Mit der obigen Kommandofolge wird ein Fenster erzeugt und angezeigt. Die Turtle beginnt dann ihre Arbeit und zeichnet ein schönes Muster. Es sollte in etwa wie in Abbildung B-1 aussehen.

Beenden des Python-Kommandozeileninterpreters

Schließlich kann man den Python-Kommandozeileninterpreter mit exit() beenden.

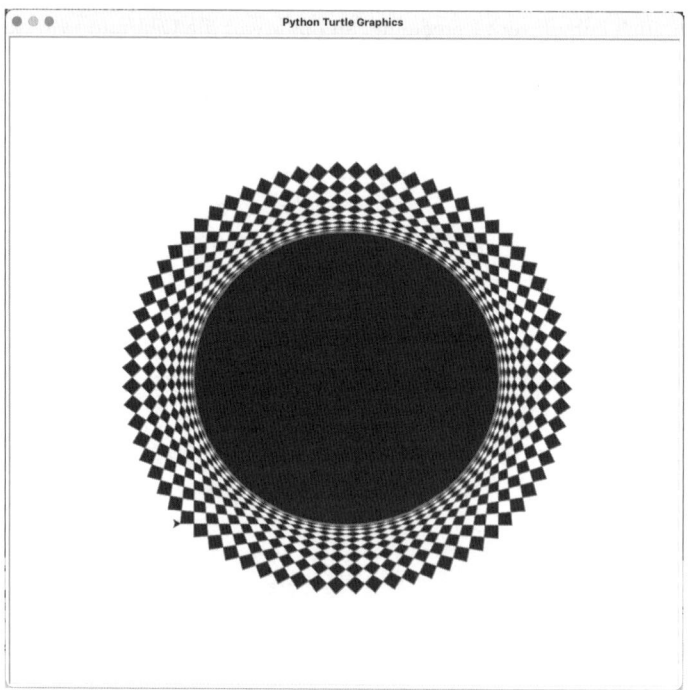

Abbildung B-1 *Einfache Turtle-Grafik mit Python*

C Wesentliche Neuerungen aus Python 3.10 im Kurzüberblick

Dieser Anhang stellt einige der für das kommende Python 3.10 umgesetzten Erweiterungen vor, die für Sie von Relevanz sind und Ihnen die weiteren Gehversuche erleichtern können. Wir beginnen mit Verbesserungen bei Fehlermeldungen. Danach schauen wir kurz auf `match` zur komfortablen Gestaltung und Formulierung von Fallunterscheidungen. Schließlich werden noch Verbesserungen bei der Performance und bei Typprüfungen sowie weitere Details kurz angesprochen.

C.1 Fehlermeldungen

Mitunter finden sich Fehler in einem Python-Programm. Dabei gibt es diverse Fehlertypen. Beim Erstellen von Programmen kommt es immer mal wieder zu einem `Syntax-Error` oder einem `IndentationError`. Diese kann man umso besser beheben, je mehr Kontextinformationen und je akkurater auch die Zeilennummern von Python bereitgestellt werden. Schauen wir uns zwei kurze Beispiele an.

C.1.1 Fehlermeldungen bei Zuweisungen

Nehmen wir zur Demonstration der Verbesserungen der Fehlermeldungen an, wir hätten in einem `if` versehentlich eine Zuweisung (=) statt eines Vergleichs (==) angegeben.

Python 3.9.x

Mit Python 3.9.x würde der Fehler natürlich erkannt, aber recht unspezifisch folgendermaßen als `invalid syntax` gemeldet:

```
>>> if x = 6:
  File "<stdin>", line 1
    if x = 6:
         ^
SyntaxError: invalid syntax
```

Leider fehlt ein Hinweis, was an der Syntax nicht korrekt ist. Je nach Erfahrung beim Programmieren ist das zugrunde liegende Problem entweder ziemlich schnell gefunden oder man ist doch erst mal am Rätseln.

Verbesserung mit Python 3.10

Betrachten wir, wie sich die Fehlermeldung für dieselben Zeilen mit der neuesten Python-Version 3.10 verändert, insbesondere viel verständlicher wird:

```
>>> if x = 6:
  File "<stdin>", line 1
    if x = 6:
         ^^^^^
SyntaxError: invalid syntax. Maybe you meant '==' or ':=' instead of '='?
```

Offensichtlich wird nicht nur das ursächliche Problem direkt genannt, sondern es werden gleich noch zwei Möglichkeiten zur Abhilfe vorgeschlagen.

C.1.2   Fehlermeldungen bei unvollständigen Strings

Mitunter übersieht man, einen String sowohl am Anfang und am Ende mit Anführungszeichen zu begrenzen. Schauen wir uns einmal die erzeugten Fehlermeldungen der unterschiedlichen Python-Versionen an.

Python 3.9.x

Wir definieren ein Set mit einigen Namen, wobei jedoch der letzte nicht korrekt mit einem Anführungszeichen endet:

```
>>> data = { "Tim", "Tom", "Mike}
  File "<stdin>", line 1
    data = { "Tim", "Tom", "Mike}
                               ^
SyntaxError: EOL while scanning string literal
```

Verbesserung mit Python 3.10

Auch in diesem Fall wird das Problem mit Python 3.10 anhand der Fehlermeldung direkt ersichtlich, nämlich das fehlende Anführungszeichen zum Ende des Strings:

```
>>> data = { "Tim", "Tom", "Mike}
  File "<stdin>", line 1
    data = { "Tim", "Tom", "Mike}
                               ^
SyntaxError: unterminated string literal (detected at line 1)
```

C.2 Fallunterscheidungen mit `match`

In vielen Sprachen gibt es zur Definition von Fallunterscheidungen neben der `if`- auch
die `switch`-Anweisung. Letztere fehlte lange Zeit in Python. In Python 3.10 kommt mit
`match` eine noch mächtigere Variante zur Fallunterscheidung, mit der wir jetzt endlich
auch die `switch`-Anweisung realisieren können. Darüber hinaus ermöglicht `match`
das sogenannte »Pattern Matching«, ein Verfahren, das in funktionalen Sprachen wie
»Erlang / Elixir« oder Scala verwendet wird, aber auch in dem aktuellen Java 17 (in
abgespeckter Form) Einzug hält.

Schauen wir uns einige Möglichkeiten von `match` in ein paar Beispielen an.

Python 3.9.x

Nehmen wir an, wir wollten HTTP-Statuscodes auf ihre Bedeutung abbilden. Das kann
man mit einer `if`-Kaskade wie folgt lösen (hier nur auszugsweise gezeigt):

```python
http_code = 201

if http_code == 200:
    print("OK")
elif http_code == 201:
    print("CREATED")
elif http_code == 404:
    print("NOT FOUND")
elif http_code == 418:
    print("I AM A TEAPOT")
else:
    print("UNMATCHED CODE")
```

Allerdings fällt auf, dass dies nicht wirklich gut lesbar ist.

Verbesserung mit Python 3.10

Betrachten wir einmal, wie viel klarer das obige Konstrukt durch den Einsatz von
`match` wird – insbesondere kann man mit _ auch einen Wildcard-Fall aufnehmen, der
immer dann angesprungen wird, wenn die anderen `case` nicht passen:

```python
match http_code:
    case 200:
        print("OK")
    case 201:
        print("CREATED")
    case 404:
        print("NOT FOUND")
    case 418:
        print("I AM A TEAPOT")
    case _:
        print("UNMATCHED CODE")
```

Kombination von Werten

Durch den Pipe-Operator (|) ist es möglich, mehrere Werte anzugeben, für die die nachfolgende Aktion ausgeführt werden soll, hier für Donnerstag und Freitag in Kombination sowie Samstag und Sonntag gezeigt:

```python
def get_info(day):
    match day:
        case 'Monday':
            return "I don't like..."
        case 'Thursday' | 'Friday':
            return 'Nearly there!'
        case 'Saturday' | 'Sunday':
            return 'Weekend!!!'
        case _:
            return 'In Between...'
```

Komplexeres Matching I

Wir haben gerade gesehen, dass man Werte mit dem Pipe-Operator als Alternativen angeben kann. Es lassen sich aber auch Iterables als Werte auf Übereinstimmung prüfen:

```python
values = (2,3,4)

match values:
    case [1,2,3,4]:
        print("4 in a row")
    case [1,2,3] | [2,3,4]:
        print("3 in a row")
    case [1,2,4] | [1,3,4]:
        print("3 but not connected")
    case _:
        print("SINGLE OR DOUBLE")
```

Komplexeres Matching II

Die Möglichkeiten von `match` sind aber noch mächtiger, was ich hier lediglich andeuten möchte – mit dem Hinweis, dass man nach den Werten beim `case` noch zusätzliche Bedingungen angeben kann:

```python
class Gender(Enum):
    MALE = auto()
    FEMALE = auto()


def classify(person):
    match person:
        case (name, age, "male" | Gender.MALE):
            print(f"{name} is a man and {age} years old")
        case (name, age, "female" | Gender.FEMALE):
            print(f"{name} is a woman and {age} years old")
        case (name, _, gender) if gender is not None:
            print(f"no age specified: {name} is {gender}")
        case (name, age, _) if age is not None:
            print(f"no gender specified: {name} is {age} years old.")
```

Hier findet dann das bereits erwähnte Pattern Matching sichtbar statt. Im `case` wird nicht nur geprüft, ob eine Übereinstimmung mit dem Pattern vorliegt, sondern es werden auch noch die angegebenen Variablen mit entsprechenden Werten belegt (Details finden Sie in PEP 622 unter `https://www.python.org/dev/peps/pep-0622/`). Hier dient _ als »Wildcard«-Operator und matcht mit allem.

Diese Klassifikation wollen wir einmal wie folgt aufrufen:

```
classify(("Micha", 50, "male"))
classify(("Lili", 42, Gender.FEMALE))
classify(("NO GENDER", 42, None))
classify(("NO AGE", None, "ALL"))
```

Das führt zu folgenden Ausgaben:

```
Micha is a man and 50 years old
Lili is a woman and 42 years old
no gender specified: NO GENDER is 42 years old.
no age specified: NO AGE is ALL
```

C.3   Verschiedenes

C.3.1   Verbesserungen bei Kontextmanagern

Kontextmanager haben wir schon in Abschnitt 9.3 zum Ressourcenmanagement beim Öffnen bzw. Schließen von Dateien kennengelernt. Sie eignen sich aber auch zur Verwaltung von Datenbankverbindungen und vielen anderen Ressourcen.

Verbesserung mit Python 3.10

Mit Python 3.10 wird ihre Syntax noch ein klein wenig angenehmer, wenn man mehrere Kontextmanager innerhalb einer `with`-Anweisung definieren möchte:

```
with (
    open("input1.txt") as input_file1,
    open("input2.txt") as input_file2,
):
```

C.3.2   Verbesserungen der Performance

An verschiedenen Stellen wurden interne Verbesserungen in Python vorgenommen und so die Performance optimiert. Das betrifft vor allem diverse Konstruktoren wie `str()`, `bytes()` und `bytearray()`. Diese sind um rund 30 % schneller geworden. Details dazu finden Sie unter `https://bugs.python.org/issue41334`.

C.3.3   Erweiterung bei `zip()`

Python 3.9.x

Python bietet eine Built-in-Funktion namens `zip()`, die es erlaubt, zwei (bzw. genauer mehrere) Iterables zu einer Einheit zu verbinden, etwa zwei Listen, eine mit Programmiersprachen und eine andere mit Versionsnummern:

```
>>> languages = ['Java', 'Python']
>>> versions = [16.0, 3.9]
>>>
>>> print(list(zip(languages, versions)))
[('Java', 16.0), ('Python', 3.9)]
```

Sofern ein Datenbestand mehr Elemente als der andere enthält, wird die Zusammenführung abgebrochen, sobald alle Elemente des kürzeren Datenbestands verarbeitet wurden:

```
>>> number_list = [1, 2, 3, 4, 5, 6]
>>> str_list = ['one', 'two', 'three']
>>>
>>> print(list(zip(number_list, str_list)))
[(1, 'one'), (2, 'two'), (3, 'three')]
```

Das ist oftmals eine wirklich sehr gute Voreinstellung, um fehlertolerant arbeiten zu können. Manchmal möchte man jedoch nur dann die beiden Datenbestände zusammenführen, wenn beide gleich viele Elemente bereitstellen können. Das war mit Python 3.9.x nur mithilfe zusätzlicher Programmieraufwände lösbar.

Verbesserung mit Python 3.10

Seit Python 3.10 kann man an `zip()` noch den Parameter `strict` mit dem Wert `True` übergeben, um festzulegen, dass eine Exception ausgelöst wird, wenn eine der Iterables vor den anderen erschöpft ist:

```
>>> number_list = [1, 2, 3, 4, 5, 6]
>>> str_list = ['one', 'two', 'three']
>>>
>>> print(list(zip(number_list, str_list, strict=True)))
Traceback (most recent call last):
  File "<stdin>", line 1, in <module>
ValueError: zip() argument 2 is shorter than argument 1
```

C.3.4   Verbesserungen bei Typprüfungen

In diesem Buch habe ich bislang keine Typprüfungen gezeigt, da es sich hierbei um ein eher fortgeschrittenes Feature von Python handelt. Zudem sind diese Angaben optional und helfen lediglich beim Programmieren, werden aber nicht zur Laufzeit ausgewertet. Zur Verdeutlichung gehen wir initial von folgender Funktion aus:

```
def identity(value):
    return value
```

Python 3.9.x

Um für eine Funktion anzugeben, dass diese entweder Parameter vom Typ int oder vom Typ float als Eingabe erwartet und auch diese zurückgibt, kann man folgende Angaben hinzufügen:

```
def identity(value: Union[int, float]) -> Union[int, float]:
    return value
```

Verbesserung mit Python 3.10

Die gerade gezeigte Vereinigung der Typen wird durch die explizite Angabe von Union doch ein wenig ungelenk. Mit Python 3.10 wirkt die Schreibweise recht natürlich und ist zudem auch noch kürzer und besser lesbar:

```
def identity(value: int | float)  -> int | float:
    return value
```

Das ist als PEP 604 unter https://www.python.org/dev/peps/pep-0604/ beschrieben.

Tipp: Interessantes Video zu den Neuerungen in Python 3.10

Für den Fall, dass Sie die Neuerungen einmal live in Aktion erleben möchten, empfehle ich Ihnen ein lehrreiches Video, erhältlich auf YouTube unter https://www.youtube.com/watch?v=5-A435hIYio.

Literaturverzeichnis

[1]   Dan Bader. *Python-Tricks – Praktische Tipps für Fortgeschrittene.* dpunkt.verlag, 2018.

[2]   Aditya Y. Bhargava. *Grokking Algorithms.* Manning, 2016.

[3]   Martin Fowler. *Refactoring: Improving the Design of Existing Code.* Addison-Wesley, 1999.

[4]   Michael Inden. *Python Challenge: Fit für Prüfung, Job-Interview und Praxis – mit 100 Aufgaben und Musterlösungen.* dpunkt.verlag, 2021.

[5]   Brian Okken. *Python Testing with pytest: Simple, Rapid, Effective, and Scalable.* O'Reilly, 2017.

[6]   Bruno Oliveira. *pytest Quick Start Guide: Write better Python code with simple and maintainable tests.* Packt Publishing, 2018.

[7]   Rick van Hattern. *Mastering Python.* Packt Publishing, 2016.

[8]   Jay Wengrow. *A Common-Sense Guide to Data Structures and Algorithms.* The Pragmatic Programmers, 2017.

Index

Michael Inden

Python Challenge

Fit für Prüfung, Job-Interview und Praxis
– mit 100 Aufgaben und Musterlösungen

2021
526 Seiten, Broschur
€ 34,90 (D)

ISBN:
Print 978-3-86490-809-5
PDF 978-3-96910-140-7
ePub 978-3-96910-141-4
mobi 978-3-96910-142-1

Auf *dpunkt.de* auch als Bundle
erhältlich

Mit 100 Übungsaufgaben und Programmierpuzzles inklusive Lösungen zum Knobeln und Erweitern Ihrer Kenntnisse bietet Ihnen die »Python Challenge« ein kurzweiliges Lernen, eine fundierte Vorbereitung auf die nächste Prüfung oder ein Jobinterview. Dabei werden viele praxisrelevante Themengebiete wie Strings, Datenstrukturen, Rekursion, Arrays, Binärbäume sowie Suchen und Sortieren usw. berücksichtigt.

Jedes Themengebiet wird in einem eigenen Kapitel behandelt, wobei zunächst kurz auf die Grundlagen eingegangen wird. Danach folgen rund 10 bis 15 Übungsaufgaben verschiedener Schwierigkeitsgrade. So lassen sich die Programmierkenntnisse effektiv verbessern. Dabei helfen insbesondere detaillierte Musterlösungen inklusive der genutzten Algorithmen zu allen Aufgaben. Ebenso werden von Michael Inden alternative Lösungswege beschrieben, aber auch mögliche Fallstricke und typische Fehler analysiert.

Abgerundet wird das Buch durch drei Anhänge. Einer beschäftigt sich mit Pytest zum Unit Testen und Prüfen der Lösungen. Der zweite gibt einen Überblick über Dekoratoren. Der dritte erläutert die O-Notation zur Abschätzung der Performance.

dpunkt.verlag
www.dpunkt.de